아이, 가족, 그리고 외부세계

The Child, the Family, and the Outside World

by D. W. Winnicott

Copyright ⓒ 1964, 1957 by the Estate of D. W. Winnicott
Translation copyright ⓒ 2001, Korean Institute of Contemporary Psychoanalysis
(Previously, Korea Psychotherapy Institute)

아이, 가족, 그리고 외부세계

발행일   2018년 5월 15일
지은이   도널드 위니캇
옮긴이   이재훈
펴낸이   이준호
펴낸곳   현대정신분석연구소 (구 한국심리치료연구소)
주소   서울시 종로구 새문안로5가길 28, (적선동, 광화문플래티넘) 918호
전화   02) 730-2537~8
팩스   02) 730-2539
홈페이지   www.kicp.co.kr
E-mail   kicp21@naver.com
등록   제22-1005호(1996년 5월 13일)

정가   27,000원
ISBN   978-89-97465-40-8 (93180)

아이, 가족, 그리고 외부세계

The Child, The Family, and The Outside World

도널드 위니캇 지음
이재훈 옮김

현대정신분석연구소
Korean Institute for Contemporary Psychoanalysis

목차

서론

 이 책은 엄마들과 아기들, 부모들과 아이들, 그리고 학령기 아동들과 외부 세계에 관한 책이다. 이 책에서 나는 아이의 눈높이에 맞추어 이야기를 전개하려고 노력할 것이다. 내가 사용하는 언어가 유아 돌봄의 친밀성으로부터 시작해서 아이가 좀 더 나이가 들어 어느 정도 분리가 성취된 관계로 이동하는 변화를 따라갈 수 있기를 희망한다.

 비록 초반부의 장들은 직접적으로 엄마들에게 한 말이지만, 그렇다고 해서 내가 젊은 엄마들이 아동 돌봄에 관한 책을 필수적으로 읽어야 한다고 생각하는 것은 아니다. 이 말은 그녀가 엄마됨에 대해 너무 많은 것을 알 필요가 없다는 것을 의미한다. 그녀는 보호와 정보를 필요로 하고, 신체적 돌봄에 관해 의학이 제공할 수 있는 최상의 것을 필요로 하며, 그녀가 알고 있고 신뢰할 수 있는 의사와 보모를 필요로 한다. 또한 남편의 헌신을 필요로 하고, 만족스러운 성적 경험을 필요로 하지만, 엄마가 되는 것이 어떤 느낌인지를 미리 알 필요는 없다.

 나의 주된 아이디어는 이것이다. 엄마의 최상의 아기 돌봄은 자연스러운 자기-신뢰로부터 나오는 것이고, 자연스럽게 아는 것과 배워서 아는 것은 구별되어야 하며, 나는 이것이 망쳐지지 않게 하기 위해서 그 둘 사이를 구분하려고 시도한다.

여기에 엄마들과 아빠들에게 직접적으로 말할 수 있는 자리가 있다. 왜냐하면 유아기 초기 단계에서 어떤 일이 일어나는지를 직접적으로 언급하는 방식으로 이 주제를 다루는 것이 추상적인 방식으로 엄마들과 아기들에 관해 글을 쓰는 것보다 더 많은 생동감을 줄 수 있다고 여겨지기 때문이다.

사람들은 삶의 시작에 관해 알고 싶어 하며, 나는 그것이 마땅한 일이라고 생각한다. 만약 아이들이 성장해서 그들 자신들이 아빠들과 엄마들이 되었을 때, 그들이 삶을 시작할 때 그들의 엄마들이 그들을 위해 무엇을 했는지를 알지 못한다면, 인간 사회 안에 무언가가 빠져 있는 것이라고 말할 수 있다.

이 말은 아이들이 그들의 부모에게 자신들을 임신한 것에 대해 감사해야 한다거나, 가정을 세워나가고 가족의 일들을 관리하기 위해 그들이 수고한 것에 대해 감사해야 한다는 의미가 아니다. 나는 아기의 출생 직전과 생후 첫 몇 주와 몇 개월 동안에, 엄마가 그녀의 아기가 맺는 관계에 관심을 갖고 있다. 보통의 좋은 엄마가 이 초기 시절에 남편의 지원에 힘입어 개인과 사회를 위해 이바지하는 엄청난 기여에, 그리고 그녀가 단순히 그녀의 유아에게 헌신하는 것을 통해서 그렇게 한다는 사실에 주의를 환기시키고자 한다.

이 헌신적인 엄마의 기여가 인식되지 못하는 것은 바로 그것이 엄청나기 때문이 아닐까? 만약 그 기여가 수용된다면, 제 정신을 갖고 있는 모든 사람들, 세상을 중요한 것이라고 느끼고 자신을 그 세상 안에 있는 사람이라고 느끼는 모든 사람들, 즉 모든 행복한 사람들은 한 여성에게 무한한 빚을 지고 있는 것이다. 의존에 대한 지각이 아직 없는 가장 초기 유아 동안에, 우리는 그녀에게 전적으로 의존되어 있었다.

내가 한 번 더 강조하고 싶은 것은 엄마의 역할에 대한 인식에 따른 결과는 감사이거나, 심지어 칭송이 아닐 것이라는 점이다. 그 결과는 우리 자신이 갖고 있는 두려움의 감소일 것이다. 만약 우리 사회가 모든 개인의 발달의 초기 단계 동안에 겪는이 의존을 충분히 인정하는 것을 지체한다면, 거기에는 순조롭고 완전한 건강을 가로막는 방해물인 두려움에서 오는 차단벽이 발생할 것이다. 그리고 만약 엄마가 담당하는 부분에 대한 진정한인정이 없다면, 그때 거기에는 모호한 의존에 대한 공포가 남게될 것이다. 이 공포는 언젠가 일반 여성 또는 특정 여성에 대한 공포의 형태를 취할 것이고, 다른 때에는 항상 지배에 대한 공포를 포함해서, 덜 쉽게 인식되는 공포의 형태를 취할 것이다.

불행하게도, 지배에 대한 공포는 사람들이 지배당하는 것을 피하도록 인도하지 않는다; 반대로 그것은 그들을 특정한 또는 선택된 지배 쪽으로 끌어당긴다. 실제로, 독재자의 심리를 연구해보면, 우리는 그의 개인적 투쟁 안에서, 다른 무엇보다도, 그가 무의식적으로 여전히 자신을 지배할까봐 두려워하고 있는 한 여성을통제하려고 시도하고 있고, 그녀에게 순응하고, 그녀를 위해 행동하며, 그리고 그 대가로 그녀의 전적인 복종과 '사랑'을 요구하는 것을 통해서 그녀를 통제하려고 시도하고 있다는 사실을 발견하게 된다.

사회의 역사를 공부하는 많은 학생들은 여성에 대한 공포가집단 안에서 인간 존재가 보여주는 비논리적인 행동의 강력한원인이라고 생각해왔지만, 그것의 뿌리를 추적한 경우는 드물다. 각 개인의 역사 안에 있는 그것의 뿌리를 추적한 결과, 여성에대한 이 두려움은 의존의 사실, 즉 초기 유아기 동안의 최초의의존을 인정하는 것에 대한 두려움인 것으로 드러났다. 그러므로가장 초기 단계의 유아-엄마 관계에 대한 연구를 지지할 만한충분한 사회적 이유가 있다.

오늘날, 삶의 초기 동안의 엄마의 중요성은 종종 부정되고, 초기 몇 개월 동안에는 단지 신체를 돌보는 기술이 필요할 뿐이기 때문에 좋은 보모만 있으면 충분하다는 말이 회자되고 있다. 우리는 심지어 엄마들이 '엄마가 되어야 한다'는 말을 듣는 것을 보게 되는데, 이런 현상은 '엄마 역할'은 엄마가 되는 것에서 자연스럽게 자라나오는 것이라는 사실에 대한 가장 극단적인 부정이다.

깔끔한 관리, 위생에 대한 강박, 신체적 건강 증진에 대한 강조, 그리고 온갖 종류의 다른 것들이 엄마와 그녀의 아기 사이에 끼어들고 있지만, 엄마들 스스로가 그런 방해에 맞서 공동의 노력을 통해 일어설 가능성은 없어 보인다. 내가 이 책을 쓰는 이유는 첫 아기 또는 두 번째 아기들을 갖고 있는, 그리고 불가피하게 그들 자신들이 의존 상태에 있는 젊은 엄마들을 위해 누군가가 행동해야만 한다고 느꼈기 때문이다. 나는 자연적인 성향에 대한 그들의 신뢰를 지지해주는 동시에, 엄마와 아빠 그리고 다양한 부모 대리인들이 도움을 필요로 하는 곳에서 도움을 주는 사람들의 기술과 돌봄에 감사를 표하고 싶다.

1부

엄마와 아이

제1장
한 남자가 모성을 바라보다

    우선 독자들은 그들이 무언가를 어떻게 해야 할지에 대해 내가 말하지 않을 것임을 알게 되면서 안도감을 느낄 것이다. 나는 남자이고, 따라서 포대기에 싸인 채 아기 침대 안에 있는 나 자신의 한 조각, 통합되지 않은 상태에서 삶을 살고 있는 동시에 의존되어 있고 서서히 사람이 되어가는 존재를 바라보는 느낌이 어떤 것인지 실제로 알 수 없다. 한 여성만이 그것을 경험할 수 있다. 그리고 그 여성이 이런저런 종류의 불운으로 인해 실제 엄마를 경험하지 못할 경우, 아마도 그녀는 상상을 통해서 그것을 경험할 수 있을 것이다.

    만약 내가 무언가를 가르치려고 하지 않는다면, 내가 할 수 있는 것은 무엇인가? 나는 자신의 아이들을 내게 데려오는 엄마들을 보아왔다. 그럴 때 우리는 곧바로 우리 앞에 있는 아이에 대해 무엇을 말하고 싶은지를 안다. 아기는 엄마의 무릎 위에서 뛰고, 내 책상 위에 있는 물건을 집어 들며, 바닥으로 내려와 주위를 기어 다닌다; 의자 위로 기어오르고, 책장에서 책들을 잡아당긴다; 또는 아마도 그는 착한 아이들은 잡아먹고, 나쁜 아이들은 더 악랄하게 취급할 것임이 분명한, 흰 가운을 입은 의사에 대한 두려움으로 인해 엄마에게 매달려있다. 또는 좀 더 나이든 아이는 엄마와 내가 그의 발달상의 내력을 수집하고 어디에서 잘못되기 시작했는지를 알아내기 위해 노력하는 동안, 탁자 위에서 그림을 그리고 있다. 아이는 한쪽 귀로는 우리가 그를 해칠 일을 계획하지 않는다는 것을 확인하기 위해 듣고 있으면서, 동시에 그림을 그리는 것을 통해서 말없이 나와 의사소통한다―그것은 내가 이따금씩 그의 그림을 살펴보기 때문이다.

내가 나 자신의 상상력과 경험으로부터 아기와 어린 아이에 대한 생각을 형성해야 할 때, 이 모든 것이 얼마나 쉬운 것인지에 비해, 지금 내가 해야 하는 과제는 얼마나 다른 것인가!

당신은 같은 어려움을 겪어왔다. 만약 내가 당신과 의사소통할 수 없다면, 의사소통할 수 있는 것이 무엇이 있고 무엇이 없는지를 알지 못하는, 생후 몇 주 된 아기를 갖는 것이 당신에게는 어떤 느낌이었을까? 만약 이것에 대해 생각하고 싶다면, 당신은 당신의 아기 또는 아기들이 몇 살 때 당신을 사람으로 본다고 느꼈는지, 그리고 그러한 흥분된 순간에 당신이 서로 소통하는 두 사람이라고 상당히 확실하게 느끼게 했던 것이 무엇이었는지를 기억하기 위해 노력해보라. 당신은 말을 통해서 아기의 방 안에서 필요한 모든 것들을 할 필요가 없었다. 무슨 말을 사용했을까? 말이 필요가 없었다. 당신은 아기의 신체를 관리하는 데 관심을 가졌고, 그것을 좋아했다. 당신은 아기를 어떻게 들어 올리고 눕히는지, 당신의 역할을 아기 침대에 맡긴 채 어떻게 아기를 혼자 남겨두는지를 알았다; 당신은 아기에게 포근함과 자연적인 따스함을 보존해주기 위해 옷을 입혀주는 법을 배워 알고 있었다. 사실, 당신은 당신이 어린 소녀 시절에 인형들을 갖고 놀 때, 이 모든 것을 배웠다. 그리고 거기에는 먹이기, 목욕시키기, 기저귀 갈기, 얼러주기 등과 같은, 구체적인 일을 했던 특별한 순간들이 있었다. 때로는 당신의 앞치마 위로 소변방울이 떨어졌고, 아니면 마치 당신 자신이 오줌을 싼 것처럼 흠뻑 젖었지만, 당신은 아랑 곳하지 않았다. 사실 이 모든 일들을 통해서 당신은 당신이 한 여성이고, 보통의 헌신적인 엄마라는 사실을 알았을 것이다.

내가 이 모든 것을 말하는 이유는 당신이, 실제 삶과는 저만치 떨어져서 아이를 돌보는 일에 수반되는 소음과 냄새와 책임으로 부터 자유로운, 나 자신이 아기의 엄마는 진정한 것을 맛보고 있 다는 것을 알고 있고, 또한 그녀는 경험보다 말을 앞세우지 않을 것임을 알고 있다는 점을 알아주기를 바라기 때문이다. 만약 우 리가 여기까지 서로를 이해한다면, 당신은 아마도 내가 보통의 헌신적인 엄마가 되는 것과, 새 인간 존재의 삶의 가장 초기 단 계들을 관리하는 것에 대해 말하는 것을 허용해줄 수 있을 것이 다. 나는 정확하게 무엇을 해야 한다고 말할 수는 없지만, 그 모 든 것이 무엇을 의미하는지에 대해서 말할 수는 있다.

당신은 당신이 보통 하고 있는 것들을 통해서 자연스럽게 가 장 중요한 일을 하고 있으며, 그것의 아름다움은 당신이 영리할 필요가 없고, 심지어 당신이 원치 않는다면, 생각할 필요조차 없 는 것이라는 데 있다. 당신은 학교시절에 수학을 잘하지 못했을 수 있고, 당신의 모든 친구들은 장학금을 받는데 혼자만 받지 못 했을 수 있으며, 그래서 낙제를 하고, 학교를 중퇴했을 수도 있다; 또는 아마도 시험 직전에 홍역을 앓는 바람에 그랬을 수도 있지 만, 실제로는 머리가 좋은 사람일 수도 있다. 그러나 이 모든 것 은 중요하지 않으며, 당신이 좋은 엄마인지 아닌지와는 아무런 상관이 없다. 만약 당신의 아이가 인형을 갖고 놀 수 있다면, 당 신은 보통의 헌신적인 엄마일 수 있고, 나는 당신이 대부분의 시 간 동안 그런 엄마였다고 믿는다. 그와 같이 엄청나게 중요한 일 이 뛰어난 지능과는 별 상관이 없다는 것이 이상하지 않은가!

아기들이 궁극적으로 건강하고, 독립적이며, 사회친화적인 성인으로 발달하는 것은 그들이 좋은 출발을 하는 것에 전적으로 달려있다. 그리고 이 좋은 출발은 엄마와 아기 사이의 유대, 즉 사랑이라고 불리는 자연적인 것에 의해 보장된다. 따라서 만약 당신이 당신의 아기를 사랑한다면, 그 아기는 좋은 출발을 하고 있는 것이다.

나는 내가 감상주의에 관해 말하고 있지 않다는 것을 말해야 겠다. 세상에는 여기저기 돌아다니면서 "나는 단순히 아기들을 너무 좋아해"라고 말하는 부류의 사람들이 있다. 그러나 그들이 아기들을 사랑하는지, 나는 묻지 않을 수 없다. 엄마의 사랑은 상당히 혐악한 것이다. 그 안에는 소유욕이 있고, 식욕이 있으며, 심지어 성가신 요소가 있다; 그 안에는 관대함이 있고, 힘이 있으며, 겸손함이 있다. 그러나 그 안에서 감상주의는 결코 찾아볼 수 없다. 엄마들에게 있어서 감상주의는 혐오스러운 것이다.

이제 당신은 보통의 헌신적인 엄마일 수 있고, 당신이 그것에 대해 생각하는 일 없이 그런 존재인 것을 좋아한다고 말할 수 있다. 예술가들은 종종 예술에 대해 생각하는 것을, 그리고 예술의 목적에 대해 생각하는 것을 싫어한다. 당신은, 엄마로서, 자신이 하는 일에 대해 생각하는 것을 좋아하지 않을 수 있는데, 그렇게 때문에 나는 이 책에서 헌신적인 엄마는 자신이 하는 일을 통해서만 자신이 하는 일에 관해 말한다는 것을 분명히 하고자 한다. 그러나 엄마들 중의 일부는 그들이 하고 있는 것에 대해 생각해보는 것을 좋아할 것이다. 아마도 당신들 중의 일부는 실제 엄마 역할을 졸업했을 수 있고, 자녀들은 성장해서 집을 떠나 학교에 가 있을 수 있을 것이다; 그런 경우 당신은 당신이 행한 좋은 일들을 돌아보고 싶어 할 수 있고, 자녀의 발달을 위해서 토대를 놓은 당신의 방식에 대해서 생각해볼 수 있을 것이다. 만약 당신이 그 모든 것을 직관적으로 했다면, 아마도 그것이 최상의 방식이었을 것이다.

아이를 돌보는 사람들이 어떤 역할을 하는지를 우리가 이해하는 것이 결정적으로 중요하다. 그래야만 우리는 엄마와 아이 사이에 끼어드는 것이 무엇이든지 그것으로부터 젊은 엄마를 보호해줄 수 있다. 만약 그녀가 자신이 매우 잘하고 있는 것에 대해 이해를 갖고 있지 않다면, 그녀는 자신의 입장을 방어할 수단이 없는 것이고, 따라서 다른 사람이 시키는 대로 함으로써, 또는 그녀 자신의 엄마가 했던 대로 함으로써, 또는 책에서 읽은 대로 함으로써, 자신의 일을 너무 쉽게 망칠 수 있다.

그 외에도, 여기에는 아빠들이 등장하는데, 아빠들이 중요한 이유는 단순히 그들이 한정된 기간 동안 좋은 엄마 역할을 할 수 있다는 사실뿐만 아니라, 그들이 아이 돌봄의 본질이자 본성 자체인 엄마와 아기 사이의 유대를 방해하는 경향이 있는 모든 것으로부터 엄마들을 보호해줄 수 있다는 사실 때문이다.

다음 장에서 나는 엄마가 보통 그리고 아주 단순하게 아기에게 헌신하는 동안에 무엇을 하는지에 대해 의도적으로 언어로 표현하려고 시도할 것이다.

초기 유아들에 관해 배워야 할 것이 아직도 많이 있는데, 아마도 오직 엄마들만이 우리가 알고 싶어 하는 것을 말해줄 수 있을 것이다.

제 2 장
당신의 아기를 알아가기

여성의 삶은 그녀가 아기를 임신하면서 여러 가지 점에서 변한다. 지금까지 그녀는 광범위한 흥미를 가진 사람이었을 수 있다. 사업가, 정치가, 테니스 애호가, 또는 언제나 춤을 출 준비가 되어 있는 사람이었을 수 있다. 그녀는 아이를 가진 친구들의 상대적으로 제한된 삶을 경멸하고, 그들이 식물을 닮았다는 등의 무례한 말을 했을 수도 있다. 그녀는 실제로 기저귀를 빨고 말리는 것과 같은, 기능적인 일들에 대해서 펄쩍 뛰는 반응을 보였을 수 있다. 만약 그녀가 아이들에게 관심을 갖고 있었다면, 그것은 실제적인 것이라기보다는 감상적인 것이었을 수 있다. 그러나 조만간 그녀 자신이 임신을 할 수 있다.

처음에 그녀는 이 사실을 원망하기 쉽다. 왜냐하면 그녀는 그것이 자신의 삶을 끔찍스럽게 방해할 것임을 너무나 잘 알기 때문이다. 그녀가 알고 있는 것은 충분히 사실이며, 누구라도 그것을 부인하지 못할 것이다. 아기들은, 그들을 원하지 않는 한, 문젯거리이고, 성가신 존재이다. 만약 젊은 여성이 자신이 임신하고 있는 아기를 아직 원하지 않는다면, 그녀는 자신이 운이 없다고 느끼는 것을 피할 수 없을 것이다.

하지만 임신한 소녀가 그녀의 신체 안에서와 마찬가지로 그녀의 느낌 안에서 점차 변화가 발생한다는 것을 경험은 보여준다. 그녀의 관심이 점진적으로 좁아진다고 말해야 할지 모르겠다. 아마도 그녀의 관심의 방향이 외부로부터 내면으로 바뀐다고 말하는 것이 더 나을 것이다. 그녀는 서서히 그러나 확실하게, 그녀 자신의 신체 안에 세상의 중심이 있다고 믿기 시작한다.

아마도 독자들 중에는 막 이 단계에 도달한 사람이 있을 텐데, 그때 그녀는 자신이 자랑스럽고, 꽤 존경을 받을 만한 사람이며, 사람들이 자신을 위해서 길을 예비해야 마땅하다고 느끼기 시작할 것이다.

당신이 곧 엄마가 될 것이라고 점점 더 확신하게 되면서, 속담에서처럼, 당신은 당신의 계란들을 모두 한 바구니 안에 두기 시작할 것이다. 당신은 하나의 대상, 이제 태어날 작은 남아 또는 여아에 관심을 갖도록 당신 자신을 허용하는 모험을 감행하기 시작할 것이다. 이 작은 남아 또는 여아는 가장 깊은 의미에서 당신의 것이 될 것이고, 당신 자신이 그 또는 그녀의 것이 될 것이다.

엄마가 되기 위해 당신은 많은 일들을 거쳐야만 하는데, 내 생각에, 그 이유는 당신이 그토록 많은 일들을 거치는 것을 통해서 유아 돌봄의 근본적인 원칙들을 특별히 명료하게 볼 수 있게 되기 때문이다. 그러므로 엄마가 아닌 사람들이 경험의 일반적 경로 안에서 당신이 도달하는 이해의 수준에 도달하는 데는 여러 해에 걸친 연구가 필요할 것이다. 그러나 당신은 엄마들에 대해 연구하는 우리 같은 사람들로부터 지원을 받을 필요가 있다. 왜냐하면 미신들과 낡은 루머들—그것들 중의 일부는 현대적인—이 따라다니면서 당신 자신의 진정한 느낌들을 의심하게 만들기 때문이다.

겉모습만을 보는 사람들은 알지 못하는, 보통의 건강한 마음을 가진 엄마가 그녀의 아기에 대해 알고 있는 것이 무엇인지에 대해 생각해보자. 나는 가장 중요한 사실은, 엄마가 가장 초기 순간부터 자신의 아기가 사람으로서 알아갈 만한 가치가 있는 존재라고 느끼는 것이라고 생각한다. 엄마에게 충고를 해주기 위해 접근하는 그 누구라도 결코 엄마 자신이 알고 있는 만큼 그것을 알지는 못할 것이다.

심지어 자궁 안에서도 아기는 다른 인간 존재와 다른 고유한 존재이다. 그리고 그가 태어날 때쯤, 그는 즐겁거나 불쾌한 많은 경험들을 했을 것이다. 물론 신생아의 얼굴에서 그런 것들을 읽어내기는 쉽다; 아기는 때때로 매우 현명해보이고 심지어 철학적으로 보이기도 하지만 말이다. 그러나 만약 내가 당신이라면, 나는 심리학자들이 아기는 태어나는 순간부터 사람이라고 말해줄 때까지 기다리지 않을 것이다. 나는 그가 태어나기 전에라도 곧장 태아에게 다가가 그 또는 그녀에게 당신을 소개해줄 것이다.

당신은 이미 당신의 아기의 특성들 중의 일부를 알고 있다. 왜냐하면 그가 자궁 안에 있는 동안 어떻게 움직일지를 기대하는 법을 배워서 알고 있기 때문이다. 만약 많은 움직임이 있다면, 당신은 남자아이가 여자아이보다 발길질을 더 많이 한다는 속설이 얼마나 믿을 만한 것인지 궁금해질 것이다; 그리고 어쨌든 당신은 이 움직임이 제공한 생명과 살아있음의 실제 징표를 즐거워할 것이다. 그리고 이 기간 동안에 아기는, 내 생각에, 당신에 대해 상당히 많은 것을 알게 될 것이다. 그는 당신의 음식을 나누어 먹었고, 그의 피는 당신이 아침에 근사한 차 한 잔을 마셨을 때, 또는 버스를 타기 위해 달렸을 때, 더 빨리 혈관을 돌았다. 당신이 불안하거나 흥분하거나 화가 날 때마다, 그는 어느 정도 그 사실을 알았음이 분명하다. 만약 당신이 가만히 있지 못하는 사람이라면, 그는 움직임에 익숙해졌을 것이고, 당신의 무릎 위에서 쉬지 않고 버둥대거나 요람 안에서 몸을 흔들어댈 것이다. 다른 한편, 만약 당신이 조용히 있는 부류의 사람이라면, 그는 평화로움을 알고, 조용히 낮잠을 즐길 것이고, 그의 유모차는 조용할 것이다. 어떤 점에서 나는 그가 태어나기 전에는, 그리고 당신이 그의 울음소리를 들을 수 있을 때까지는, 그리고 그를 바라볼 수 있고, 당신의 팔에 그를 안을 수 있을 때까지는, 그가 당신을 당신이 그를 아는 것보다 더 잘 알고 있다고 말해야 할 것 같다.

탄생 사건 이후에 아기들과 엄마들의 상태는 엄청나게 다양하다. 아마도 당신의 경우에는 당신과 아기 모두가 함께 있는 것을 즐길 수 있도록 서로에게 맞추기까지 이삼 일이 걸렸을 것이다. 그러나 당신이 충분히 건강한 상태라면, 서로를 알아가기 위해 당장 시작하지 말아야 할 실제 이유는 없다. 나는 자신의 첫 아기인 남자 아이와 이른 접촉을 했던 젊은 여성을 알고 있다. 그는 태어난 날부터 매번 수유가 끝날 때마다 감각 있는 보모에 의해 요람에 담긴 상태로 엄마 침대 옆에 머무를 수 있었다. 잠시 동안 그는 고요한 방 안에서 깨어 있는 상태로 누워 있었고, 엄마는 자신의 손을 그에게 얹을 수 있었다; 그리고 한 주가 되기도 전에 엄마의 손가락을 잡을 수 있었고, 엄마 쪽을 올려다 볼 수 있었다. 이 친밀한 관계는 방해받지 않고 계속되고 발달했는데, 나는 그것이 아이의 인격, 그리고 우리가 그의 정서적 발달이라고 부르는 것, 그리고 조만간 뒤따라오게 될 좌절들과 충격들을 견디는 능력 등을 위한 토대를 형성하는 데 좋은 영향을 주었다고 생각한다.

당신이 당신의 아기와 갖는 초기 접촉의 가장 인상적인 부분은 그가 흥분하게 되는, 그의 식사시간일 것이다. 당신 역시 흥분할 수 있고, 젖가슴이 유용하게 흥분되고, 젖을 줄 준비가 되었음을 알려주는 느낌을 갖게 될 것이다. 만약 아기가 처음에 당신과 당신의 흥분을 당연한 것으로 받아들이고, 그래서 자신의 충동들과 욕망들을 만나고 관리하는 일을 시작할 수 있다면, 그는 행운아일 것이다. 왜냐하면, 내 생각에, 유아가 흥분과 함께 떠오르는 느낌들을 발견하는 것이야말로 가장 놀라운 일이기 때문이다. 당신은 그것을 그런 식으로 바라본 적이 있는가?

이것으로부터 당신은 두 가지 상태 안에 있는 유아를 알아가야 한다는 것을 알 수 있을 것이다: 하나는 그가 현 상태에 만족해 있고 대체로 흥분하지 않은 상태이고, 다른 하나는 흥분한 상태이다. 처음에, 흥분하지 않은 상태일 때, 그는 대부분의 시간에 잠을 잘 것이지만, 잠만 자는 것은 아니며, 이처럼 깨어 있는 평온한 삶의 순간들 역시 소중한 것이다. 나는 어떤 아기들은 젖을 먹고 난 후에도 쉽게 만족하지 못하고, 오랫동안 울면서 불편해하며, 쉽게 잠들지 않는다는 것을 알고 있는데, 이런 경우 엄마가 만족스러운 접촉을 하는 것은 매우 어렵다. 그러나 시간이 지나면서 아마도 상황은 바뀔 것이고, 어느 정도 만족이 있을 것이다. 그리고 아마도 아기가 목욕을 즐기기 시작하면서 인간관계를 시작할 수 있는 새로운 기회를 갖게 될 것이다.

만족한 상태와 흥분한 상태, 두 상태 모두 안에 있는 아기를 알아가야 하는 한 가지 이유는, 그가 당신의 도움을 필요로 하기 때문이다. 그리고 당신은 그가 두 상태 중 어떤 상태에 있는지를 알기 전에는 그를 도울 수 없다. 당신은 그가 잠들어있거나 깨어 있는 만족한 상태에서 대대적인 탐욕스러운 공격 상태로 옮겨가는 힘든 시기 동안에 상황을 관리할 수 있도록 그를 도울 필요가 있다. 이것이, 일상적인 과제들을 제외하고는, 엄마로서 당신이 해야 할 첫 번째 과제이며, 그것은 아기를 생후 첫날에 입양한 일부 좋은 엄마들을 제외하고는, 오직 아이의 친엄마만이 소유할 수 있는 많은 기술을 요한다고 말할 수 있다.

예를 들면, 아기들은 정해진 절차에 따라 요란하게 울리는 알람시계 소리와 함께 세 시간마다 수유를 하도록 태어나지 않았다. 규칙적인 수유는 엄마나 보모를 편하게 만들어주지만, 아기의 입장에서 본다면, 그것은 최상의 것이 아니다. 최상의 것은 먹고 싶은 충동이 올라올 때마다 젖을 끌어당겨 먹는 것이다. 아기가 처음부터 규칙적인 수유를 원하는 것은 아니다; 사실, 나는 아기가 발견하기를 기대하는 것은 자신이 원할 때 나타나고 원치 않을 때 사라지는 젖가슴이라고 생각한다. 이따금씩 엄마는 그녀가 편리함을 주는 엄격한 규칙을 도입하기 전에, 짧은 기간 동안 즉흥적인 방식으로 아기에게 젖을 주어야 할 수도 있다. 어쨌든, 당신이 당신의 아기를 알아갈 때, 당신은 그가 무언가를 기대하기 시작한다는 것을 알게 될 것이다. 설령 당신이 그것을 주지 않기로 결정한다고 해도 말이다. 그리고 만약 당신이 당신의 유아의 전부를 안다면, 당신은 그가 그토록 독재자처럼 행동하는 것은 그가 흥분할 때뿐이라는 것을 발견할 것이다. 다음 흥분이 올 때까지의 시간 동안에 그는 젖가슴이나 젖병 뒤에 있는 엄마를, 엄마 뒤에 있는 방을, 그리고 방 뒤에 있는 외부 세계를 발견하는 것을 기뻐할 것이다. 젖을 먹는 동안의 당신의 아기에 관해 배워야 할 것이 엄청나게 많지만, 당신은 목욕을 하는 동안의, 또는 침대에 누워있는 동안의, 또는 기저귀를 가는 동안의 아기에 관해 배워야 할 것이 더 많다고 내가 제안하고 있음을 알 수 있을 것이다.

만약 당신이 보모의 도움을 받고 있다면, 나는 그녀가 나를 이해해주길 바랄 것이고, 내가 만약 당신이 아기가 젖을 먹는 동안에만 아기를 넘겨받는다면, 그것은 당신에게 불리한 것이라고 말하는 것을 보모가 자신이 하는 일에 대한 개입이라고 느끼지 않기를 바랄 것이다. 당신은 보모의 도움을 필요로 하고, 아기를 머리끝부터 발끝까지 당신 혼자서 돌볼 수 있을 만큼 충분히 강하지도 않을 것이다. 그러나 만일 당신이 잠자는 아기를, 또는 무슨 일이 일어날지 궁금해 하며 깨어있는 아기를 알지 못한다면, 그가 단지 젖을 먹기 위해 당신에게 넘겨질 때, 당신은 그에 대한 아주 낯선 인상을 갖게 될 것임이 분명하다. 이럴 때, 그는 인간 인 것은 맞지만, 내면에 성난 사자들과 호랑이들을 갖고 있는 불만의 덩어리일 것이다. 그리고 그는 거의 확실하게 그 자신의 감정에 의해 겁을 집어먹을 것이다. 그리고 만약 이 모든 것을 아무도 당신에게 설명해주지 않는다면, 당신 역시 두려움을 느낄 수 있을 것이다.

다른 한편, 만약 당신 옆에 누워있는 아기를 바라보는 것을 통해서, 그리고 그가 당신의 품과 젖가슴에서 놀 수 있도록 허용하는 것을 통해서 유아를 이미 알고 있다면, 당신은 그의 흥분이 적절한 수준을 유지하는 것을 보게 될 것이고, 그것을 사랑의 한 형태로서 인정해줄 것이다. 그리고 당신은 그가, 물가로 데려간 속담 속의 말(horse)처럼, 고개를 돌려 마시는 것을 거절할 때, 또는 젖을 먹기 위해 수고하는 대신에 당신의 품에서 잠이 들 때, 또는 동요된 상태가 되어 제대로 하는 것이 아무것도 없을 때, 무슨 일이 일어나고 있는지를 이해할 수 있는 위치에 있을 것이다. 그때 유아는 단순히 자신의 감정에 겁을 먹고 있는 것이다. 그리고 당신은 이 지점에서 당신의 커다란 인내심 덕택에 그로 하여금 젖꼭지를 입에 물 수 있게 해주고, 아마도 그것을 가지고 놀 수 있도록 허용해주는 것을 통해서, 그 누구도 할 수 없는 방식으로 그를 도울 수 있다; 유아가 마침내 모험을 감수하고 젖을 빨 수 있는 자신감을 얻을 때까지, 당신은 그가 즐길 수 있는 모든 것을 허용해줄 필요가 있다. 이것은 당신에게 쉬운 일이 아니다. 왜냐하면 거기에는 당신의 젖가슴이 너무 많이 채워지는지, 아니면 채워지기 전에 아기가 빨 때까지 기다릴 것인지, 생각해보아야 할 것이 있기 때문이다. 그러나 만약 당신이 무엇이 일어나고 있는지를 안다면, 당신은 어려운 시기 동안에 잘 헤쳐 나갈 수 있을 것이고, 아기가 수유하는 동안 그와 좋은 관계를 확립할 수 있을 것이다.

아기 또한 그리 바보는 아니다. 그에게 흥분이 우리가 사자굴에 던져지는 것과 같은 경험을 의미한다는 것을 생각한다면, 그가 당신에게 가기 전에 먼저 당신이 믿을 만한 젖의 제공자인지를 확인하고 싶어 하는 것은 놀랄 일이 아니다. 만약 당신이 그를 실망시킨다면, 그는 그것을 마치 야수에게 삼킴을 당하는 것처럼 느낄 것이다. 그에게 시간을 주면 그는 당신을 발견할 것이고, 그리고 당신과 아기 모두는 마침내 당신의 젖가슴에 대한 그의 탐욕조차도 가치 있는 것으로 간주하게 될 것이다.

나는 젊은 엄마가 자신의 아기와의 초기 접촉 경험에서 중요한 것은 그것이 엄마에게 자신의 아이가 정상(그것이 무엇을 의미하든지)이라는 안도감을 주는 것이라고 생각한다. 당신의 경우, 내가 말했듯이, 분만 첫날에 아기와 친구가 되는 일을 시작하기에는 너무 지쳐있을 수 있겠지만, 엄마가 분만 직후에 자신의 아기를 알고 싶어 하는 것은 전적으로 자연스러운 것임을 아는 것도 나쁘지 않다. 이것은 엄마가 아기를 아는 것을 갈망하기 때문만이 아니라, 엄마에게 긴급한 문제이기 때문이다. 즉, 엄마는 분만과 관련해서 '태어난 아기가 완전하지 않으면 어떻게 하지?'와 같은 온갖 종류의 끔찍스러운 불안을 갖고 있다. 사람들은 인간 존재가 전적으로 좋은 어떤 것을 창조할 수 있을 만큼 충분히 좋은 존재라고 쉽게 믿지 못하는 것 같다. 모든 엄마가 처음부터 자신의 아이를 실제로 그리고 온전히 믿을 수 있다는 주장은 의심스럽다. 아빠 역시 여기에 등장하는데, 그것은 그가 자신이 건강한 아이를 창조할 수 없을지도 모른다는 의심으로 인해 엄마가 힘들어했던 만큼이나, 똑같이 힘들어했기 때문이다. 그러므로 당신의 아기를 알아간다는 것은, 아기에 대한 좋은 소식이 양쪽 부모에게 가져다주는 안도감의 문제 때문에 그 어떤 것보다도 긴급한 문제이다.

다음 단계에서 당신은 당신의 사랑과 자랑스러움 때문에 당신의 아기를 알기를 원하게 될 것이다. 그리고 그때 당신은 그의 필요에 부응해줄 수 있기 위해서, 그를 가장 잘 아는 사람인 당신으로부터만 받을 수 있는 도움을 줄 수 있기 위해서, 그를 상세하게 연구하기 시작할 것이다.

이 모든 것은 갓 태어난 아기를 돌보는 일이 풀타임 직업이며, 그것은 오직 한 사람에 의해서만 잘 수행될 수 있다는 것을 의미한다.

제 3 장
'미래를 위한 자원을 갖고 있는 자'
(going concern)로서의 아기

나는 엄마들과 그들의 아기들에 관해 말하고 있다. 엄마들이 해야 할 구체적인 것들에 대해 말하지 않았는데, 그 이유는 그런 세부적인 충고들은 복지센터들에서 쉽게 얻을 수 있기 때문이다. 실제로 그런 세부사항들에 대한 충고들 때문에, 때로는 오히려 혼동스러운 느낌을 야기하기도 한다. 대신에 나는 엄마들이 그들의 아기들이 누구인지를 알도록 돕고, 일어나고 있는 일의 일부를 보여주기 위해, 아기들을 잘 돌보고 있는 보통의 엄마들에 대해서 말하는 것을 선택했다. 그것은 그들이 더 많이 알수록, 그들 자신들의 판단을 더 잘 신뢰할 수 있게 될 것이라는 아이디어에 기초해 있다. 엄마는 그녀 자신의 판단을 신뢰할 수 있을 때에만, 자신의 일을 최상으로 잘 할 수 있는 법이다.

엄마에게 있어서 자신이 하고 싶은 일을 하는 경험을 갖는 것은 확실히 매우 중요하다. 왜냐하면 그것은 그녀로 하여금 자신 안에 있는 모성을 남김없이 발견할 수 있게 해주기 때문이다; 작가가 원고지 앞에 마주앉는 순간에 떠오르는 풍부한 아이디어들에 의해서 놀라는 것처럼, 엄마는 아기와의 매 순간의 접촉에서 발견하는 풍부한 것들로 인해 끊임없이 놀라움을 경험한다.

사실상, 혹자는 엄마가 아기의 돌봄을 전적으로 책임지지 않고서 엄마가 되는 법을 어떻게 배울 수 있느냐고 질문할 수 있을 것이다. 만약 그녀가 들은 것만을 행한다면, 계속해서 누군가가 시키는 것을 한다면, 그리고 그 방법을 개선하기 위해 해야 할 것들을 더 잘 말해 주는 누군가를 선택할 수밖에 없다면, 그녀는 엄마가 되는 법을 배울 수 있을까? 그러나 만약 그녀가 자연스럽게 마음속에 떠오르는 것을 따라 자유롭게 행동할 수 있다고 느낀다면, 그녀는 그 일을 통해서 성장할 것이다.

이 영역이 아빠가 도울 수 있는 곳이다. 그는 엄마가 여유롭게 느낄 수 있도록 공간을 제공하는 도움을 줄 수 있다. 자신의 남자에 의해 적절히 보호받을 때, 그녀는 자신의 관심을 내면으로 돌리고 싶을 때, 자신의 두 팔로 만들 수 있는 원―중심에 그녀의 아기가 있는―의 내부에 관심을 갖고 싶을 때, 그녀의 주변에서 일어나는 일을 다루기 위해 바깥으로 관심을 돌려야 하는 과제를 면제받는다. 엄마가 자연스럽게 한 유아에게 몰두하는 이 기간은 길지 않다. 초기에 아기와 엄마의 유대는 매우 강하며, 아빠는 그녀가 이 자연스러운 시간 동안에 자신의 아기에게 몰두하는 것이 가능하도록 모든 것을 해줄 수 있어야만 한다.

이것은 엄마에게만 좋은 것이 아니다; 아기 또한 의심의 여지없이 정확히 이런 종류의 것을 필요로 한다. 우리는 갓 태어난 유아가 엄마의 사랑을 얼마나 절대적으로 필요로 하는지를 이제 막 알기 시작했다. 성인의 건강은 아동기 동안에 그것의 토대가 마련되고, 인간 존재의 건강의 토대는 초기 몇 주 또는 몇 달 동안에 엄마에 의해서 마련된다. 아마도 이런 생각은 당신이 세상사에 대한 관심을 일시적으로 잃어버릴 때 느끼는 이상한 느낌을 이해하는 데 약간의 도움을 줄 것이다. 당신은 우리 사회의 구성원이 될 한 사람의 건강의 기초를 놓고 있는 것이다. 이것은 가치 있는 행동이다. 이상한 것은 사람들이 일반적으로 돌봐야 할 아이의 수가 많을수록 그 일이 더 어렵다고 생각한다는 것이다. 실제로 나는 아이들이 더 적을수록, 정서적인 스트레스는 더 크다고 확신한다. 한 아이에게 헌신하는 것이야말로 가장 힘든 것이고, 그것이 잠시 동안만 지속된다는 점에서, 그것은 할 만한 것이다.

따라서 여기에서 당신은 당신의 모든 계란들을 한 바구니 안에 두고 있다. 그것에 관해 당신은 무엇을 할 생각인가? 무엇보다 먼저, 당신 자신을 즐기라! 당신이 중요한 존재라고 생각하는 것을 즐기라. 당신이 세상의 새로운 구성원을 만들어내는 동안, 세상을 돌보는 일을 다른 사람들에게 맡기는 것을 즐기라. 관심을 안으로 돌리고, 거의 당신 자신인 그리고 당신의 일부인 아기와의 사랑에 빠지는 것을 즐기라. 당신의 남자가 당신과 아기를 책임지는 방식을 즐기라. 당신 자신에 관해 새로운 것들을 발견하는 것을 즐기라. 과거 어느 때보다도 당신이 좋다고 느끼는 것을 단순히 할 수 있는 더 많은 권리를 갖고 있는 것을 즐기라. 당신이 관대하게 주고 싶은 젖을 먹지 못하도록 방해하는 아기의 울음과 비명에 짜증스러워지는 순간을 즐기라. 당신이 남자에게 설명할 수 없는 온갖 종류의 여성만의 느낌들을 즐기라. 특히, 나는 당신이 서서히 출현하는, 아기가 사람이라는 신호를, 그리고 당신이 아기에 의해 사람으로 인정된다는 신호를 즐길 것임을 안다.

이 모든 것을 당신 자신을 위해 즐겨야 마땅하지만, 아이의 관점에서 볼 때에도 유아 돌봄이라는 골치아픈 일에서 당신이 즐거움을 얻을 수 있는지의 문제는 결정적으로 중요하다. 아기는 정확한 시간에 정확한 양의 젖을 먹는 것보다는, 자신의 아기에게 젖을 주는 것을 좋아하는 누군가에게서 젖을 먹는 것을 더 많이 원한다. 아기는 옷이 부드러워야 하거나 목욕물이 적절한 온도여야 하는 것과 같은 모든 것들을 당연한 것으로 여긴다. 우리는 엄마가 아기에게 옷을 입히거나 아기를 목욕시키는 것에 수반되는 즐거움을 당연한 것으로 여길 수 없다. 만약 당신이 거기에 있으면서 모든 것을 즐긴다면, 그것은 아기에게 태양이 떠오르는 것과 같은 순간이 될 것이다. 엄마의 즐거움이 거기에 있어야 하며, 그렇지 않으면 전체 과정은 죽은 것, 무익한 것, 그리고 기계적인 것이 되고 만다.

보통의 방식으로 자연스럽게 오는 이 즐거움은 물론 당신의 걱정들에 의해 방해받을 수 있는데, 그 걱정은 대부분 무지에서 온다. 그것은 마치 아마도 당신이 책에서 읽었을 수도 있는, 분만 과정에서 사용되는 이완법과도 같다. 이런 책들을 쓰는 사람들은 임신기간과 분만 시에 일어날 수 있는 일을 설명하고, 그래서 엄마들이 이완할 수 있게 하기 위해, 즉 알려지지 않은 것에 대한 염려를 중지하고 사실상 자연적인 과정들에 맡길 수 있게 하기 위해 그들이 할 수 있는 모든 것을 한다. 분만의 고통의 많은 부분은 분만 그 자체에 속한 것이 아니라, 두려움에서 오는 경직성에 속한 것이며, 그 두려움은 주로 알지 못하는 것에 대한 두려움이다. 이 모든 것이 당신에게 설명되고, 만약 당신이 좋은 의사와 간호사의 도움을 받을 수 있다면, 당신은 피할 수 없는 그 고통을 견딜 수 있을 것이다.

같은 방식으로, 아기가 태어난 후에 당신이 아기를 돌보는 데서 얻는 즐거움은 당신이 무지와 두려움에서 오는 긴장과 걱정으로부터 얼마나 자유로운가에 달려있다.

이 책에서 나는 엄마들에게 정보를 줌으로써, 그들이 아기에게서 일어나는 일에 관해 전보다 더 많이 알게 되고, 그럼으로써 아기가, 엄마가 잘 하는 것을—만일 그녀가 편안하고, 자연스럽고, 그리고 몰입한다면—정확하게 필요로 한다는 사실을 볼 수 있기를 원한다.

이어지는 장들에서, 나는 아기의 신체와 신체 내부에서 일어나는 일에 관해 말할 것이고, 아기의 발달하는 인격에 관해 말할 것이며, 아기가 혼동을 겪지 않도록 엄마가 아기에게 세상을 조금씩 소개해주는 방식에 관해 말할 것이다.

지금 나는 한 가지 사실만을 분명히 하고 싶다: 당신의 아기는 성장과 발달을 위한 프로그램을 갖고 태어났다. 각각의 아기는 스스로 삶을 전개해가는 존재이며, 핵심적인 불꽃이고, 이 삶과 성장과 발달을 향한 추동력은 아기의 일부로서 처음부터 가지고 태어난 것이며, 우리가 이해할 수 없는 방식으로 앞을 향해 추동하고 있다. 예를 들면, 당신이 구근 하나를 창가 화분에 심었다면, 그것이 수선화로 자라나도록 만들 필요가 없다. 당신은 올바른 종류의 흙을 제공하고, 적당한 양의 물을 주면, 나머지는 자연적으로 이루어지는데, 그것은 그 구근이 자체 안에 생명을 갖고 있기 때문이다. 물론, 유아들을 돌보는 일은 수선화 구근을 돌보는 일보다 훨씬 더 복잡하지만, 구근과 유아 모두에서 당신의 책임이 아닌 어떤 것이 진행 중이라는 점에서, 그 예시는 나의 목적을 위해 유용한 것으로 보인다. 아기는 당신 안에서 임신되었고, 그 순간부터 당신의 몸 안에 동거하는 자가 되었다. 그리고 출생 후에는 당신의 품 안에서 동거하는 자가 된다. 이것은 잠시 동안이다. 그것은 영원히 지속되지 않을 것이고, 실제로 오래 지속되지 않을 것이다. 아기는 순식간에 학교에 다니기 시작할 것이다. 하지만 지금 이 순간 이 동거자는 작고 약한 존재이고, 당신의 사랑에서 오는 특별한 돌봄을 필요로 한다. 그러나 이것은 삶과 성장을 향한 경향성이 아기 안에 내재되어 있는 것이라는 사실을 변경시키지 않는다.

나는 지금 내가 제시하고자 하는 사례에 대한 이야기를 들으면서, 당신이 안도감을 느낄지 궁금하다. 나는 아기의 살아있음에 대한 책임감 때문에 모성의 즐거움을 망친 엄마들을 알고 있다. 아기가 잠을 자면, 그들은 아기가 깨어나서 살아있음의 표시들을 보여주기를 희망하면서, 아기 침대로 다가갈 것이다. 만약 아기가 시무룩하면, 그들은 미소를 불러내려고 시도하면서, 아기와 놀아주고 얼굴에 자극을 줄 것이지만, 그것은 물론 유아에게 아무런 소용이 없을 것이다. 아기가 보이는 것은 반응일 뿐이다. 그런 사람들은 아기에게서 깔깔대는 웃음을, 또는 아기 안에서 삶의 과정이 계속되고 있다는 것을 보여주고, 그래서 그들을 안심시켜줄 어떤 것을 산출해내기 위해, 아기를 무릎 위에 놓고 끊임없이 위아래로 흔들어댈 것이다.

어떤 아이들은 심지어 가장 초기 유아기 동안에도 그냥 누운 채 표류하도록 결코 허용된 적이 없다. 그때 그들은 많은 것을 상실하고, 살고 싶다는 느낌 자체를 통째로 잃어버린다. 만약 내가 당신에게 아기 안에 실제로 이런 살아있는 과정이 있다는 것을 전달할 수 있다면, 당신은 아기를 돌보는 일을 좀 더 즐길 수 있을 거라는 생각이 든다. 궁극적으로, 생명은 살겠다는 의지보다는 숨을 쉰다는 사실에 더 많이 달려있다.

당신들 중의 일부는 예술작품을 창조해왔다. 당신은 그림을 그리거나, 진흙을 빚어내거나, 뜨개질로 겉옷을 짜거나, 드레스를 만들었다. 당신이 이런 것들을 할 때, 거기에서 나온 것은 당신이 만든 것이다. 그러나 아기들은 다르다. 아기는 자라고, 당신은 적절한 환경을 제공하는 엄마이다.

어떤 사람들은 아이를 옹기장이의 손 안에 있는 진흙으로 생각하는 것처럼 보인다. 그들은 유아를 틀 짓기 시작하고, 그 결과에 대해 책임이 있다고 느낀다. 이것은 전적으로 잘못된 것이다.

만약 당신이 그렇게 느낀다면, 당신은 전혀 짊어질 필요가 없는 책임감에 짓눌리게 될 것이다. 만약 당신이 '미래를 위한 자원을 갖고 있는 자'로서의 아기라는 아이디어를 받아들일 수 있다면, 당신은 아기의 욕구에 반응하는 것을 즐기는 동시에, 아기의 발달 안에서 발생하는 것을 바라보는 것으로부터 많은 유익을 얻을 수 있도록 자유로워질 것이다.

제 4 장
유아 수유

이번 세기가 시작된 이후로 유아 수유에 관한 많은 연구들이 이루어졌고, 의사들과 생리학자들은 많은 책들과 셀 수 없을 정도로 많은 논문들을 통해서 그 분야에 관한 우리의 지식을 확장해왔다. 이 모든 작업의 결과, 지금은 두 부류의 사실들을 구분하는 것이 가능해졌는데, 하나는 그 누구도 직관적으로, 또는 과학적인 문제를 깊이 연구하지 않고서는 알 수 없는, 신체적, 생화학적, 또는 물질적인 것들이고, 다른 하나는 사람들이 항상 느낌과 단순한 관찰 모두에 의해 알 수 있는 심리학적인 것들이다.

예컨대, 핵심적으로 말해서, 유아 수유는 유아-엄마 관계, 즉 두 인간 존재 사이의 사랑의 관계를 실천하는 문제이다. 하지만 그 문제의 신체적 측면에 대한 연구에 의해 많은 어려움들이 해소되기 전까지는, 이것이 수용되는 것이 어려웠다. 세계 역사의 어떤 시기에서도 건강한 삶을 살고 있는 자연적인 엄마는 유아 수유를 단순히 그녀와 아기 사이의 관계로서 생각했음이 분명하다; 그러나 거기에는 동시에 설사 또는 질병으로 인해 아기를 잃어버린 엄마도 있었다; 자신의 아기를 죽게 한 것이 병균이었다는 것을 몰랐던 그녀는 자신의 젖이 나쁜 것이기 때문에 아기가 죽었다고 확신했다. 유아의 질병과 죽음은 엄마들로 하여금 그들 스스로에 대한 자신감을 잃게 만들었고, 권위 있는 충고를 찾게 만들었다. 신체적 질병은 엄마의 무지에서 비롯된 문제들을 셀 수 없이 많은 방식으로 복잡하게 만들었다. 사실상, 신체적 건강 과 신체적 질병에 대한 지식 분야에서 이룩해낸 엄청난 진전이 있었기 때문에, 우리는 지금 중심적인 문제를 다룰 수 있게 되었 는데, 그것은 정서적 상황, 즉 엄마와 아기 사이의 감정의 유대라 는 문제이다. 수유가 순조롭게 이루어지기 위해서는, 이 감정의 유대가 만족스럽게 발달해야만 한다.

오늘날 의사들은 구루병의 발생을 예방하기에 충분할 만큼 그 병에 대해 잘 알고 있고; 탄생과정에서 아기의 임균 감염에 의해 발생하는 실명을 예방하기에 충분할 만큼 감염의 위험에 대해 잘 알고 있으며; 흔히 일어나면서도 치명적이었던 결핵성 수막염 을 예방하기에 충분할 정도로 결핵균에 의해 감염된 젖소에서 얻은 우유의 위험에 대해 잘 알고 있고; 실제로 제거할 수 있을 만큼 괴혈병에 대해 잘 알고 있다. 그러나 의사의 기술 덕택에 신체적 질병과 장애의 문제가 아무리 완전에 가깝게 해결되었다 고 해도, 모든 엄마들이 직면하는 심리적 문제를 가능한 한 정확 하게 진술하기 위해 주로 감정들에 관심을 갖는 우리들에게, 엄 마와 아기 사이의 감정적 유대의 문제는 갑자기 다시 한 번 긴 급한 문제가 되고 있다.

의심의 여지없이, 우리는 아직 갓 태어난 아기를 가진 모든 엄 마가 부딪치는 심리학적인 문제를 정확하게 진술할 수 없지만, 시도는 이루어질 수 있고, 엄마들은 내가 하는 말에서 잘못된 것 을 정정하는 데, 그리고 내가 빠뜨린 것을 보완하는 데 참여할 수 있다.

나는 모험을 할 것이다. 만약 우리가 생각하는 엄마가 그녀의 남편과 함께 보통의 가정에서 살고 있는 보통의 건강한 여성이라면, 그리고 만약 아기가 적절한 때에 건강한 상태로 태어났다고 가정할 수 있다면, 그때 우리는 놀라우리만치 단순한 한 마디를 하는 것이 가능하다: 이런 상황에서 유아 수유는 두 인간 존재의 관계의 일부일 뿐이다—물론 그것이 더 중요한 부분들 중의 하나인 것은 사실이지만. 이 두 사람, 즉 엄마와 갓 태어난 아기는 엄청나게 강력한 사랑의 유대에 의해 서로에게 묶일 준비가 되어 있고, 다가올 커다란 정서적 위험들을 감당하기 전에 자연스럽게 서로를 알아가야만 한다. 일단 그들이 상호적 이해에 도달하면—단번에 그렇게 하든, 분투를 통해서 그렇게 하든 상관없이—그들은 서로에게 의지하고 서로를 이해하며, 수유는 어려울 것이 없는 문제가 된다.

다른 말로, 엄마와 아기 사이의 관계가 시작된다면, 그리고 그 관계가 자연스럽게 발달한다면, 그때 거기에는 수유 기술이나 몸무게 측정 등 온갖 종류의 조처들이 불필요한 것이 된다; 그 두 사람은 어떤 것이 옳은 것인지를 외부의 그 누구보다 더 잘 알고 있다. 그런 상황에서 유아는 적절한 양의 젖을 적절한 속도로 먹을 것이고, 언제 그만 먹을 것인지를 안다. 그리고 그런 경우, 외부인이 아기의 소화 상태나 배설 상태를 검사할 필요도 없을 것이다. 신체적 과정은 정서적 관계가 자연스럽게 발달하고 있을 때에만 제대로 작동한다. 나는 더 나아가 그런 상황에서 엄마는, 아기가 그녀에게서 엄마에 관해 배우는 것과 마찬가지로, 그녀의 아기에게서 아기들에 관해 배울 수 있다고 말할 것이다.

실제 어려움은 엄마와 아기 사이에 존재하는 친밀한 신체적 및 영적 유대에서 오는 즐거운 느낌에 엄마들이 쉽게 탐닉해서는 안 된다고 말하는 사람들이 있고, 또 그들의 충고를 받아들이는 엄마들이 있다는 데 있다. 확실히 오늘날의 청교도는 모유 수유의 영역에서 찾아져야 한다! 아기의 탄생 직후에, 아기가 잃어버렸다가 다시 찾았다고 느낀(그의 후각을 통해서) 엄마에 대한 느낌을 다시 잃어버릴 때까지, 아기를 엄마로부터 떼어놓는 것은 허영에 지나지 않는다. 젖을 먹는 동안 젖가슴이나 젖병을 만지지 못하게 아기를 포대기로 꽁꽁 싸두는 허황된 절차는 아기로 하여금 수유 상황에 오직 '예'(빨기) 아니면 '아니'(고개를 돌리거나 잠들기)를 통해 반응하도록 만드는 결과를 가져온다. 아기가 자기 자신과 그의 욕망 바깥에 실제로 어떤 것이 있다는 느낌을 획득하기 전에, 시계에 의지해서 젖먹기를 시작한다는 것은 쓸모없는 생각이다.

자연적인 상태에서(즉, 참여하고 있는 두 인간 존재가 건강할 경우) 수유의 기술과 양과 시간은 자연에 맡길 수 있다. 이것은 실제 수유에서, 엄마가 아기에게 그의 능력 범위 안에서 할 수 있는 것을 결정하도록 허용하는 것을 의미하며, 엄마가 그렇게 할 수 있는 것은 그녀가 실제 젖의 형태뿐만 아니라, 관리 방식에서 무엇을 제공하고 행할지를 쉽게 결정할 수 있기 때문이다.

내가 말하는 이것들은, 개인적 어려움들로부터 자유롭거나 걱정하는 경향성으로부터 자유로운 엄마들이 너무 적다는 점에서, 경솔한 처사로 생각될 수도 있다; 또한 아기들을 방치하거나 그들에게 잔인한 엄마들도 존재한다. 하지만 그럼에도 불구하고 처음부터 줄곧 충고를 필요로 한다는 것을 아는 엄마들조차도, 이 기본적 사실들을 인식하는 것을 통해서 도움을 얻을 수 있다는 것이 나의 믿음이다. 만약 그런 엄마가 그녀의 두 번째 또는 세 번째 아기와 초기에 접촉하는 법을 배우기를 원한다면, 그녀는 자신이 많은 도움을 필요로 했던 첫 번째 아기의 경우에서 자신이 무엇을 목표로 했는지를 알아야만 한다; 그녀는 자신의 아기들에 대한 실제 관리에 있어서 충고로부터 자유로운 존재가 될 필요가 있다.

나는 자연적인 수유에서, 아기가 그것을 원할 때 정확하게 주어지고, 그것을 더 이상 원하지 않을 때 주는 일이 중지된다고 말할 것이다. 이것이 기본이다. 오직 이것으로만, 유아는 엄마와 타협을 시작할 수 있는데, 첫 번째 타협은 엄마에게 편리한, 세 시간마다 주어지는 정기적이고 믿을 만한 수유를 수용하는 것이다. 만약 이 시간 간격이 아이에게 너무 길면, 거기에는 고통이 뒤따를 것인데, 그때 신뢰를 회복하는 가장 빠른 방법은 아기가 견딜 수 있는 정도의 허기를 허용하는 적절한 시간표에 맞추어 수유를 하는 것이다.

다시금 이것은 통제되지 않는 모습으로 보일 수 있다. 세 시간마다 젖을 주는 것으로 시작해서, 유아가 정규적인 습관을 갖도록 훈련시켜야 한다고 교육받은 엄마는 마치 집시처럼 아기에게 젖을 먹이라고 하는 말을 들을 때, 그것이 실제로 나쁜 것이라고 느낄 수 있다. 내가 말했듯이, 그녀는 이 일에 포함된 커다란 즐거움에 쉽게 겁을 먹고, 자신이 잘못되는 모든 것에 대해 친척들과 이웃들로부터 비난을 듣게 될 것이라고 느낀다. 주된 문제는 사람들이 아기를 키운다는 책임감에 의해 압도되는 바람에, 너무 쉽게 삶을 진부하고 따분하지만 덜 위험한 것으로 만들어주는, 규칙과 규율을 환영한다는 데 있다. 하지만 여기에는 의학과 돌보는 전문직에 종사하는 사람들의 잘못도 어느 정도 있는데, 우리는 엄마와 아기 사이에 우리가 놓아둔 것이 무엇이든지, 그것을 빨리 치워버려야 한다. 심지어 자연적인 수유라는 아이디어조차도, 만약 그것이 권위자가 말한 것이라서 의식적으로 추구해야 할 목표가 된다면, 해로운 것이 될 것이다.

나는 지금 엄마들이 유아 복지센터에서 걸어 나와 아기들을 위한 기본적인 섭식, 비타민, 접종, 그리고 기저귀를 빠는 적합한 방식 등의 모든 문제들을 스스로 다루도록 내버려두어야 한다고 말하고 있지 않다. 내가 말하는 것은, 의사들과 간호사들은 이러한 신체적 측면을 관리하는 것에 목표를 두어야 한다는 것이고, 그럼으로써 유아-엄마 관계가 발달하는 데 내포된 미묘한 역동들이 방해받지 말아야 한다는 것이다.

물론, 만약 내가 아기들을 돌보는 보모들에게 말하고 있다면, 나는 그들의 어려움들과 실망들에 관해 할 말이 많았을 것이다. 지금은 고인이 된 나의 친구인 닥터 메렐 미들모어(Merell Middlemore)는 그녀의 책 「돌보는 커플」(Nursing Couple)에서 다음과 같이 말했다:

> 보모의 난폭함이 때로는 불안한 마음에서 발생한다는 것은 놀랄 일이 아니다. 그녀는 수유 때마다 돌보는 커플의 성공들과 실패들을 따르며, 어느 지점까지는 그들의 관심들이 그녀 자신의 것이다. 그녀는 아이를 먹이려는 엄마의 서투른 노력을 지켜보는 것이 힘들다고 느낄 수 있으며, 자신이 잘못된 것을 바로잡을 수 있다고 생각함으로써 마침내 개입하고 싶은 충동을 느낄 수 있다. 그러나 그때 그녀 자신의 모성적 본능은 사실상 엄마의 모성적 본능을 강화시키는 대신에 엄마의 본능과 경쟁하기 위해 자극된다.

내가 쓴 글을 읽고 있는 엄마들은, 만약 그들이 그들의 아이들 중의 하나와의 접촉에서 실패했다고 하더라도, 낭패감을 갖지 말아야 한다. 거기에는 실패할 수밖에 없었던 많은 이유들이 있고, 잘못된 것들이나 빠뜨린 것들의 많은 부분은 나중에 보상될 수 있다. 그러나 누군가가 가장 중요한 과제에서 성공할 수 있거나 성공하고 있는 엄마들을 지원하려고 시도한다면, 그는 일부 엄마들을 불행하게 만들 수 있는 위험 요소들을 고려해야만 할 것이다. 어쨌든 만약 엄마가 혼자만의 힘으로 아기와의 관계를 관리하는 것이 아이, 그녀 자신, 그리고 일반적인 사회를 위해 최상의 것을 하고 있는 것이라고 말한다면, 나는 어려움을 겪고 있는 일부 엄마들에게 상처를 주는 위험을 자초하고 있는 것이다.

　다른 말로, 아이가 엄마 아빠, 다른 아이들, 그리고 궁극적으로 사회와 갖는 관계를 위한 유일하게 진정한 기초는 엄마와 아기 사이의 최초의 성공적인 관계이며, 그 두 사람 사이에는 정규적인 수유 규칙이 끼어들어서도 안 되고, 심지어 아기는 모유 수유를 해야 한다는 규칙조차도 개입해서는 안 된다. 인간사에서, 좀 더 복잡한 것은 오직 좀 더 단순한 것으로부터 발달해 나올 수 있다.

제 5 장
우리가 먹는 음식은 어디로 가는가?

아기들이 배고픔을 느끼기 시작할 때, 그들 안에서는 그들을 사로잡을 준비가 되어 있는 뭔가가 살아나기 시작한다. 당신이 수유 준비로 인한 특정한 소음들을 내기 시작할 때, 아기는 그것을 음식에 대한 열망이 멋진 충동으로 무르익도록 허용하는 순간이 다가오고 있다는 징표로 받아들인다. 당신은 아기의 입에서 침이 흐르는 것을 보는데, 그것은 어린 아기들이 아직 침을 삼킬 줄 모르기 때문이다. 그들은 침을 흘리는 것을 통해서 입 안에 넣을 수 있는 것에 대한 흥미가 있음을 세상에 보여준다. 그들의 손 역시 만족을 추구하는 데 일정 부분 역할을 한다. 그래서 당신이 아기에게 음식을 줄 때, 그것은 음식에 대한 엄청난 욕망과 결합한다. 입은 먹을 준비가 되었다. 이 시기에 입술에 닿는 느낌은 매우 민감한 것이고, 아기가 나중 삶에서 다시 경험할 수 없는 고도의 쾌락적인 감각을 제공한다.

엄마는 아기의 필요에 능동적으로 적응하며, 그렇게 하는 것을 좋아한다. 아기에 대한 사랑 때문에, 그녀는 다른 사람들은 그럴 만한 가치가 있다고 느끼지도 않고 방법을 알지도 못하는, 관리의 문제에 섬세하게 적응하는 전문가가 된다. 모유 수유를 하든 아니면 젖병 수유를 하든 상관없이, 아기의 입은 매우 능동적이 되고, 젖은 당신 또는 젖병으로부터 입으로 들어간다.

일반적으로 여기에는 젖가슴 수유를 한 아기와 젖병 수유를 한 아기 사이에 차이가 있다는 생각이 있다. 젖가슴에서 젖을 먹는 아기는 젖꼭지의 뿌리 뒤쪽을 잇몸으로 씹는다. 이것은 엄마에게 상당히 고통스런 것일 수 있지만, 거기에서 발생하는 압력은 젖을 젖꼭지에서 입 안으로 밀어낸다. 그리고 그때 젖은 삼켜진다. 하지만 젖병으로 먹는 아기는 다른 기술을 사용해야만 한다. 이 경우에 강조점은 빠는 데 있는데, 그것은 젖가슴 수유에서는 상대적으로 덜 중요한 문제이다.

젖병을 사용하는 일부 아기들은 꼭지 부분에 상당히 큰 구멍을 필요로 하는데, 그것은 그들이 빠는 법을 배울 때까지는 빨지 않고도 젖을 먹을 수 있기를 바라기 때문이다. 구멍이 클 경우, 아기들은 곧바로 빨고 젖을 삼킨다.

만약 당신이 젖병을 사용하고 있다면, 당신은 젖가슴 수유를 할 때보다도 더 의식적인 방식으로 자신이 하고 있는 일에 변화를 줄 준비를 해야 할 것이다. 젖가슴 수유를 하는 엄마의 경우, 긴장을 풀고, 혈액이 젖가슴으로 모이는 것을 느끼는 순간 젖이 나올 것이다. 그러나 젖병 수유를 하고 있을 경우, 당신은 잠시라도 방심해서는 안 된다. 엄마는 젖병이 아기의 입 바깥에 머무르도록 유지시킴으로써 약간의 공기가 유입되도록 해주어야 하는데, 그렇지 않으면 병 속의 진공이 너무 커져서 아기가 우유를 먹을 수가 없기 때문이다. 그녀는 우유를 거의 체온에 맞도록 식힌 다음, 팔로 젖병의 온도를 가늠해본다; 그리고 아기가 너무 천천히 먹는 바람에 우유가 너무 많이 식을 경우를 대비해서, 젖병을 다시 데우는 데 사용할 뜨거운 물통을 준비해놓는다.

이제 젖 또는 우유에 어떤 일이 일어나는지를 생각해보자. 우리는 아기가 젖이나 우유를 삼키는 순간까지 일어나는 일에 대해 많은 것을 알고 있다고 말할 수 있다. 입에 특정한 감각을 주고, 특정한 맛을 갖고 있는 어떤 것이 입 안으로 들어간다. 이것은 의심의 여지없이 만족스러운 것이다. 그리고 그것은 삼켜진다. 그러나 이것은 아기의 관점에서 보면, 상실을 의미한다. 이런 점에서 주먹과 손가락들이 더 나은데, 그것은 그것들이 머물러 있고 계속해서 사용할 수 있기 때문이다. 하지만 삼켜진 음식은, 적어도 위 안에 있는 동안은, 완전히 상실된 것이 아니다. 여기에서 음식은 아직 되돌려질 수 있다. 아기들은 그들의 위의 상태에 대해 알고 있는 것처럼 보인다.

아마도 당신은 위가 아기의 젖병이 갈비뼈 바로 밑에 위치한, 왼쪽에서 오른쪽으로 흔들리는 것처럼 보이는 작은 기관이라는 것과, 그것이 엄마가 아기들을 위해 하는 것과 똑같은 것을 하는 놀라운 능력을 갖고 있는, 꽤 복잡한 근육으로 이루어져 있다는 것을 알고 있을 것이다; 즉 그것은 새로운 상황에 적응한다. 그것은 엄마들이 긴장하거나 불안하지 않는 한, 자연적으로 좋은 엄마인 것처럼, 흥분, 공포, 또는 불안에 의해 방해받지 않는 한, 자동적으로 그 일을 한다. 그것은 내면의 작은 좋은 엄마와도 같다. 아기가 편하게 느낄 때(성인의 경우, 이완된 상태일 때), 우리가 위라고 부르는 이 근육으로 된 용기(容器)는 얌전하게 행동한다. 다시 말해서, 그것은 적당한 긴장을 자체 안에 간직하면서도 그것 자체의 형태와 위치를 유지한다.

따라서 먹은 젖은 위 안에 있고, 그곳에 간직된다. 그리고 이제 우리가 소화라고 부르는 일련의 과정들이 시작된다. 위 안에는 항상 액체로 된 소화액이 있고, 그것의 상부에는 항상 공기가 있다. 이 공기는 엄마들과 아기들을 위해 특별한 역할을 한다. 만약 당신과 아기가 고요한 상태라면, 위벽 안의 압력은 약간 느슨해지는 방식으로 스스로 적응한다; 위는 더 커진다. 하지만 아기는 보통 약간 흥분해 있고, 따라서 위가 적응하는 데 약간의 시간이 걸린다. 위 안에서 일시적으로 증가된 압력은 불편감을 주고, 아기가 그 문제에서 벗어나는 빠른 방법은 트림을 하는 것이다. 이런 이유로 당신은 아기에게 젖을 준 다음에, 또는 젖을 주다가도, 약간의 트림을 시켜주는 것이 좋은 생각이라는 것을 알 수 있을 것이다. 그리고 만약 트림을 할 때 아기가 곧추 선 자세라면, 아기가 트림과 함께 약간의 젖을 올리는 대신에, 위속의 공기만을 제거할 수 있을 것이다. 그런 이유로 엄마들은 아기들을 어깨 위에 올려놓고 잠시 동안 등을 토닥여준다. 왜냐하면 그런 토닥거림이 위의 근육을 자극해서 아기의 트림을 돕기 때문이다.

물론 아기의 위가 음식에 너무 빠르게 적응하고 아주 쉽게 젖을 수용하는 바람에, 전혀 트림을 필요로 하지 않는 경우들도 종종 있다. 그러나 만약 아기의 엄마가 긴장된 상태에 있다면(이따금씩 그럴 수 있듯이), 그때 아기 역시 긴장 상태가 되는데, 그럴 경우 위는 그 안의 음식의 양의 증가에 맞추어 적응하는 데 더 오랜 시간이 걸릴 것이다. 만약 당신이 무슨 일이 일어나고 있는지를 이해한다면, 당신은 이 공기 문제를 아주 쉽게 관리할 수 있을 것이고, 이번 수유가 지난번 수유와 많이 다르더라도, 또는 이 공기의 문제와 관련해서 한 아기가 다른 아기와 다르더라도, 어리둥절하거나 놀라지 않을 것이다.

만약 당신이 무엇이 일어나고 있는지를 이해하지 못한다면, 당신은 쩔쩔매게 될 것이다. 당신의 이웃은 이렇게 말할 것이다: '젖을 먹인 다음에는 트림을 시키는 것을 잊지 말아야 해요.' 사실들을 알지 못하는 당신은 그 말을 논박할 수가 없고, 따라서 당신은 아기를 어깨 위에 올려놓고 열심히 등을 토닥이면서 강박적으로 트림을 시키려고 시도할 수도 있다. 심지어 그것은 일종의 종교가 될 수 있다. 그런 방식으로 당신은 당신 자신의 생각을 아기에게 강요함으로써, 결국 유일하게 좋은 방식인 자연적인 방식을 방해하게 될 수도 있다.

이 작은 근육질 용기는 소화의 첫 단계가 발생할 때까지 얼마 동안 젖을 간직한다. 젖에서 발생하는 첫 번째 변화들 중의 하나는, 그것이 응결되는 것이다. 그것이 자연스러운 소화과정의 첫 단계이다. 사실 우유를 응고시켜서 음식을 만들 때, 당신은 위 안에서 일어나는 것을 모방하고 있는 것이다. 따라서 당신의 아기가 약간의 응결된 젖을 토해낼 때, 놀라지 말아야 한다. 그것은 자연스러운 현상이다. 또한 아기들은 아주 쉽게 조금 아프기도 한다.

위 안에서 작업이 진행되고 있는 이 시기에 아기가 조용히 있을 수 있다면, 그것은 매우 좋은 일이다. 이것을 위해서 수유 후에 아기를 아기 침대 안에 두는 것이 최상일지, 아니면 아기를 안고서 잠시 방 안을 걷는 것이 더 좋을지는 당신이 선택할 문제이다. 왜냐하면 어떤 엄마나 어떤 아기도 결코 똑같지 않기 때문이다. 가장 편한 환경에서 아기는 그냥 누워있으면서, 내면에 대한 생각에 빠지는 것처럼 보인다. 이때 내면에는 좋은 느낌이 있을 수 있는데, 그것은 피가 활동 중인 신체기관으로 몰리면서 아기의 배에 기분 좋은 따스한 감각을 주기 때문이다. 소화과정의 이 초기 부분에서 일어나는 장애들, 방해들, 그리고 흥분들은 쉽게 불만에 찬 울음을 발생시킬 수 있고, 또는 구토를 발생시키거나, 아니면 먹은 음식이 위 안에서 거쳐야만 하는 모든 변화들을 거치기도 전에 너무 일찍 다음 단계로 넘어가는 현상을 발생시킬 수 있다. 나는 당신이 아이를 먹이는 동안 당신의 이웃을 조용히 시키는 것이 얼마나 중요한 것인지를 알고 있을 거라고 생각한다. 이것은 단순히 당신이 젖을 먹이는 시간에만 해당되는 것이 아니다. 수유 시간은 음식이 위를 떠날 때까지 계속되며, 그런 점에서 수유 직후에 조용한 시간을 갖는 것은 전체 수유의 중요한 일부이다. 이 엄숙한 시기는 음식이 아직 충분히 수용되지 않은 수유 직후의 시기를 포함하는 것으로 확장되어야 하며, 그런 점에서 머리 위로 지나가는 비행기 소리에 의해 그 순간이 망쳐지지 않게 하는 것이 중요하다.

모든 것이 순조롭다면, 특별히 민감한 시간이 끝나고, 당신은 아기의 뱃속에서 꾸룩꾸룩거리는 소리를 들을 것이다. 이것은 전체 소화과정에서 위가 맡은 부분이 완성되고 있음을 말해준다. 다시 말해서 이제 위는 자동적으로 점점 더 우리가 창자라고 부르는 관 안으로 부분적으로 소화된 젖을 밀어 넣으려고 시도하고 있다.

창자 안에서 일어나는 일에 대해 많은 것을 알 필요는 없다. 계속되는 젖의 소화과정은 매우 복잡한 것이지만, 소화된 젖은 차츰 혈액 안으로 흡수되어 모든 신체 부분으로 전달된다. 젖이 위를 떠난 직후에 담즙이 첨가되는 것을 아는 것은 흥미롭다. 그것은 적절한 순간에 간에서 내려오며, 창자의 내용물이 특정한 색깔을 띠는 것은 이 담즙 때문이다. 당신은 감기로 인한 황달에 걸린 적이 있을 수 있고, 그럴 경우 담즙을 실어 나르는 작은 관이 염증을 일으키는 바람에, 담즙이 간에서 창자로 공급되지 않을 때 얼마나 끔찍스러운 상황을 겪게 되는지를 알고 있다. 담즙은 창자로 들어가는 대신에 핏속으로 들어가고, 당신의 몸 전체를 노랗게 만든다. 그러나 담즙이 제 시간에 올바른 방식으로 간에서 창자로 들어갈 때, 그것은 아기를 기분 좋게 만든다.

만약 당신이 생리학 책을 찾아본다면, 젖이 소화되는 이후 과정에서 일어나는 모든 것을 알 수 있겠지만, 만약 당신이 엄마라면 그런 세부사항은 중요하지 않을 것이다. 요점은 아기의 뱃속에서 나는 꾸룩꾸룩 소리가 아이가 민감한 시기가 끝이 나면, 그

것은 이제 음식이 정말로 내면에 있는 것을 가리킨다는 사실이
다. 유아의 관점에서 보자면, 이 새로운 단계는, 생리학이 유아가
생각할 수 있는 범위를 넘어선다는 점에서, 신비임에 분명하다.
하지만 우리는 음식이 창자 안에서 다양한 방식으로 흡수되고,
궁극적으로 몸 전체에 분배되며, 혈액의 흐름을 통해 항상 자라
고 있는 세포조직의 모든 부분으로 옮겨진다는 것을 안다. 아기
의 경우, 이 세포조직은 엄청난 속도로 성장하고, 주기적으로 반
복되는 공급을 필요로 한다.

제 6 장
소화 과정의 끝

앞 장에서 나는 젖이 삼켜지고, 소화되고, 흡수되는 과정을 추적했다. 엄마는 아기의 장 안에서 일어나는 일에 관심을 갖지 않지만, 아기의 관점에서 볼 때 이 모든 과정은 신비로운 것이다. 하지만 점차 아기는 배변으로 불리는 마지막 단계에 관여하게 되는데, 이때 엄마 역시 그 일에 참여하게 된다. 이때 무슨 일이 일어나고 있는지를 엄마가 알고 있다면, 자신이 맡은 역할을 더 잘 해낼 것이다.

사실 섭취한 음식이 다 흡수되는 것이 아니다. 완벽하게 좋은 모유조차도 어느 정도의 잔여물을 남기며, 어떤 경우에든 내장에는 찌꺼기가 있게 된다. 이런저런 방식으로 많은 찌꺼기가 발생하며, 그것은 제거되어야만 한다.

다양한 것들이 장의 운동을 발생시키고, 찌꺼기는 차츰 항문이라고 불리는 출구가 있는 장의 아래쪽 끝으로 이동한다. 어떻게 이 일이 일어나는가? 장의 내용물은 일련의 수축 활동에 의해 굽이굽이 창자를 따라 움직인다. 성인의 경우 섭취한 음식이 6미터나 되는 좁은 관을 따라 내려간다는 사실을 사람들은 알고 있을까? 아기의 경우, 창자의 길이는 4미터 정도이다.

간혹 나에게 "의사 선생님, 아기가 먹은 음식이 곧바로 배설되었어요"라고 말하는 엄마가 있다. 그 엄마는 음식이 아기 몸으로 들어갔다가 다른 출구를 통해서 나오는 것이라고 생각하는 것 같다. 그렇게 보이지만 그것은 사실이 아니다. 요점을 말하자면, 아기의 내장은 민감하며, 따라서 음식의 섭취는 장의 수축운동을 시작하게 한다는 것이다. 장의 마지막 부분인 직장(rectum)은 대체로 비어 있다. 이러한 수축 운동은 장을 지나가야 할 것이 많거나, 아기가 흥분해 있거나, 또는 내장에 감염으로 인한 염증이 있을 때, 더 분주해진다. 점차적으로, 단지 점차적으로만, 유아는 어느 정도의 조절 수단을 갖게 되는데, 나는 이것이 어떻게 일어나는지를 설명할 것이다.

처음에 우리는 직장이 채워지는 이유가 단지 통과해야할 찌꺼기가 많기 때문이라고 상상할 수 있다. 창자의 수축 운동을 위한 실제 자극은 지난번 수유에 의해 시작된 소화 과정에서 오는 것이기 쉽다. 조만간 직장은 채워진다. 유아는 섭취한 음식이 창자의 더 윗부분에 있을 때에는 그것에 대해 거의 모르고 있지만, 직장이 채워지는 것은 불쾌하지 않은 특정한 감각을 산출하며, 이것은 아기로 하여금 곧바로 내보내는 행동을 시작하게 한다. 처음에 우리는 아기가 직장 안에 그것을 보유할 것이라고 기대할 수 없다. 우리는 유아를 돌보는 초기 단계에서는 기저귀를 갈아주는 일이 중요한 일이라는 것을 잘 알고 있다. 아기가 옷을 입은 상태라면 기저귀를 주기적으로 바꿔줘야 하는데, 그렇지 않으면 피부에 염증이 생길 수 있다. 특히 어떤 이유로든 배설 움직임이 너무 빨리 이루어지는 묽은 변일 경우에는 더욱 그렇다. 이러한 기저귀 갈아주기의 문제는 조급한 훈련을 통해 해결될 수 있는 것이 아니다. 돌보는 이가 많은 일을 잘 해나가고, 시간을 번다면, 아기에게는 새로운 발달이 일어날 것이다.

아기가 직장의 마지막 부분에서 내용물을 보유한다면, 그것은 마르게 된다; 그곳에서 기다리는 동안 수분이 흡수된다. 그 다음에 그것은 좀 더 단단해지는데, 아기는 그것을 내보내고 싶어 한다. 사실, 아기는 변을 보는 순간에 힘든 느낌 때문에 울 수도 있다. 이럴 때 당신은 아기에게 그 일을 맡김으로써, 중요한 일을 하고 있다는 사실을 알 필요가 있다(물론 아기가 혼자 감당할 수 없다면 도와야겠지만). 당신은 아기가 무언가가 직장을 떠나가기 전에 그것을 잠시 동안 보유하는 것이 좋은 느낌을 준다는 것을 경험할 수 있도록 가능한 모든 기회를 주고 있는 것이고, 따라서 아기는 그 결과가 흥미로운 것이며, 실제로 배변이 순조롭다면 극도로 만족스러운 경험이 될 수 있다는 것을 발견할 수 있다. 이러한 것들에 대한 아기의 건강한 태도의 확립은 이후의 모든 훈련을 위한 좋은 기반이 된다.

가능한 한 일찍부터 훈련을 도입하겠다는 생각으로, 처음부터 수유 후에 아기를 정기적으로 떼어놓으라고 말하는 사람이 있다. 만약 그렇게 한다면, 당신은 더러운 기저귀의 번거로움으로부터 자신을 지키려고 행동하고 있다는 것을 알아야만 한다. 이것에 대해서는 해야 할 말이 많다. 그러나 아기는 아직 훈련 받을 수 있는 시점에 있지 않다. 이러한 문제와 관련해서 아기 스스로의 발달을 허용하지 않는다면, 그것은 자연스러운 과정의 시작을 방해하는 것이다. 그것은 또한 좋은 것들을 놓치는 것이다. 예컨대, 기다리면 유아용 침대에 누워있는 아기가 자신이 대변을 보았다는 것을 당신에게 알려줄 방법을 찾을 것이고, 곧 배변활동이 있을 것이라는 것 또한 어렴풋이 알게 될 것이다. 이제 당신은 보통 성인의 방식으로 의사소통할 수는 없지만, 언어 없이도 말하는 방법을 발견한 아기와 새로운 관계를 시작하게 될 것이다. 마치 '나는 응가를 하고 싶은데, 혹시 관심 있나요?' 라고 말하는 아기에게, 당신은 (정확히 그렇게 말하지는 않지만) '그래' 라고 대답하는데, 그것은 아기가 더럽힐까봐 겁이 나서도 아니고, 청결 교육을 해야 된다는 생각 때문도 아니다. 만약 당신이 그것에 관심이 있다면, 그것은 보통 어머니들이 아기를 사랑하는 방식으로 그 아이를 사랑하기 때문이고, 또한 아기에게 중요한 것은 무엇이든 엄마에게도 중요하기 때문이다. 그렇기 때문에 당신은 아기의 배변조절이 늦어지더라도 그다지 신경 쓰지 않을 것이다. 왜냐하면 아기를 깨끗하게 유지하는 것이 중요하지 않아서가 아니라, 그렇게 하는 것이 인간 동료의 부름에 응답하는 올바른 방식이기 때문이다.

나중에, 이러한 측면에서 당신과 유아의 관계는 더 풍요로워질 것이다. 아기는 가끔씩 대변이 마려운 것을 두렵다고 느낄 것이고, 때로는 그것이 뭔가 가치 있는 것이라고 느낄 것이다. 당신이 하는 행동이 당신의 사랑이라는 단순한 사실에 기초해 있을 때, 당신은 아기가 나쁜 것들을 제거하는 것을 도울 때와 선물을 받을 때가 다르다는 것을 구분할 수 있게 된다.

여기에서 언급할 가치가 있는 실용적인 측면이 있다. 만족스러운 배변활동이 지나가고 나면, 당신은 그것이 모든 것의 끝이라고 생각할 것이고, 아기에게 새 기저귀를 채운 다음 하던 일로 돌아갈 것이다. 그러나 아기는 새로운 불편한 느낌을 보이거나, 거의 곧바로 새 기저귀를 더럽힐 것이다. 처음에 직장이 비워지면 그것은 거의 즉시 어느 정도 다시 채워질 가능성이 높다. 만약 당신이 서두르지 않고 기다릴 수 있다면, 아기는 다음 번 수축이 올 때까지 이러한 축적을 허용할 수 있을 것이다. 그리고 이런 일은 반복해서 일어날 것이다. 서두르지 않음으로써, 당신은 아기를 직장이 텅 빈 상태에 남겨 놓을 수 있다. 이것은 직장을 민감한 상태로 유지시켜주고, 몇 시간 후에 그것이 다시 채워질 때, 아기는 전체 과정을 자연스러운 방식으로 다시 한 번 거칠 것이다. 항상 조급한 엄마들은 아기가 항상 직장에 무언가를 가진 상태로 남겨둔다. 이것은 변을 지리게 만듦으로써 기저귀를 더럽히거나, 직장에 계속 담겨 있게 해서 직장을 덜 민감하게 만들고, 따라서 다음 번 배변경험의 시작을 어느 정도 방해할 수 있다. 오랜 기간 동안 서두르지 않고 관리할 때, 그것은 자연스럽게 아기가 자신의 배변 기능과 맺는 관계 안에 질서의 느낌을 위한 기초를 놓는다. 만약 서두른다면, 그리고 전체 경험을 허락하지 않는다면, 아기는 혼동 속에서 출발할 것이다. 혼동에 빠지지 않는 아기는 나중에 당신을 따라 행동할 것이고, 충동이 일어나는 바로 그 순간에 배설을 하는 데서 오는 엄청난 쾌락의 일부를 점차 포기할 것이다. 아기는 단순히 잦은 배변을 줄이려는 당신의 바람에 맞춰주기 위해서가 아니라, 당신을 기다려주는 것을 통해서 아기의 모든 것을 보살피는 것을 좋아하는 당신의 마음과 접촉하기 위해서 그렇게 한다. 훨씬 후에 아기는 통제력을 갖게 되고, 당신을 지배할 생각으로 배변을 하며, 당신을 기쁘게 할 생각으로 편한 순간이 올 때까지 배변을 유보할 수 있게 된다.

이 중요한 배변활동과 관련해서 스스로 발견할 수 있는 기회를 갖지 못하는 많은 아기들이 있다. 나는 자신의 아기가 실제로 자연스러운 배변을 하도록 허락한 적이 없는 한 엄마를 알고 있다. 그녀는 변이 직장 안에 남아있는 것이 어떤 식으로든 아기를 해롭게 한다는 이론을 믿고 있었다. 그것은 전혀 맞는 말이 아니다. 아기와 어린 아이들은 실제로 며칠 동안 배변활동을 유보하더라도 해를 입지 않을 수 있다. 이 엄마는 그녀의 아이들을 키우면서 그들의 직장을 비누 스틱과 관장제로 씻어냈고, 그 결과는 혼돈 그 이상이었다. 물론 그녀는 그녀를 좋아해주는 행복한 아이들을 가질 수 없었다.

동일한 일반적인 원리가 다른 종류의 배설인 소변의 근저에 놓여있다.

섭취된 음식의 수분은 혈관으로 흡수되고, 필요 없는 것은 아기의 신장에 의해 걸러진 다음, 용해된 찌꺼기와 함께 방광으로 모인다. 아기는 방광이 채워질 때까지는 그것에 대해 모르고 있다가 방광이 채워질 때 소변이 마렵다는 충동을 느끼게 된다. 처음에 그것은 대체로 자동적인 것이지만, 아기는 점차 어느 정도 참는 것에 보상이 따른다는 것을 발견한다—아기는 참은 다음에 소변을 배출하는 것에서 쾌감을 느낀다. 유아의 삶을 풍부하게 하고, 삶을 사는 것을 가치 있게 만들어주는 또 다른 작은 절정이 거기에서 발달하고, 이때 유아의 신체는 그 안에서 살만한 가치가 있는 것으로 발달한다.

시간이 흐르면서, 참는 것이 보상을 준다는 유아의 이러한 발견은 당신에 의해 사용될 수 있다. 왜냐하면 이제 당신이 무슨 일이 곧 일어날지에 대한 아이의 신호를 알 수 있기 때문이다. 당신은 그 과정에 대한 관심을 통해서 아기의 경험을 더욱 더 풍요롭게 할 수 있다. 머지않아 아기는, 너무 길지만 않다면, 둘 사이에 존재하는 사랑의 관계 안에 있는 모든 것을 얻기 위해 기다리는 것을 좋아하게 될 것이다.

아기가 젖을 먹기 위해 엄마를 필요로 하는 것과 마찬가지로, 아기가 배변의 관리를 위해 엄마가 필요하다는 것을 당신은 알게 되었을 것이다. 오직 엄마만이 아기와 그녀 자신, 둘 사이의 사랑의 관계의 일부가 되기 위해 신체가 흥분되는 경험을 가능케 함으로써, 아기의 필요를 상세하게 따르는 것이 가치 있는 일이라고 느낄 수 있다.

이러한 일이 일어날 때, 그리고 그것이 일정 기간 동안 계속될 때, 훈련이라고 불리는 것이 어려움 없이 뒤따라올 수 있는데, 엄마는 이때 아기의 능력 범위 안에서 아기에게 요구를 할 수 있는 권리를 얻게 된다.

이것은 다시금 일반적인 엄마가 자신의 아기를 일반적인 사랑으로 돌보는 것에 의해 건강의 기초가 놓여진다는 것에 대한 또 다른 예이다.

제 7 장
수유하는 엄마를 자세히 보기

나는 아기가 아주 초기부터 엄마의 살아있음을 즐거워한다고 말한 바 있다. 아기는 엄마가 유아를 위해 하는 일에서 느끼는 즐거움 때문에 지금 일어나고 있는 일의 배후에 한 사람이 존재한다는 사실을 깨닫는다. 그러나 결국 아기가 엄마 안에서 한 개인을 느낄 수 있게 되는 것은 유아의 느낌을 알기 위해서 유아의 입장에서 생각해보는 엄마의 특별한 능력 때문일 것이다. 유아의 필요가 어떤 것인지에 대한 엄마의 느낌을 대신할 수 있는 교과서적인 규칙은 존재하지 않으며, 그 느낌 덕택에 엄마는 보통 유아의 필요에 거의 정확하게 적응할 수 있다.

나는 아기에게 수유하는 상황을 살펴보고 또 두 명의 아기를 비교함으로써, 이것을 보여줄 것이다. 그들 중 한 아기는 집에서 엄마에 의해 수유되었고, 다른 아기는 양육기관에서 수유되었다. 그 기관은 좋은 곳이었음에도 불구하고 보모들의 일이 많았고, 따라서 아기에게 개인적인 관심을 줄 수 있는 시간이 충분치 않았다.

양육기관에 있는 아기를 먼저 살펴보겠다. 병원의 간호사들과 그곳에서 아기를 돌보는 일을 맡은 사람이 이 글을 읽는다면, 그들이 할 수 있는 일에 대해 최상의 것이 아니라 최악의 예화를 사용하고 있는 나를 용서해야 할 것이다.

양육기관에 있는 아기는 수유시간이 되었지만, 무엇을 기대해야 할지 거의 알지 못한다. 우리가 고려하고 있는 그 아기는 젖병이나 사람들에 대해 알지 못하지만, 만족스러운 무언가가 나타날 것이라고 믿기 시작한다. 아기는 아기 침대에 앉아있고, 우유가 담긴 젖병은 아기가 집을 수 있는 거리에 베개와 나란히 놓여있다. 간호사는 젖병의 꼭지를 아기 입에 넣고, 잠시 기다린 다음, 울고 있는 다른 아기를 살펴보기 위해 그곳을 떠난다. 처음에는 배고픈 아기가 젖병의 꼭지를 빨고 우유가 나오는 것에 자극을 받으면서, 상당히 일이 잘 풀리고 기분이 좋지만, 문제는 입안에 있는 젖꼭지가 잠시 후에 아기의 존재를 크게 위협하는 것이 되어버린다. 아기는 울음을 터뜨리거나 몸부림을 치고, 젖병은 바닥에 떨어지는데, 이것은 안도감을 주지만, 잠시뿐이다. 왜냐하면 아기는 다시 한 번 먹기를 시도하려고 하는데, 젖병이 나타나지 않자 다시 울음을 터뜨리기 때문이다. 간호사가 돌아와 아기의 입에 다시 젖병을 물리면, 우리의 관점에서는 이전과 똑같아 보이는 젖병이, 이제는 아기에게 나쁜 젖병으로 보인다. 즉, 위험한 것이 되어 버린 것이다. 그리고 이것은 계속해서 반복된다.

또 다른 극단적인 예를 들어보자. 이번에는 엄마가 옆에 있는 아기를 예로 들어보겠다. 나는 같은 상황을 다루는 데 불안을 느끼지 않는 엄마가 얼마나 정교한 방법으로 상황을 처리하는지를 볼 때면, 항상 놀라움을 금치 못한다. 모든 것이 순조롭다면, 엄마는 아기를 편안하게 해주고, 수유가 발생할 수 있는 환경을 마련한다. 그러한 환경은 인간관계의 일부이다. 만약 엄마가 모유 수유를 한다면, 엄마는 어린 아기가 젖가슴의 감촉과 따스함을 느낄 수 있도록 아기의 손을 자유롭게 사용할 수 있게 해준다—뿐만 아니라 엄마의 젖가슴과 아기 사이에 적절한 거리를 유지시킨다. 왜냐하면 아기는 그의 입, 손, 눈에 닿을 수 있는 아주 작은 공간 안에만 그들의 대상을 둘 수 있기 때문이다. 엄마는 아기의 얼굴이 젖가슴에 닿는 것을 허용한다. 만약 얼굴이 젖가슴에 닿는다면, 처음에는 그 좋은 느낌이 젖가슴에서 온 것인지, 얼굴에서 온 것인지에 대해서, 엄마와 아기는 모를 것이다. 사실 아기들은 뺨을 가지고 장난치면서 긁기도 하고, 마치 그것이 젖가슴인 것처럼 취급하는데, 이처럼 엄마가 아기가 원하는 모든 접촉을 허용하는 데는 수많은 이유들이 있다. 이 점에서, 의심할 바 없이 아기의 감각은 매우 민감하며, 그렇기 때문에 우리는 그것이 중요하다는 것을 확인할 수 있다.

아기는 무엇보다도 내가 서술한 이러한 비교적 고요한 경험들을 필요로 하고, 생동감 있는 방식으로 그러나 요란하지 않게 그리고 불안과 긴장 없이, 사랑스럽게 안김을 받는다는 느낌을 필요로 한다. 이것이 바로 아기가 필요로 하는 환경이다. 조만간 엄마의 젖꼭지와 아기의 입 사이에는 어떤 접촉이 있을 것이다. 정확히 어떤 일이 일어나는지는 중요하지 않다. 엄마는 그 상황의 일부로 존재하며, 특별히 그 관계의 친밀성을 좋아한다. 그녀는 아기가 어떻게 행동해야 된다는 선입관 없이, 아기에게 다가간다.

젖가슴과 아기의 입의 이러한 접촉은 아기에게 어떤 아이디어를 준다!―'아마도 저 밖에는 뭔가 추구할 만한 것이 있어.' 이윽고 침이 흐르기 시작한다; 사실, 많은 양의 침이 흐르는데, 아기는 그것을 삼키는 것을 즐길 수도 있고, 잠시 젖을 필요로 하지 않을 수도 있다. 점차 엄마는 아기로 하여금 상상 속에서 엄마가 제공해야 될 바로 그것을 상상할 수 있게 해주고, 아기는 젖꼭지를 입에 물고, 잇몸으로 유두의 뿌리를 찾아 깨물고, 빨 것이다.

그리고 그때 잠시 휴지의 순간이 찾아온다. 이제 잇몸은 젖꼭

지를 떠나보내고, 아기는 그 장면으로부터 돌아선다. 즉, 젖가슴에
대한 생각이 서서히 사라진다.

마지막 부분이 얼마나 중요한지 아는가? 아기는 어떤 생각을
했고, 젖꼭지를 가진 젖가슴이 다가왔으며, 접촉이 이루어졌다. 그
다음에 아기는 생각을 끝냈고, 돌아섰으며, 젖꼭지가 사라졌다. 이
것이 바로 우리가 묘사하고 있는 아기의 경험이, 모두가 바쁜 양
육기관에 있는 아기의 경험과 다른 것들 중의 중요한 하나이다.
아기가 돌아서는 것을 엄마는 어떻게 다루는가? 그 아기는 빠는
움직임을 다시 시작하기 위해 입속으로 다시 밀어 넣을 어떤 것
을 필요로 하지 않는다. 엄마가 살아있고 상상력을 갖고 있다면,
그녀는 아기가 무엇을 느끼는지를 이해한다. 그녀는 기다린다. 몇
분이 지나면서 또는 그 전에, 아기는 엄마가 항상 젖꼭지를 위
치시키는 곳으로 고개를 돌리고, 그 결과 정확한 순간에 새로
운 접촉이 이루어진다. 이러한 조건이 여러 번 반복될 때, 아
기는 젖을 가진 어떤 것으로부터가 아니라, 아기를 다루는 법
을 아는 한 사람에게 잠시 위임된, 아기 자신의 소유물로부터
젖을 먹는 것이다.

엄마가 이렇게 정교하게 적응할 수 있다는 사실은 그녀가 한
인간이며, 아기가 이 사실을 인식하는 데 오래 걸리지 않는다는
것을 보여준다.

나는 두 번째 아기의 예에서, 엄마가 아기로 하여금 고개를 돌
리도록 허용하는 방식에서 특별한 의미를 찾고자 한다. 특별히
아기가 젖꼭지를 더 이상 원치 않거나 그것을 믿지 않기 때문에
엄마가 젖꼭지를 아기에게서 떼어낼 때, 우리는 그녀가 자신을
엄마로서 확립하고 있다는 것을 알 수 있다. 처음에 이것은 미묘
한 작업이기 때문에 엄마가 항상 성공할 수는 없으며, 때로 아기
는 음식을 거부하거나 고개를 돌리거나 잠이 드는 것을 통해서,

자신의 개인적인 방식에 대한 권리를 확립할 필요가 있다는 것을 보여줄 것이다. 관대해지는 것을 통해서 사이좋게 지내기를 갈망하는 엄마에게, 이것은 매우 실망스러운 것일 수 있다. 때때로 그녀는 (누군가가 그녀에게 아기가 그녀에게 다시 돌아올 때까지 기다릴 수 있도록 젖을 짜내는 방법을 말해주지 않는 한) 젖가슴의 긴장을 견디지 못한다. 하지만 엄마들은 아기가 젖가슴이나 젖병으로부터 고개를 돌리는 것이 가치 있는 일이라는 것을 알고 있고, 따라서 그처럼 힘든 단계를 잘 넘길 수 있다. 그들은 아기가 고개를 돌리거나 잠이 드는 것을 특별한 돌봄을 필요로 한다는 표시로서 간주한다. 이것은 수유에 필요한 올바른 환경을 제공하는 방식으로 모든 것이 이루어져야 한다는 것을 의미한다. 엄마는 편안해야 한다. 아기 역시 편안해야 한다. 충분한 시간이 주어져야 한다. 아기는 자유롭게 팔을 사용할 수 있어야 하고, 자신의 피부로 엄마의 피부를 자유롭게 느낄 수 있어야 한다. 심지어 아기는 자신의 맨몸으로 엄마의 맨몸을 느낄 필요가 있다. 수유에 어려움이 발생할 때, 절대로 해서는 안 될 한 가지는 강제로 먹이려는 시도이다. 어려움을 극복하는 방법이 있다면, 그리고 올바른 수유 경험을 확립할 수 있는 유일한 희망이 있다면, 그것은 오직 아기에게 젖가슴을 찾을 수 있는 환경을 제공하는 것이다. 이 모든 것의 메아리들은 이후의 단계들에서 이루어지는 유아의 경험들에서 나타날 것이다.

이 주제와 관련해서, 나는 갓 태어난 아기의 엄마의 입장에 대해 말하고자 한다. 그녀는 불안하고 심각한 경험을 막 거쳤고, 계속해서 숙련된 도움을 필요로 한다. 그녀는 여전히 해산을 도왔던 누군가의 보살핌을 받고 있다. 이렇게 의존되어 있다고 느끼는 바로 이 시기에, 그녀가 병원의 수간호사든, 산파든, 친정 엄마든, 시어머니든, 주변에 있는 중요한 여성의 의견에 민감해질 수 있는 많은 이유들이 있다. 그런 점에서 그녀는 힘든 위치에 있다. 그녀는 이 순간을 위해 아홉 달을 준비해왔고, 내가 설명하려고 시도했던 이유들로 인해 그녀의 아기에게 모유 수유를 하기 위해 무엇을 해야 하는지를 가장 잘 아는 사람이지만, 그럼에도 불구하고 너무 많은 것을 아는 다른 사람들이 완강하게 고집을 부릴 때, 그들과 싸우려 하지는 않을 것이다. 그러나 그것은 물론 그녀가 아기를 둘이나 셋을 낳아서 많은 경험을 쌓기 전까지만 그럴 것이다. 가장 이상적인 것은 물론 산모 담당 간호사나 산파와 엄마 사이에 이따금씩 존재하는 행복한 관계이다.

만약 이러한 행복한 관계가 가능하다면, 그 엄마에게는 그녀 자신의 방식으로 아기와의 최초의 접촉을 관리할 수 있는 모든 기회가 주어진다. 아기는 대부분의 시간 동안 그녀 옆에서 잠들어 있고, 그녀는 자신이 낳은 아기가 정말 멋진 아기인지를 확인하기 위해 계속해서 침대 옆에 있는 요람을 내려다보고 있다. 그녀는 자신의 아기의 울음소리에 익숙해진다. 만약 아기의 울음소리 때문에 산모의 수면이 걱정된다면, 엄마가 잠든 동안 잠시 아기를 다른 곳으로 데려갔다가, 엄마가 깨기 전에 다시 데려올 것이다. 그 다음에, 아기가 젖을 먹고 싶어 한다고 생각되거나, 그녀의 신체와 접촉하고 싶어 한다고 느껴질 때, 그녀는 아기를 팔에 안고 돌볼 수 있도록 도움을 받을 것이다. 이런 종류의 경험을 하는 과정에서, 아기의 얼굴, 입, 손, 그리고 젖가슴과의 특별한 접촉이 시작될 것이다.

우리는 무엇을 어떻게 해야 할지 모르는 젊은 엄마에 대한 이야기를 듣는다. 그녀에게 엄마가 하는 일에 관해 설명해주는 사람은 아무도 없다; 아기는 수유하는 시간 외에는, 다른 아기들과 함께 다른 방에서 지낸다. 거기에는 항상 아기가 울고 있기 때문에, 엄마는 결코 자신의 아기의 울음소리를 알 수가 없다. 수유 시간에 아기들은 수건으로 싸인 채, 엄마들에게 넘겨진다. 엄마는 이 이상하게 생긴 "것"을 받아서 모유를 먹여야 하지만(나는 의도적으로 "것"이라고 지칭했다), 그녀는 자신의 젖가슴의 샘에서 생명이 솟아난다는 느낌도 갖지 못하고, 아기 역시 그것을 탐구하거나 그런 아이디어를 가질 수 있는 기회조차 갖지 못한다. 우리는 심지어 아기가 빠는 것을 시작하지 않을 때, 화를 내면서 아기의 코를 젖가슴에 밀어붙이는 도우미들에 대한 이야기를 듣는다. 이런 종류의 끔찍한 경험을 한 사람들이 꽤 있을 것이다.

그러나 엄마들조차도 경험을 통해서 엄마가 되는 법을 배워야만 한다. 나는 엄마들이 그것을 그런 방식으로 바라본다면, 훨씬 더 나을 것이라고 생각한다. 그들은 경험을 통해서 성장한다. 만약 그들이 그 문제를 다른 방식으로 보고, 처음부터 완벽한 엄마가 되는 법을 배우기 위해 여러 책들을 열심히 읽어야 한다고 생각한다면, 그것은 잘못된 것이다. 장기적으로 볼 때, 우리에게 필요한 것은 스스로를 믿는 법을 발견한 엄마들과 아빠들이다. 이러한 엄마들과 그녀들의 남편들이 아기가 성장하고 발달할 수 있는 최상의 가정을 건설할 것이다.

제 8 장
모유 수유

지난 장에서 모유 수유의 문제를 인간적 측면에서 다뤘다면, 이 장에서는 같은 주제를 좀 더 기술적인 측면에서 다룰 것이다. 우리는 먼저 엄마의 시각에서 논의되어야 할 것이 무엇인지 알아볼 것인데, 그것은 의사들과 간호사들이 엄마들이 궁금해 할 수 있는 문제들을 다루는 데 도움을 줄 것이다.

소아과 의사들 사이에서 이루어진 논의에서, 모유 수유가 지닌 특별한 가치가 무엇인지에 대해 우리가 사실상 아는 것이 없다는 사실이 지적되었다. 우리는 또한 젖을 언제 뗄 것인지를 결정하는 문제에 대해서도 일치된 견해가 없다. 명백히 생리학과 심리학 모두는 이 질문에 답해야 할 위치에 있다. 우리는 심리학의 관점에서 언급을 시도하는 한편, 신체과정에 대한 매우 복잡한 연구는 소아과 의사들에게 맡겨야 할 것이다.

모유 수유에 관한 심리학이 고도로 복잡한 주제이지만, 그것에 관해 명백하고 유용한 글을 쓰기에는 충분할 정도로 많은 것들이 이미 알려져 있다. 그러나 여기에는 복잡한 문제가 있다. 기록된 것이 설령 사실이라고 해도, 그것이 꼭 수용되는 것은 아니다. 이 역설이 먼저 다뤄져야 한다.

성인들뿐만 아니라 아이들도 마찬가지로, 유아가 된다는 것이 어떤 느낌인지 정확히 아는 것은 불가능하다. 유아기에 대한 느낌은, 의심의 여지없이, 모든 사람 안에 저장되어 있음에도 불구하고, 쉽게 포착되지 않는다. 유아의 감정의 강도는 정신증적 증상과 관련된 강렬한 고통에서 재현된다. 어떤 순간에, 특정한 유형의 감정에 대한 유아의 몰두는 공포와 비탄에 대한 아픈 사람의 몰두에서 재현된다. 유아를 직접적으로 관찰할 때, 우리는 우리가 보고 듣는 것을 느낌으로 번역하는 것이 어렵다는 것을 발견한다. 우리는 상상을 하고, 잘못된 상상을 하기 쉬운데, 그 이유는 우리가 후기 발달에 속한 모든 종류의 생각들을 초기 상황에 적용하기 때문이다. 자신의 유아들을 돌보는 엄마들이야말로 유아의 느낌에 대한 진정한 이해에 가장 가까이 다가갈 수 있다. 왜냐하면 그들은 자신들이 돌보는 유아와 동일시하기 위해, 몇 달 후에는 상실하게 되는, 특별한 능력을 갖고 있기 때문이다. 그러나 엄마들은 대부분 그들의 이야기의 중요한 부분들을 잊기 전에는 자신들이 아는 것을 의사소통하고 싶어 하지 않는다.

자신의 일에 숙련된 의사들과 간호사들 역시 유아가, 이제 막 그 자신이 되어야만 하는 엄청난 과제를 시작한 한 인간 존재가 누구인지를 아는 데 있어서 다른 사람들보다 더 나을 것이 없다. 모유 수유를 하는 동안 흥분 상태에 있는 아기와 엄마(또는 젖가슴)의 유대가 그 어떤 인간관계보다도 더 강력한 것이라는 말이 있다. 나는 사람들이 이 말을 쉽게 믿을 것이라고 기대하지 않는다. 그럼에도 불구하고 젖병 수유에 비해 모유 수유가 가진 가치에 대한 문제를 고려할 때, 적어도 그런 가능성을 염두에 둘 필요가 있다. 역동심리학 일반에서, 특히 초기 유아기에 대한 심리학에서, 이 사실들에 대한 진실은 완전하게 그리고 직접적으로 느껴질 수 없다. 다른 과학 분야들에서 무언가가 진실로 밝혀졌다면, 그것은 보통 정서적 긴장 없이 수용되지만, 심리학에서는 항상 이러한 긴장의 문제가 뒤따르고, 따라서 진실 그 자체보다 는 진실이 아닌 어떤 것이 더 쉽게 받아들여지는 경향이 있다.

이러한 예비적 서술과 함께, 나는 모유 수유의 황홀 상태에 있 는 동안, 엄마에 대한 유아의 관계는 특별히 강렬한 것이라고 과 감하게 진술할 것이다. 또한 이 관계는 매우 복잡한 것인데, 그 이유는 그것이 만족에서 오는 본능적 긴장의 해소와 함께, 만족 감뿐만 아니라 예상하는 것에서 얻는 흥분과, 수유 중의 활동 경 험을 포함하는 것이기 때문이다. 좀 더 나이가 들면서, 성적인 종 류의 느낌들이 유아기의 모유 수유와 관련된 느낌들과 경쟁할 것이고, 개인들은 전자를 경험할 때 후자를 상기할 것이다. 실제 로, 성적 경험의 패턴들은 초기 유아기의 본능적 삶에서 온 특징 들과 특이성들에서 유래한 것으로 드러날 것이다.

하지만 본능적인 순간들이 전부인 것은 아니다. 수유에 탐닉하 는 순간들(orgies) 사이와, 그것들 자체의 흥분과 절정을 가진 배 변 경험들 사이에 유아가 엄마와 갖는 '관계의 순간들'이 있다. 유아는 초기 정서적 발달과정에서 엄마와 두 가지 유형의 관계 를 맺는데, 그것들을 한데 모아야 하는 커다란 과제를 부여받고 있다. 하나는 본능이 눈을 뜨는 것과 관련된 관계 유형이고, 다른 하나는 환경으로서의 엄마와 관련된 관계, 즉 안전함, 따뜻함, 그 리고 예상치 못한 것으로부터의 자유와 같은 보통의 신체적 돌 봄을 제공해주는 사람과의 관계 유형이다.

유아가 하나의 전체적인 인간 존재로서의 엄마에 대한 개념을 확립하는 데 있어서, 만족스러운 흥분 경험을 하는 동안에 엄마 와 좋은 경험들을 하는 것만큼 명백하고 만족스러운 것은 없다. 점차 전체적인 인간으로서의 엄마를 알게 되면서, 유아는 그녀가 제공하는 것에 대한 보답으로 그녀에게 무언가를 되돌려주는 기 술을 사용할 수 있게 된다. 그럼으로써 유아는 자신이 지고 있는 빛이 아직 청산되지 않은 곳에서, 관심을 갖는 순간을 유지하는 능력과 함께 한 사람의 전체적인 인간이 된다. 이것이 죄책감이 시작되는 지점이고, 사랑하는 엄마가 떨어져 있는 동안 유아가 슬퍼할 수 있는 능력이 시작되는 지점이다. 만약 엄마가 만족스럽게 모유 수유를 하는 동시에, 엄마와 유아 모두가 전체적인 인간으로서 느껴질 수 있을 때까지 얼마 동안 유아의 삶에서 한 사람으로 남아있음으로 해서, 위에서 말한 두 유형의 관계들의 통합을 성공적으로 이끈다면, 유아는 건강한 발달을 향한 긴 여정에서 이미 많은 것을 성취한 것이고, 그 발달은 마침내 인간 세상에서 독립적인 존재가 되는 데 필요한 기초를 형성할 것이다. 많은 엄마들은 자신들이 유아를 만난 후 첫 며칠 안에 유아와의 접촉을 이뤄낸다고 느끼고 있고, 분명코 아기는 몇 주 후에 엄마에게 미소로 응답할 것이라고 기대된다. 이 모든 것들은 모성적 돌봄과 본능적 충족 두 가지 모두에서의 좋은 경험들을 기초로 한 성취이다; 초기에 이러한 성취들은 수유에서 만나는 어려움들이나 다른 본능적인 경험들에서의 어려움들, 또는 유아의 이해 능력을 넘어서는 환경의 변화 등의 문제로 인해 상실될 수 있다. 전체적인 인간관계들을 초기에 확립하고 그것들을 유지하는 것은 아이의 발달에서 매우 커다란 가치를 갖는다.

어떤 사정으로 인해 모유 수유를 할 수 없는 엄마가 인간관계를 초기에 확립하는 대부분의 과제를, 젖병을 사용해서 수유의 흥분이 발생하는 순간에 유아에게 본능적인 만족을 줌으로써 수행해낼 수 있다는 것은 의심의 여지가 없는 사실이다. 그럼에도 불구하고, 대체로 모유 수유를 할 수 있는 엄마들은 수유를 하는 행위에서 더 풍부한 경험들을 하는 것으로 보이고, 이것은 두 인간 존재의 초기 관계 수립에 기여하는 것으로 보인다. 만약 거기에 본능적인 충족감만이 있다면, 그것은 모유 수유가 젖병 수유에 비해 갖는 이점을 활용하지 못하는 것이 된다. 그러므로 거기에는 엄마의 태도가 결정적인 중요성을 갖는다.

더욱이, 모유 수유의 특별한 가치에 대한 연구에서 극도의 중요성을 갖고 있는 한 가지가 있는데, 그것은 인간 유아가 아이디어들을 갖고 있다는 사실이다. 모든 기능은 정신 안에서 정교화되며, 처음부터 거기에는 흥분과 수유 경험에 속한 환상이 있다. 그 환상은 젖가슴을 무자비하게 공격하는 내용을 갖고 있는데, 그것은 유아가 그 공격받는 젖가슴이 엄마의 젖가슴이라는 것을 인식하게 되면서, 마침내 엄마를 공격하는 환상이 된다. 원시적 사랑 충동, 즉 수유 충동 안에는 매우 강력한 공격적인 요소가 있다. 엄마가 무자비하게 공격을 당하는 초기 환상보다 조금 나중의 환상에서 공격성이 줄어드는 것이 관찰되는 것이 사실이지만, 유아의 파괴적인 요소를 무시하는 것은 불가능하다. 만족스러운 수유는 신체적인 흥분을 진정시켜주고, 또한 환상 경험을 마무리 짓게 해준다; 그럼에도 불구하고, 거기에는 유아가 신체 경험과 환상 경험을 함께 두기 시작하면서, 자신이 공격하고 비워낸 젖가슴이 엄마의 일부라는 것을 발견하게 되고, 그와 동시에 자신의 공격적인 아이디어에 대한 상당한 관심을 발달시키는 일이 일어난다.

수천 번의 젖가슴 수유를 경험한 유아는 같은 횟수만큼 젖병 수유를 경험한 유아와는 명백히 매우 다른 상황에 있다; 엄마가 그 경험에서 살아남는 것은 두 번째 경우보다 첫 번째 경우에서 더 기적적이다. 나는 젖병으로 수유하는 엄마가 그 상황을 위해 할 수 있는 것이 아무것도 없다고 말하는 것이 아니다. 의심의 여지없이, 그녀는 유아와 같이 놀고, 장난스러운 깨물기를 경험할 것이고, 순조로울 경우 유아는 모유 수유한 유아와 거의 같은 것을 느낄 것이다. 그럼에도 불구하고 거기에는 차이가 있다. 정신분석에서, 성인의 완전히 성숙한 성적 경험의 모든 초기 뿌리들을 탐구할 때마다, 분석가는 엄마의 신체로부터 실제로 음식을 얻었던 경험이 본능과 관련된 모든 유형의 경험을 위한 "청사진"을 제공한다는 증거를 얻기 때문이다.

매우 드문 경우인, 타고난 무능력 때문이 아니라, 아기의 필요에 적응해주는 엄마의 능력을 방해하는 어떤 것 때문에 아기가 젖가슴을 차지할 수 없게 되는 것은 흔히 있는 일이다. 모유 수유를 고집하라는 잘못된 조언은 재앙적인 것으로 알려져 있다. 젖병으로 바꾸는 것이 안도감을 주고, 엄마의 모유 수유에서 어려움을 겪던 아기가 젖병의 사용으로 전환한 후에 더 이상 어려움을 겪지 않는 일이 종종 발생한다. 이것은 불가피하게 안아주는 과정을 왜곡시키는, 엄마의 불안 또는 우울 때문에 실제로 안김을 받는 경험이 손상된 아기들이 아기용 침대에 눕혀지는 것에서 얻을 수 있는 가치에 상응한다. 불안하거나 우울한 엄마에게서 젖을 뗄 때 유아가 안도감을 얻는다는 사실에 대한 인식을 통해서, 이 주제에 대해 연구하는 학생들은 자신의 기능을 성취하는 엄마의 긍정적 능력이 지닌 중요성을 이해할 수 있을 것이다. 성공은 엄마에게 중요하며, 가끔은 유아보다도 엄마에게 더 중요하지만, 당연히 유아에게도 중요하다.

이 지점에서 모유 수유의 성공은 모든 문제를 말끔히 해결하는 것이 아니라는 말을 덧붙일 필요가 있다. 그 성공은 훨씬 더 강렬하고 풍부한 관계 경험의 시작을 의미하는 것이고, 이것과 나란히 유아에게는 인생에 속한 그리고 인간관계들에 속한 더 큰 본래적인 어려움들을 가리키는, 증상들을 산출할 수 있는 더 많은 기회들이 주어진다. 젖병 수유로 대체되어야 할 때, 거기에는 종종 순조로운 관리의 측면에서, 모든 일이 쉬워지고, 의사는 모든 것들을 순조롭게 만듦으로써 명백하게 무언가 좋은 일을 하고 있다고 느낄 수 있다. 그러나 이것은 삶을 질병과 건강이라는 측면에서만 바라보는 것이다. 유아를 돌보는 사람은 인격의 빈곤함과 풍부함이라는 측면에서 생각할 수 있어야만 하며, 그것은 전혀 다른 것이다.

　모유 수유를 경험한 유아는 오래지 않아 특정한 대상들을 젖가슴의 상징들로서, 즉 엄마의 상징들로서 사용할 수 있는 능력을 발달시킨다. 엄마와의 관계(흥분된 관계와 고요한 관계 모두)는 유아가 주먹, 엄지손가락이나 손가락들, 헝겊 조각, 그리고 부드러운 장난감과 맺는 관계로 나타난다. 거기에는 유아의 느낌의 목적이 전치되는 매우 점진적인 과정이 있으며, 한 대상은 젖가슴에 대한 생각이 실제 경험을 통해 아이에게 함입될 때 비로소 젖가슴을 나타낼 수 있다. 처음에 젖병이 젖가슴의 대체물이 될 수 있다고 생각할 수 있겠지만, 젖병이 엄마의 상징이 되는 것은, 유아가 젖가슴 경험을 하고 난 후 적절한 시점에 젖병이 장난감으로 소개될 때에만 가능해진다. 젖가슴 대신에 주어진 젖병, 또는 첫 몇 주 동안에 대체된 젖병은 젖병 그 자체일 뿐이고, 유아와 엄마 사이를 연결시켜주는 것이 아니라 그 사이를 방해하는 것을 나타낸다. 전반적인 관점에서, 젖병은 젖가슴의 좋은 대체물이 아니다.

　젖떼기가 모유 수유인가 젖병 수유인가에 의해 영향을 받는다는 점에서, 젖떼기라는 주제를 살펴보는 것은 흥미롭다. 근본적으로 젖떼기 과정은 두 경우 모두에서 동일한 것이다. 유아가 성장하면서 물건을 떨어뜨리는 놀이를 하는 단계에 도달하면, 엄마는 유아가 젖을 떼는 것이 필요한 발달단계에 도달하고 있다는 것을 안다. 이제 유아는, 모유 수유이든 젖병 수유이든 관계없이, 젖을 떼기 위한 준비가 된 것이다. 어떤 점에서, 젖을 뗄 준비를 마친 아기란 없으며, 이것은 실제로 아기들의 일부가 스스로 젖을 뗀다는 사실에도 불구하고 맞는 말이다. 젖떼기에는 항상 분노가 수반되며, 젖가슴과 젖병의 차이가 크게 드러나는 것은 바로 이 지점에서이다. 모유 수유를 한 아기의 경우, 아기와 엄마는 젖가슴에 대해 분노를 느끼는 시기, 즉 욕망보다는 격노에 의해 발생한 공격적 아이디어들이 지배하는 시기를 통과해야 한다. 이것을 성공적으로 통과하는 것은, 유아와 엄마가 젖병을 젖가슴의 대체물로 사용하는 기계적인 수유 기술보다 명백히 더 풍요로운 경험을 포함하고 있다. 그 경험에서 엄마가 젖떼기에 속한 모든 감정들에서 살아남아야 하는 것은 중요한 사실이며, 그녀는 부분적으로 유아가 엄마를 보호하기 때문에, 그리고 부분적으로 그녀 자신이 스스로를 보호하기 때문에 살아남는다.

여기에는 아기를 입양하는 경우에 중요성을 갖게 되는, 실제적인 문제가 있다. 아기가 잠시 동안이라도 젖가슴 경험을 하는 것이 좋은지, 아니면 아예 그런 경험을 하지 않는 것이 좋은지의 문제가 그것이다. 나는 이것이 대답될 수 없는 질문이라고 생각한다. 현재 우리의 지식으로는 미혼모가 낳은 아기가 곧 입양될 것을 아는 상태에서, 엄마에게 모유 수유를 권해야 할지 아니면 젖병 수유를 권해야 할지 분명하지 않다. 많은 사람들은 엄마가 잠시 동안이라도 모유 수유 기회를 갖는다면, 아기를 넘겨주는 것에 대해 더 좋은 감정을 가질 수 있다고 주장하기도 한다. 다른 한편, 그 짧은 기간이 지나 아기와 떨어질 때, 그녀는 극도의 고통을 겪을 수 있다는 주장도 있다. 이것은 매우 복잡한 문제이다. 왜냐하면 엄마가 겪을 고통에 대한 배려 때문에 젖병 수유를 택할 경우, 그 엄마는 나중에 그 경험이 실제적인 것이라는 점에서, 그녀가 기꺼이 감당했을 수도 있는 경험을 사기 당했다고 느낄 수도 있기 때문이다. 각각의 사례는 엄마의 느낌에 대한 정당한 고려와 함께, 그 자체의 유익을 위해 다루어져야 한다. 아기와 관련해서, 성공적인 모유 수유와 젖떼기는 입양을 위한 좋은 기초를 제공하는 것이 분명해보이지만, 좋은 출발을 한 아기가 입양되는 경우는 비교적 드물다. 훨씬 더 빈번하게, 아이의 삶의 시작은 엉망이고, 입양하는 사람들은 그들이 돌보는 아기가 초기에 복잡했던 과거로 인해 이미 정서적으로 혼동 상태에 있다는 것을 알게 된다. 분명한 한 가지는 이것들이 매우 중요하며, 입양을 할 때 수유 이력과 처음 며칠과 몇 주 동안의 일반적인 관리의 역사가 무시될 수는 없다는 사실이다. 그 시기에 모든 것이 순조로울 경우 쉽게 시작되는 과정들이, 몇 주 또는 몇 달 후에 혼동이 발생할 때, 매우 힘든 과정으로 바뀔 수 있다.

우리는 아기가 결국 장기간의 심리치료를 받게 되는 것보다는, 초기에 어느 정도 젖가슴과 접촉하는 것이 더 나을 거라고 말할 수 있다. 왜냐하면 그것이 치료에서 다시 포착될 수 있는 관계의 풍부함을 위한 기초를 제공하기 때문이다. 하지만 대부분의 아이들은 치료에 오지 않고, 사실상 장기적인 심리치료를 받을 수 있는 경우는 흔치 않다; 그러므로 입양을 계획할 경우, 비록 부족하지만 믿을 만한 젖병 수유 기법으로 시작하는 것에 만족하는 것이 더 나을 수도 있다. 왜냐하면 그것이 엄마 자신을 소개해주는 친밀성의 강도가 약하다는 점에서, 유아로 하여금 여러 명의 사람들이 수유 과정에 참여하는 데도 불구하고 지속적인 관리가 존재한다고 느끼게 만들기 때문이다. 처음부터 젖병 수유를 한 아기는 경험이 더 빈약함에도 불구하고, 또는 아마도 경험이 더 빈약하기 때문에, 단순히 적어도 젖병과 수유가 변하지 않았기 때문에 너무 큰 혼란이 없이 계속해서 바뀌는 보모들에 의해 수유될 수 있다. 초기에 유아에게 신뢰할만한 무언가가 있어야 하며, 그렇지 않으면 거기에는 정신건강으로 가는 여정에서 순조로운 출발을 위한 가망이 없다.

이 탐구 영역 안에는 많은 작업들이 수행될 필요가 있으며, 새로운 이해를 위한 가장 좋은 원천은 성인뿐만 아니라 모든 연령층의 아이들에 대한 모든 유형의 사례들, 즉 정상, 신경증, 정신증 사례들에 대한 장기적인 정신분석에 있다.

요약하면, 모유 수유를 대체하는 문제는 결코 가볍게 지나칠 수 없는 사안이라고 말할 수 있다. 어떤 국가들과 문화에서는 젖병 수유가 관례인데, 이 사실이 그 공동체의 문화적 패턴에 영향을 끼치는 것이 분명하다. 모유 수유는 가장 풍성한 경험을 제공하며, 순조로울 경우, 엄마의 입장에서 볼 때 좀 더 만족스러운 방법이다. 유아의 관점에서 볼 때, 모유 수유 이후 엄마와 젖가슴이 살아남는 문제는 젖병과 젖병을 주는 엄마가 살아남는 문제보다 훨씬 더 중요하다. 모유 수유 경험이 주는 풍부함 때문에 엄마와 유아에게 어려움이 발생할 수도 있지만, 유아를 돌보는 것의 목적이 단지 증상을 피하는 것만이 아니라는 점에서, 그것이 모유 수유를 반대하는 이유로 받아들여질 수는 없다. 유아 돌봄의 목적은 건강의 확립에만 국한되지 않으며, 개인의 성격과 인격 안에서 증가하는 깊이와 가치라는 장기적인 결과와 함께, 최대로 풍부한 경험을 위한 조건을 제공하는 데 있다.

제 9 장
아기는 왜 우는가?

우리는 지금까지 아기에 대해 그리고 아기가 필요로 하는 것과 관련된 몇 가지 명백한 사실들에 대해 고찰해왔다. 아기들은 엄마의 젖과 따뜻함을 필요로 하는 만큼이나 엄마의 사랑과 이해심을 필요로 한다. 만약 당신이 당신의 아기를 알고 있다면, 당신은 아기가 도움을 필요로 하는 바로 그때 도움을 줄 수 있는 위치에 있으며, 그 누구도 엄마만큼 아기를 잘 알지 못한다는 점에서, 바로 당신이 아기를 도울 적임자일 수 있다. 이제 우리는 아기가 울 때, 즉 특별히 도움을 요청하는 것처럼 보이는 순간에 대해서 고려해보자.

우리가 알고 있듯이, 대부분의 아기들은 많이 우는데, 우리는 그때 아기를 계속 울게 내버려둘지, 달랠지, 젖을 먹일지, 아빠는 일하러 가야 한다고 말해야 할지, 아기에 대해 잘 아는 또는 그렇다고 생각되는 윗집 아주머니에게 아기를 넘겨주어야 할지를 끊임없이 결정해야만 한다. 그 순간에 어떻게 해야 할지를 내가 간단히 말해주길 바랄 수도 있겠지만, 만약 내가 그렇게 한다면, 당신은 이렇게 말할 것이다. '바보 같군요! 아기가 우는 이유가 얼마나 많은데, 그 울음이 무엇에 대한 것인지를 알기 전까지는 그 누구도 어떻게 해야 할지 알 수 없을 것 같은데요.' 그 말이

맞다. 바로 그런 이유 때문에, 나는 울음의 원인을 분류해 보고자
한다.

울음에는 네 가지 종류가 있다고 말할 수 있는데, 그것은 대체
로 사실이다. 우리는 우리가 말하고 싶은 모든 것들을 이 네 가
지에 포함시킬 수 있다: 만족, 고통, 격노, 비탄. 당신은 내가 일반
적인 명백한 사실들, 즉 모든 아기 엄마들이 보통 당연히 알고
있는 것들에 대해 말하고 있다는 것을 알 수 있을 것이다.

내가 말하고 있는 것은, 울음이 아기에게 폐활량 운동을 하고
있다는 느낌을 주는 것(만족)이거나, 고통(아픔)의 신호이거나, 분
노(격노)의 표현이거나, 슬픔의 노래(비탄)라는 느낌을 나타낸다
는 것이다. 이러한 작업가설을 토대로 삼아, 나의 생각을 설명해
보겠다.

보통 아기들이 고통 때문에 운다고 생각한다는 점에서, 내가
가장 먼저 아기가 만족을 위해서 또는 거의 쾌락을 위해서 운다
고 말하는 것은 이상하게 여겨질 수 있다. 하지만 나는 그 말을
먼저 해야 한다고 생각한다. 우리는 쾌락이 모든 신체적 기능의
활동에 관여하는 것처럼, 울음에 관여한다는 것을 인식해야 한다.
그럴 때 우리는 어느 정도의 울음은 때때로 유아에게 만족스러
운 것이고, 너무 적은 울음은 충분히 만족스럽지 못한 것이라고
말할 수 있다.

한 엄마는 나에게 이렇게 말했다: '내 아기는 젖 먹기 직전 외
에는 거의 울지 않아요. 물론 4시와 5시 사이에 한 시간 정도 울
기는 하는데, 그렇게 하는 걸 좋아하는 것 같아요. 그에게 실제로
문제가 있는 것이 아니기 때문에, 저는 아기에게 내가 그럴 준비
는 되어 있지만, 특별히 달래주려고 시도하지 않아요.'

때로 당신은 아기가 울 때 안아주어서는 안 된다는 말을 가끔
들을 것이다. 이것에 대해서는 나중에 다룰 것이다. 그러나 일부

다른 사람들은 아기를 결코 울게 내버려 두어서는 안 된다고 말한다. 아마도 그들은 엄마들에게 수유가 끝난 후에 아기가 주먹을 입에 넣거나, 엄지손가락을 빨거나, 모조 젖꼭지나 젖가슴을 만지면서 놀게 해서는 안 된다고 말할 것이다. 그들은 아기들이 자신들의 문제를 다루는 고유한 방법들을 갖고 있다는 것(그래야만 한다는 것)을 모르고 있다.

어쨌든 잘 울지 않는 아기들이 울지 않는다는 이유로, 울보 아기들보다 더 잘하고 있는 것이 아니며, 개인적으로, 만약 두 극단 사이에서 선택해야만 한다면, 나는 울음이 너무 자주 절망으로 넘어가도록 내버려두지 않는 한, 시끄러운 소리를 내는 자신의 능력의 최대치를 알게 되는, 우는 아기를 선택할 것이다.

내가 말하고 있는 것은, 모든 신체의 운동은 아기의 관점에서 볼 때 좋은 것이라는 것이다. 신생아에게 있어서 새로운 성취인 숨쉬기 그 자체는 그것이 당연한 것으로 받아들여질 때까지 상당히 재미있는 것일 수 있으며, 비명지르기와 소리 지르기 그리고 모든 형태의 울음은 확실히 흥분되는 것이다. 이 울음의 가치를 인식하는 것이 갖는 중요성은 우리가 아기의 문제로 어려움을 겪는 시기에 아기의 울음이 안심시켜주는 작용을 한다는 사실에서 드러난다. 아기는 불안하거나 불안전하다고 느낄 때 우는데, 그것은 효과가 있다; 우는 것이 많은 도움을 주며, 그렇기 때문에 우리는 그것에 좋은 점이 있다는 주장에 동의할 수밖에 없다. 울음소리 뒤에 말소리가 뒤따를 것이고, 때가 되면 걸음마 아기의 북치는 소리가 들릴 것이다.

당신은 아기가 좌절을 견디기 위해 주먹과 손가락을 사용한다는 것과, 그가 그것을 자신의 입에 집어넣는다는 것을 알고 있을 것이다. 비명지르기는 내면에서 올라오는 주먹과도 같다. 아무도 그것을 방해할 수 없다. 아기의 손을 입에서 떼어놓을 수는 있지만, 그의 울음을 삼키게 할 수는 없다. 아기의 울음을 완전히 멈추게 할 수 없다는 점에서, 나는 당신이 그렇게 시도하지 않기를 바란다. 소음을 견딜 수 없어 하는 이웃이 있다면, 당신은 힘든 상황에 처하게 된다. 왜냐하면 그들이 힘들어하기 때문에 아기의 울음을 그치게 하도록 조치를 취해야 하는데, 그것은 아기가 우는 이유에 대해 연구하는 것과는 다른 문제이고, 단지 울음을 방지하거나 멈추게 하는 것이 도움이 되지 않을 수도 있고, 심지어 해로울 수도 있기 때문이다.

의사들은 신생아의 힘찬 울음이 건강과 힘의 신호라고 말한다. 우는 것은 계속해서 건강과 힘의 신호로, 초기 형태의 체육활동으로, 기능의 연습으로 작용하며, 그것 자체로서 만족스럽고 심지어 즐거운 것이기도 하다. 그리고 울음은 그 이상이며, 지금 우리는 울음의 또 다른 의미들에 대해서 생각해볼 것이다.

아기가 고통스러워서 우는 울음을 인식하는 것을 어려워하는 사람은 아무도 없을 것이다. 왜냐하면 그런 울음은 아기가 곤경에 빠져 있고 도움이 필요하다는 것을 알리는 자연스러운 방식이기 때문이다.

아기가 고통스러울 때, 그는 날카롭고 찌르는 듯한 소리를 내며, 그것은 종종 어디에 문제가 있는지를 가리켜준다. 예컨대, 복통을 겪고 있다면 발을 끌어올릴 것이고, 귀가 아프다면 손을 아픈 귀 쪽으로 돌릴 것이며, 밝은 빛이 성가시다면 고개를 돌릴 것이다. 하지만 그는 큰 굉음소리가 날 때, 어떻게 해야 할지 모를 것이다.

고통의 울음은 아기에게 있어서 그것 자체로서 즐거운 일이 아니고, 아무도 그렇게 생각하지 않을 것이다. 왜냐하면 그것은 즉각적으로 주위에 있는 사람들로 하여금 그것에 관해 뭔가를 해야 한다는 충동을 일깨우기 때문이다.

한 가지 종류의 고통은 배고픔이다. 그렇다. 나는 배고픔이 아기에게 고통으로 느껴진다고 생각한다. 아기의 배고픔은 고통스럽게 배고픈 경험을 거의 하지 않는 어른들에 의해 잊혀지기 쉽기 때문에, 아기를 힘들게 한다. 오늘날 영국에 고통스럽게 배고픈 것이 어떤 것인지를 아는 사람은 많지 않을 것이다. 심지어 전쟁 동안에도, 음식의 공급을 위해 우리가 했던 모든 일들을 생각해보라, 우리는 무엇을 먹을지에 대해 궁금해 할 뿐, 먹을지 말지에 대해서는 거의 궁금해 하지 않는다. 만약 우리가 좋아하는 것이 부족하다면, 우리는 그것을 계속해서 원하기보다는 그것에 흥미를 잃고 좋아하기를 그만둘 것이다. 그러나 우리의 유아들은 극심한 배고픔의 고통과 아픔에 대해 너무 잘 알고 있다. 엄마는 아기들이 음식이 도착했다는 사실을 알리는 소리를 듣고, 광경을 보며, 냄새를 맡으면서 즐거워하고 간절히 바라며 흥분하는 것을 좋아한다; 그리고 흥분된 아기들은 고통을 느끼고, 그것을 울음으로 보여준다. 만약 만족스러운 수유로 이어진다면, 그 고통은 곧 잊혀진다.

고통이 담긴 울음은 아기가 탄생할 때 우는 것이다. 머지않아 우리는 또 다른 종류의 고통스러운 울음을 알게 되는데, 그것은 아기가 불안해서 우는 울음이다. 나는 이것이 아기가 무언가를 알기 시작했음을 말해주는 것이라고 본다. 그는 어떤 상황들에서 고통을 예상해야 한다는 것을 알게 된다. 옷을 벗기면 편안한 따뜻함으로부터 벗어난다는 것과, 그의 자세가 이쪽저쪽으로 바뀔 것이라는 것, 그리고 안전하다는 느낌이 모두 사라질 것을 알기 때문에, 아기는 당신이 아기옷의 첫 단추를 풀 때 울음을 터뜨린다. 그는 그 두 가지를 연결시키는데, 그렇게 함으로써 한 가지 경험에서 다른 하나의 경험을 생각한다. 자연스럽게 이 모든 것은 시간이 지나고 나이가 들면서, 점점 더 복잡해진다.

우리가 알고 있듯이, 아기는 때로 몸이 더러워졌을 때 운다. 이
것은 아기가 몸이 더러운 것을 좋아하지 않는다는 것(물론 오랫
동안 더러운 상태로 있으면, 피부가 벗겨질 것이고, 아프게 할 것
이지만)을 의미할 수도 있지만, 대개 그런 것을 의미하지는 않는
다—그것은 그가 예상하는 법을 배운 결과로 발생하는, 임박한
동요에 대한 두려움의 표시이다. 이미 경험은 그에게 몇 분 후에
는 그가 시도하는 모든 안전장치들이 실패할 것임을 보여주었다.
즉 그는 옷이 벗겨질 것이고, 옮겨질 것이며, 온기를 잃을 것이다.

두려움 때문에 우는 울음의 기초는 고통이며, 그런 이유로 울
음소리는 매번 똑같이 들리지만, 그것은 기억되고 다시 일어날
것이라고 예상된 고통이다. 특정한 심하게 고통스러운 느낌을 겪
은 아기는 다시 그러한 느낌을 갖도록 위협하는 일이 일어날 때,
두려운 울음을 울 것이다. 그리고 오래지 않아 그는 그를 두렵게
하는 아이디어들을 발달시키는데, 여기에서 다시금 만약 아기가
울음을 터뜨린다면, 그것은 무언가가 아기의 고통을 생각나게 만
들고 있기 때문이다. 비록 그것이 상상의 산물일지라도 말이다.

만약 당신이 이러한 것들에 대해서 막 생각하기 시작했다면,
당신은 내가 이 모든 것을 더 어렵고 복잡하게 만들고 있다고
생각할지도 모르겠다. 하지만 그것에 대해 내가 할 수 있는 것은
아무것도 없다. 다행히도, 다음에 나오는 부분은 아주 쉬운데, 그
것은 울음의 세 번째 이유가 격노라는 생각이다.

우리 모두는 감정 조절이 되지 않는 것이 어떤 것인지, 분노가
강렬할 때, 마치 그것이 우리를 사로잡기라도 하듯이, 얼마 동안
우리 자신을 통제할 수 없게 되는 것이 어떤 것인지를 안다. 당
신의 아기는 화가 머리끝까지 난다는 것이 어떤 것인지를 안다.
아무리 당신이 노력을 한다고 해도, 가끔은 아기를 실망시킬 것
이고, 그때 아기는 화가 나서 울음을 터뜨릴 것이다; 그런 상황에

서도 위로가 되는 한 가지 생각이 있다면, 그것은 아기의 화난 울음이 당신에 대한 얼마의 믿음을 의미한다는 생각일 것이다. 아기는 당신을 바꿀 수 있기를 희망하기 때문에 그런 울음을 운다. 믿음을 잃은 아기는 화를 내지 않고, 요구하기를 멈추거나, 아니면 반대로 절망적으로 울면서 베개나 벽, 또는 바닥에 머리를 박는 등, 자신의 신체를 통해 다양한 행동들을 시도할 것이다.

아기가 자신의 격노의 최대치를 아는 것은 건강한 것이다. 아기는 화가 날 때, 그것이 무해하다고 느끼지 않을 것이다. 당신은 그가 어떤 모습인지 안다. 그는 비명을 지르면서 발로 차고, 어느 정도 나이가 들면, 서서 아기 침대의 난간을 흔들어댄다. 그는 깨물고 할퀴며, 침을 뱉거나 토하고, 주변을 엉망으로 만든다. 만약 정말 단단히 마음먹었다면, 그는 숨을 참고 얼굴이 창백해지고, 심지어 발작을 일으킬 수도 있다. 몇 분 동안 그는 모두를 그리고 모든 것들을 파괴하거나, 적어도 망가뜨리고 싶어 할 수 있고, 그 과정에서 자신을 파괴시키는 것도 마다치 않을 수 있다. 당연히 당신은 아기를 이 상태에서 벗어나게 하려고 최선을 다할 것이다. 하지만 만약 아기가 격노 상태로 울면서 모두를 그리고 모든 것을 파괴시켰다고 느낄 때, 아기 주변에 있는 사람들이 고요한 상태로 상처 받지 않고 버텨준다면, 그 경험은 그가 사실이라고 느끼는 것이 꼭 실제가 아닐 수 있음을 인식하는 그의 능력을 강화시켜주고, 환상과 현실이 둘 다 중요하지만, 그럼에도 불구하고 서로 다르다는 것을 아는 능력을 키워준다. 그러나 일부러 아기를 화나게 만들 필요는 전혀 없다. 왜냐하면 당신이 원하든 원하지 않든, 아기를 화나게 만들 수밖에 없는 수많은 상황들이 있기 때문이다.

어떤 사람들은 화를 내는 것에 대해 공포에 질린 상태로, 즉 최대 수준의 격노에 대해 걱정하는, 그들이 유아였을 때 가졌던 마음 상태로 세상을 살아간다. 어떤 이유에서든, 그들은 이 최대의 격노를 실제로 제대로 시험해본 적이 없다. 아마 그들의 엄마들은 그것을 두려워했을 것이다. 침착한 행동에 의해 그들은 스스로 만족감은 얻을 수 있었겠지만, 마치 아기가 화를 내는 것이 정말 위험한 것인 양 행동함으로써, 일을 망쳐버렸다.

격노하는 아기는 거의 사람의 모습을 갖춘 존재이다. 그는 자신이 무엇을 원하는지를 알고, 그것을 어떻게 얻는지를 알며, 희망을 포기하기를 거부한다. 처음에 그는 자신이 무기를 갖고 있다는 것을 거의 알지 못한다; 자신의 난동이 문제를 일으킨다는 것을 알지 못하듯이, 자신이 내지르는 소리가 상처를 줄 수 있다는 것을 알지 못한다. 그러나 몇 개월이 지나면서 그는 자신이 위험한 존재일 수 있고, 상처를 줄 수 있으며, 상처를 주고 싶은 충동을 느끼기 시작한다; 그리고 조만간 자신의 개인적인 고통의 경험으로부터 다른 사람들이 고통을 겪을 수 있고 지칠 수 있다는 것을 알기 시작한다.

당신은 당신의 아기가 당신에게 상처를 줄 수 있고, 그러한 의도를 갖고 있음을 알고 있다는 최초의 신호를 지켜보는 것에서 많은 유익을 얻을 수 있을 것이다.

아기가 우는 네 번째 이유인 비탄에 대해 생각해보자. 우리는 색맹이 아닌 사람에게 색상을 설명할 필요가 없는 것처럼, 슬픔을 모르는 사람에게 슬픔에 대해 설명할 필요가 없다는 것을 알고 있다. 하지만 슬픔에 대해 언급만 하고 그냥 지나치는 것이 다양한 이유들로 인해 나에게는 만족스럽지 못하다. 그 이유 중 한 가지는, 유아들의 감정들이 매우 직설적이고 강렬한 것이라는 점에서, 우리 성인들은 비록 우리가 유아기 때 가졌던 강렬한 감정들을 가치 있게 여기고, 선택된 순간에 그것들을 다시 포착함에도 불구하고, 우리가 아기였을 때 그랬던 것처럼, 거의 견딜 수 없는 느낌에 던져지는 것으로부터 우리 자신을 방어하고 싶어 한다는 것이다. 만약 우리가 깊이 사랑하는 누군가를 잃어버린 일로 슬픔을 피할 수 없다면, 우리는 애도의 기간을 가져야 할 것이고, 우리의 친구들은 그 과정을 이해하고 견뎌줄 것이다. 그리고 우리는 조만간 이것으로부터 회복될 것이다. 우리는 아기들과는 달리 밤낮을 가리지 않고 아무 때나 강렬한 비탄에 우리 자신을 맡기지 않는다. 사실 많은 사람들은 자신들의 고통스러운 슬픔으로부터 자신들을 너무 잘 방어한 나머지, 슬픈 사실을 원하는 만큼 진지하게 받아들이지 못한다; 그들은 자신들이 느끼고 싶어 하는 깊은 감정들을 느낄 수 없다. 왜냐하면 그들은 정말로 생생한 느낌을 두려워하기 때문이다. 그들은 특정한 사람이나 사물에 대한 사랑에 빠지는 위험을 감당하지 못한다; 그들은 비록 비탄으로부터 안전해지는 것을 통해 유익을 얻는다고 생각하지만, 실제로는 위험을 점점 더 널리 확산시킴으로써 많은 것을 잃고 있는 것일 수 있다. 사람들은 눈물을 흘리게 만드는 슬픈 영화를 얼마나 좋아하는가! 그것은 적어도 그들이 슬픔을 방어하는 기술을 상실하지 않았음을 보여준다. 내가 유아의 울음의 원인으로서의 슬픔에 대해 말할 때, 당신은 당신의 유아기 때 겪었던 슬픔을 쉽게 기억하지 못할 것이고, 그렇기 때문에 당신은 유아의 비탄을 직접적인 공감을 통해 믿을 수 없을 것이라는 점을 상기시켜야겠다.

심지어 아기들도 고통스러운 슬픔에 대한 강력한 방어를 발달시킬 수 있다. 하지만 나는 실제로 존재하는 그리고 당신이 분명히 들어봤을, 아기의 슬픈 울음에 대해 서술하고자 한다. 나는 당신이 슬픈 울음의 자리와 그것이 지닌 의미와 가치를 볼 수 있고, 그 결과 아기가 슬픈 울음을 우는 상황에서 무엇을 해야 할지를 알 수 있도록 도울 것이다.

당신의 아기가 슬픈 울음을 울 수 있다는 것을 보여줄 때, 당신은 그가 자신의 감정을 발달시키는 여정에서 먼 길을 왔다는 사실을 추측할 수 있을 것이다; 그러나 나는 격노에 대해 말하면서 그랬던 것처럼, 일부러 슬픈 울음을 울게 만듦으로써 얻을 수 있는 것은 아무것도 없다고 말해야겠다. 일부러 아기를 화나게 만들 필요가 없는 것처럼, 일부러 아기를 슬프게 만들 필요는 없다. 그러나 격노와 비탄 사이에는 차이가 있다; 격노가 어느 정도 좌절에 대한 직접적인 반응인 반면에, 비탄은, 지금 내가 설명하려고 하는, 유아의 마음 안에서 상당히 복잡한 일들이 일어나고 있음을 암시한다.

그러나 먼저 슬픈 울음소리에 대해 당신이 동의할 것이라고 여겨지는 하나의 주장이 있는데, 그것은 아기의 울음소리 안에 음표가 있다는 것이다. 어떤 사람들은 슬픈 울음이 더 가치 있는 종류의 음악의 원천이라고 생각한다. 그리고 유아는 슬픈 울음을 우는 것을 어느 정도 즐긴다. 그는 슬픔을 가라앉히기 위해 잠들기를 기다리는 동안, 자신의 울음의 다양한 음조들을 발달시키고 실험한다. 좀 더 나이가 들면서, 그는 실제로 잠들기 위해 자신이 부르는 슬픈 노랫소리를 듣는다. 또한, 우리가 알다시피, 눈물은 격노보다는 슬픈 울음에 속한 것이고, 슬픈 울음을 울지 못하는 것은 눈이나 코가 건조하기 때문일 수도 있다(눈물이 얼굴 표면으로 흐르지 못하면 콧속으로 흐른다.) 그러므로 눈물을 흘리는 것은 신체적으로나 심리적으로나 건강한 것이다.

나는 슬픔의 가치에 대해 설명하기 위해, 하나의 예를 들어보겠다. 그것은 18개월 된 여자아이의 사례인데, 이 사례를 제시하는 이유는 이 나이에는 무슨 일이 일어나는지를 더 초기 유아기 때보다 더 쉽게 알 수 있기 때문이다. 생후 4개월에 입양된 이 어린 여아는 입양되기 전에 불행한 일들을 경험했고, 그로 인해 그녀의 엄마에게 특별히 더 의존적인 성향을 보이고 있었다. 그녀는 좀 더 운이 좋은 아기들과는 달리, 좋은 엄마들이 있다는 아이디어를 마음속에 형성하지 못했다고 말할 수 있다; 이런 이유로 그녀는 훌륭하게 아기를 돌보았던 그녀의 양어머니의 실제 현존에 집착했다. 실제로 존재하는 양어머니에 대한 아이의 필요가 엄청났기 때문에, 양어머니는 자신이 아기를 떠나면 안 된다는 것을 알고 있었다. 생후 7개월이 되었을 때 그녀는 한 번 한나절 동안 숙련된 보모의 손에 맡겨진 적이 있었는데, 결과는 재앙적이었다. 아기가 18개월이 된 지금, 엄마는 2주간의 휴가를 떠나기로 했고, 아기에게 모든 것을 설명해준 다음에 아기가 잘 아는 사람에게 아기를 맡겼다. 아이는 2주 동안 내내 엄마의 침실 문을 열려고 시도했고, 너무 불안해서 놀지 못했으며, 엄마가 없다는 사실을 실제로 받아들이지 않았다. 그녀에게 있어서, 슬퍼한다는 것은 너무 두려운 것이었다. 우리는 그녀에게 2주 동안 세상이 정지되었다고 말할 수 있다. 마침내 엄마가 돌아왔을 때, 그아이는 자신이 본 것이 진짜인지 확인하는 동안 잠시 기다린 다음, 엄마 목을 팔로 껴안고는 주체할 수 없는 깊은 슬픔에 흐느껴 울었고, 그 다음에야 정상적인 상태로 돌아왔다.

당신은 외부인의 관점에서 바라보는 것을 통해서, 엄마가 돌아오기 전에 그녀 안에 슬픔이 존재했다는 것을 알고 있다. 그러나 그 어린 아이의 관점에서 보면, 엄마와 함께 있어서 그녀가 슬퍼할 수 있다는 것을 알 때까지는, 그래서 엄마의 목을 껴안고 울수 있을 때까지는, 슬픔이 존재하지 않았다. 이것은 어째서일까? 나는 이 어린 소녀가 자신을 몹시 두렵게 하는 무엇인가를 다루어야 했는데, 그것은 엄마가 자신을 떠났을 때 느꼈던 엄마에 대한 미움이었다고 생각한다. 내가 이 예화를 선택한 이유는, 그것이 아이가 양어머니에게 의존되어 있다는 사실(그리고 다른 사람에게서 엄마다움을 쉽게 발견할 수 없었던) 때문에, 엄마를 미워하는 것이 아이에게는 심각한 위험으로 느껴진다는 사실을 분명히 보여주기 때문이다. 그래서 그녀는 엄마가 올 때까지 기다려야만 했다.

그러나 엄마가 돌아왔을 때 어떤 행동을 했는가? 그녀는 엄마에게 달려들어 엄마를 깨물었을 수도 있었을 것이다. 누군가가 실제로 그런 경험을 했다고 해도, 우리는 놀라지 않을 것이다. 그러나 이 아이는 엄마의 목을 껴안고 흐느껴 울었다. 이것에서 엄마는 무엇을 이해해야 하는가? 만약 그 엄마가 그것을 말로 표현한다면, 다음과 같은 내용이었을 것이다: '나는 너의 유일한 좋은 엄마야. 내가 너를 두고 간 것 때문에 나를 증오하는 너 자신을 발견하는 것이 두려웠구나. 나를 증오한 것에 대해 미안해하고 있는 게야. 뿐만 아니라, 내가 떠나간 것이 네가 뭘 잘못했거나, 나에게 너무 많은 것을 요구했거나, 네가 나를 미워했기 때문이라고 느꼈던 게야; 그래서 너 자신이 내가 떠나간 이유라고 생각한 거지. 너는 내가 영원히 떠나갔다고 느꼈어. 내가 돌아와서 네가 내 목을 껴안을 때까지는, 네가 가진 증오가 나를 떠나게 했다는 감정이 네 안에 있었다는 것을 알아차리지 못했지. 심지어 내가 너와 함께 있는 동안에도 말이야. 너의 슬픔을 통해서 너는 내 목을 껴안을 수 있는 자격을 얻었어. 그 이유는 내가 너를 떠남으로 상처를 주었을 때, 그것이 네 잘못이라고 느꼈다는 것을 보여주었기 때문이야. 사실 너는 세상에서 일어나는 모든 나쁜 일들이 네 탓인 것처럼 죄책감을 느꼈지만, 실제로 너는 내가 떠난 이유 중 아주 작은 부분에 지나지 않아. 아기들은 말썽을 부리지만, 엄마들은 아기가 그럴 것이라 기대를 하고 그렇게 하는 것을 바라기도 한단다. 나에게 더 많이 의존하는 것을 통해서, 너는 나를 지치게 만들곤 했어; 하지만 나는 너를 입양하기로 결정

했고, 너로 인해 지치게 되는 것을 결코 증오하지 않아.'

그녀는 이 모든 것을 말로 했을 수도 있지만, 다행히도 그렇게 하지 않았다. 사실 이런 생각들은 그녀의 마음속에 있지 않았다. 그녀는 그녀의 어린 소녀를 그저 부둥켜안기에도 바빴다.

나는 왜 어린 소녀의 흐느껴 우는 울음에 대해 이러한 말을 하는가? 어떤 한 아이가 슬퍼할 때 그것에 대한 묘사는 결코 같을 수가 없고, 내가 말한 것의 일부는 옳은 표현이 아니라고 나는 감히 말한다. 그러나 그것이 모두 틀린 것은 아니며, 나는 내가 말한 것을 통해서 슬픈 울음이 매우 복잡한 것이고, 그것은 당신의 유아가 세상에서 이미 자신의 자리를 갖게 되었음을 의미한다는 사실을 보여주었기를 희망한다. 아기는 더 이상 물위에 떠 있는 코르크 마개와 같은 존재가 아니다. 그는 이미 환경에 책임을 지기 시작한 것이다. 단순히 상황에 반응하기보다는 상황에 책임을 느끼기 시작한 것이다. 문제는 그가 자신에게 일어난 일들과 자신의 삶의 외부적인 요소들이 모두 자신의 책임이라고 느끼기 시작한다는 데 있다. 오직 점진적으로만 아기는 자신이 책임이 있다고 느껴지는 모든 것들로부터 자신이 실제 책임이 있는 것을 구분하게 된다.

이제 슬픈 울음을 다른 종류의 울음과 비교해보자. 고통과 배고픔의 울음은 출생 이후로 계속해서 알 수 있다. 아기가 둘과 둘을 더할 수 있는 능력을 갖게 될 때, 격노가 출현하고, 예상된 고통을 의미하는 두려움은 아기가 생각을 발달시켰음을 의미한다. 비탄은 이러한 다른 극심한 느낌들보다 훨씬 더 진보된 것이다; 만약 엄마들이 슬픔의 근저에 있는 것들이 얼마나 가치 있는 것인지를 이해한다면, 그들은 중요한 것을 빠뜨리는 어리석음을 피할 수 있을 것이다. 사람들은 나중에 그들의 아이가 '감사해요' 또는 '미안해요'라는 말을 할 때, 쉽게 기뻐하는 자신들을 발견할 수 있을 것이다. 그러나 이 말들의 초기 버전이 아기의 슬픈 울음에 담겨 있다는 점에서, 그 울음은 아이가 배워 알게 된 감사와 뉘우침의 표현보다 훨씬 더 가치 있는 것이다.

슬퍼하는 어린 소녀에 대한 나의 묘사에서, 그녀가 엄마의 목을 껴안고 슬픔을 느낀 것이 전적으로 논리적이었음을 당신은 주목했을 것이다. 엄마와 만족스러운 관계 안에 있는 동안, 아기가 화를 낼 것이라고 기대하는 경우는 드물다. 만약 그가 엄마의 무릎 위에 머물러 있었다면, 그것은 그 무릎을 떠나는 것이 두려웠기 때문일 것이고, 엄마는 아마도 그가 떠나가기를 바랐을 수도 있다. 그러나 슬픈 아기는 받아주고 껴안아줄 수 있는데, 그것은 그가 자신에게 상처를 준 것에 대해 책임을 지는 것을 통해서, 사람들과의 좋은 관계를 유지할 수 있는 자격을 획득했기 때문이다. 실제로 슬픈 아기는 당신의 신체적인 그리고 드러내놓고 표현하는 사랑을 필요로 할 수도 있다. 하지만 그가 필요로 하지 않는 것은 몸에 자극을 주거나, 간질이거나, 또 다른 방법들을 사용해서 슬픔으로부터 관심을 돌리게 하려는 시도이다. 만약 아기가 애도 상태에 있다면, 그 상태에서 회복되는 데에는 어느 정도의 시간이 걸린다. 그는 단지 당신이 여전히 그를 사랑한다는 것을 알 필요가 있다. 오히려 혼자 울게 두는 것이 최선일 수도 있다. 유아기와 아동기 동안에 슬픔과 죄책감으로부터 자발적으로 회복되는 것보다 더 좋은 것은 없다는 사실을 기억하기 바란다. 가끔씩 당신은 당신의 아이가 죄책감을 느끼고 울기 위해 그리고 용서 받는다고 느끼기 위해 못된 행동을 한다는 것을 발견할 것인데, 이것은 그가 경험했던 슬픔으로부터의 진정한 회복을 다시 한 번 경험하기 위한 것이다.

지금까지 나는 다양한 종류의 울음에 대해 서술해왔다. 이에 대해 해야 할 말이 아직도 많이 있다. 나는 울음의 종류를 구분하고자 했던 나의 시도가 도움이 되었기를 바란다. 내가 아직까지 서술하지 않은 것은 희망 없음과 절망의 울음, 즉 아기의 마음속에 희망이 남아 있지 않기에 다른 종류의 울음들이 붕괴되는 울음이다. 당신의 집안에서는 이런 종류의 울음을 결코 들어본 적이 없을 수도 있다. 그리고 만약 당신이 감당할 수 있는 정도를 넘어서는 상황에 처한다고 해도, 내가 특별히 분명히 하려고 시도했듯이, 당신은 당신 자신의 유아를 관리하는 데 있어서 다른 누구보다도 더 잘 할 수 있는 사람이다. 우리가 희망 없음과 해체의 울음소리를 들을 수 있는 곳은 대부분 아기 각자에게 한 명의 엄마를 제공할 수 없는 양육시설이다. 내가 이런 종류의 울음을 언급하는 것은 이 주제에 대한 논의를 완성하기 위해서이다. 당신이 당신의 유아를 돌보는 일에 기꺼이 헌신하고자 한다는 사실은, 그 유아가 운이 좋다는 것이다; 당신의 일상적인 관리를 방해하는 일이 일어나지 않는 한, 아기는 앞으로 나아갈 수 있을 것이고, 당신에게 화가 날 때, 당신을 제거해 버리고 싶을 때, 불안하거나 두려울 때, 그리고 단지 슬픔을 경험하고 있을 때를 당신에게 알려줄 것이다.

제 10 장
세상을 조금씩 소개해주기

철학적 논의를 들어보면 우리는 사람들이 현실과 현실이 아닌 것을 둘러싼 문제에 대해 많은 관심을 갖고 있다는 것을 알게 된다. 한 사람은 현실은 우리가 만지고, 보고, 듣는 모든 것이라고 말하고, 다른 사람은 악몽이나, 새치기로 버스에 타는 사람을 증오하는 것처럼 생생하게 느껴지는 것만이 현실이라고 말한다. 이 모든 것은 매우 이해하기가 어렵다. 이것이 아기를 돌보는 엄마에게 무슨 관련이 있을까? 나는 그것을 설명할 수 있기를 희망한다.

아기를 양육하는 엄마들은 발달하고 변화하는 상황을 다루고 있다; 아기는 세상에 대해 알지 못한 상태에서 삶을 시작하지만, 그들이 그들의 임무를 마칠 때쯤이면 세상에 대해 알고 있고, 그 안에서 살아가는 법을 발견할 수 있으며, 심지어 세상이 돌아가는 방식에 참여하는 법을 알고 있는, 한 사람으로 성장한다. 이 얼마나 엄청난 발달인가!

그러나 당신은 우리가 현실이라고 부르는 것과의 관계에서 어려움을 겪는 사람들이 있다는 것을 알고 있다. 그들은 그것을 현실이라고 느끼지 않는다. 당신과 나는 때로 다른 때보다 사물들이 더 현실적이라고 느끼는 순간을 경험한다. 우리는 현실보다 더 현실처럼 느껴지는 꿈을 꿀 수 있고, 어떤 사람들의 개인적인 상상 세계는 우리가 현실 세계라고 부르는 것보다 훨씬 더 현실적일 수 있고, 그로 인해 세상 안에서 삶을 살아가는 데 어려움을 겪기도 한다.

이런 질문을 해보자: 보통의 건강한 사람은 어째서 세상에 대한 현실감을 갖고 있으면서도 상상적이고 개인적인 것에 대한 현실감을 갖고 있는가? 그것은 어떻게 당신과 나에게 일어났을까? 그렇게 되는 것은 엄청난 유익이다. 왜냐하면 그때 우리는 세상을 더 신명나는 것으로 만들기 위해 상상력을 사용할 수 있고, 무언가에 대해 상상적이 되기 위해 현실 세계의 것들을 사용할 수 있기 때문이다. 우리는 당연히 그렇게 성장하는가? 내가 말하고자 하는 것은, 최초에 우리 각자에게 세상을 조금씩 소개해준 엄마가 없었더라면, 우리는 그렇게 성장하지 못했을 것이라는 것이다.

아이들이 두 살, 세 살, 네 살이 될 때, 그들은 어떠한가? 있는 그대로의 세상을 보는 특정한 문제와 관련해서, 우리는 걸음마 아이에 대해 무엇을 말할 수 있는가? 우리는 성인으로서, 특별한 순간에만 초기 몇 해에 속한 이 놀라운 강렬한 느낌에 도달하며, 공포 없이 그것에 도달할 수만 있다면, 어떤 것이든 환영한다. 어떤 이들에게 그것은 음악이나 사진이고, 다른 이들에게는 축구경기이며, 또 어떤 이들에게는 무도회를 위해 옷을 입는 것이거나, 여왕이 차를 타고 지나가는 것을 목격하는 것이다. 두 발로 땅을 밟고 서있으면서도 그런 강렬한 감각들을 즐길 수 있는 능력을 간직한 사람들은, 설령 그것이 꿈과 기억 속에서 뿐이라고 해도, 행복한 사람들이다.

어린 아이에게 그리고 유아에게는 더욱 더, 삶은 강렬한 경험들의 연속이다. 당신은 그의 놀이를 방해할 때 무슨 일이 일어나

는지 보았을 것이다; 사실 당신은 놀이를 끝내게 하려는 당신의
개입을 아이가 감당할 수 있게 하기 위해, 미리 경고를 주는 것
을 좋아한다. 삼촌이 어린 소년에게 준 장난감은 현실 세계의 한
조각일 뿐이지만, 만약 적절한 방법으로, 적절한 때에, 적절한 사
람에 의해 주어진다면, 그것은 아이에게 특별한 의미가 있는 것
이며, 우리는 그것을 이해할 수 있고, 허용할 수 있다. 아마도 우
리는 우리 자신들이 가졌던 작은 장난감을 기억할 수 있고, 그것
이 그때 우리에게 무엇을 의미했는지 기억할 수 있을 것이다. 만
약 그것이 아직도 벽난로 선반 위에 놓여있다면, 그것은 얼마나
생기 없어 보일까! 두 살, 세 살, 네 살 된 아이는 동시에 두 개의
세상 안에 있다. 우리가 그 아이와 공유하는 세상은 또한 아이
자신의 상상 속의 세상인데, 아이는 그 세상을 강렬하게 경험할
수 있다. 아이가 그렇게 할 수 있는 이유는, 우리가 그 연령의 아
이를 다룰 때, 외부 세계에 대한 정확한 지각을 요구하지 않기
때문이다. 아이는 항상 땅 위에 발을 딛고 서있을 필요가 없다.
만약 어린 여자아이가 하늘을 날고 싶어 한다면, 우리는 '아이들
은 하늘을 날 수 없어'라고 말하지 않는다. 그렇게 말하는 대신
에, 우리는 아이를 머리 위로 들어 올려 비행기를 태워주고 선반
위에 올려놓는다. 그렇게 함으로써 아이는 새처럼 날아서 둥지에
도달했다고 느낀다.

오래지 않아 아이는 마술적으로 날 수 없다는 것을 발견할 것
이다. 아마도 꿈에서 마술적으로 공중을 비행하는 것은 얼마 동
안 지속될 것이고, 또는 어쨌든 축지법을 쓰는 꿈을 꿀 것이다.
마법의 장화(Seven-League Boots), 또는 마법의 양탄자 같은 동화
는 이 주제에 대한 성인들의 작품이다. 열 살쯤 되었을 때, 아이
는 다른 사람들보다 더 멀리 그리고 더 높이 뛰기 위해 멀리뛰
기와 높이뛰기를 연습할 것이다. 그것은 세 살 때 자연스럽게 출

현했던, 하늘을 나는 상상과 관련된 강렬한 감각들의 잔여물일 것이다—꿈을 제외하고는.

요점은 어린 아이가 현실에 의해 짓눌리지 말아야 한다는 것이다. 우리는 아이가 대여섯 살이 될 때까지 아이에게 현실을 강요하지 않을 것이다. 왜냐하면, 만약 모든 것이 잘 된다면, 그 나이에 아이는 성인이 현실 세계라고 부르는 것에 대한 과학적 관심을 갖기 시작할 것이기 때문이다. 이 현실 세계는, 그것을 수용하는 것이 개인의 상상적 현실 또는 내면세계의 현실의 상실을 의미하는 것이 아닌 한, 많은 것을 제공해준다.

어린 아이에게 있어서, 내면세계가 내부만이 아니라 외부가 되는 것은 합법적인 것이며, 따라서 우리가 아이의 게임을 하고 아이의 상상적 경험들 안에 있는 다른 방식들에 참여할 때, 우리는 아이의 상상적 세계 안으로 들어간다.

여기에 세 살짜리 남자아이가 있다. 그는 행복한 아이이고, 하루 종일 혼자서 또는 다른 아이들과 놀 수 있고, 식탁에 앉아 어른들처럼 식사를 할 수 있다. 낮 시간 동안에 그는 우리가 현실이라고 부르는 것과 아이의 상상이라고 부르는 것 사이의 차이에 대해 아주 잘 알고 있다. 밤에는 어떤가? 그는 잠을 자고, 분명히 꿈을 꾼다. 가끔 그는 비명을 지르면서 잠에서 깬다. 엄마는 자다가 뛰어나와 아이 방으로 들어가 불을 켜고, 아이를 안아준다. 그는 좋아할까? 정반대로, 그는 소리를 지른다. '저리 가! 마녀야! 나는 내 엄마를 원해'. 그의 꿈 세계가 우리가 현실 세계라고 부르는 것을 덮고 있고, 이십 여분 동안 엄마는 아무것도 하지 못한 채 기다린다. 왜냐하면 그 동안에 아기에게는 엄마가 마녀이기 때문이다. 그러다가 갑자기 그는 엄마의 목을 끌어안고 마치 엄마가 방금 나타난 것처럼 매달린다. 그리고 엄마에게 자신이 꿈에서 보았던 빗자루에 대해서 말할 수 있기도 전에, 다시 잠이 든다. 그래서 엄마는 그를 다시 아기 침대에 누이고 자신의 방으로 되돌아간다.

일곱 살 된 어린 소녀는 어떠한가? 착한 아이인 그녀는 새로 들어간 학교에서 아이들이 모두 자신을 미워하고 있고, 무서운 여선생님이 항상 자기를 콕 집어 예로 삼고, 창피를 준다고 말한다. 물론 당신은 학교를 찾아가 선생님과 면담을 할 수 있다. 물론 나는 모든 선생님들이 완벽하다고 말하는 것이 아니다; 그럼에도 불구하고 당신은 그 교사가 상당히 직설적인 사람이라는 것을 알아차릴 수 있다. 그리고 실제로 이 아이가 그녀에게 문제를 일으키기 때문에 그녀는 스트레스를 받고 있다.

여기에서 또 다시 당신은 아이들이 어떤지를 안다. 그들은 세상이 어떤지를 정확히 알 필요가 없다. 그들은 우리가 성인에 대해 말하고 있다면 망상이라고 불릴 수 있는 것을 생각할 수 있도록 허용되어야 한다. 아마도 당신은 이 모든 문제를 교사에게 차를 한잔 마시자고 요청하는 것으로 해결할 것이다. 머지않아 당신은 아이가 다른 쪽 극단으로 가고 있는 것을 발견할 것이다. 지금 그녀는 선생님에게 매우 강한 애착을 형성하고, 심지어 선생님을 우상화하고 있으며, 선생님의 사랑을 빼앗길까봐 다른 아이들을 경계하고 있다. 이 모든 것은 시간이 흐르면서 제자리를 잡는다.

만약 우리가 유아원에서 더 어린 아이들을 관찰한다면, 우리는 그들이 우리가 알고 있는 그들의 선생님을 좋아할지 추측하기가 어렵다. 당신은 그녀를 알지도 모르고, 어쩌면 그녀에 대해 별로 생각을 하지 않을지도 모른다. 그녀는 매력적이지 않다. 아이 엄마가 아프거나 무슨 일이 있을 때, 그녀는 이기적으로 행동한다. 아이가 그녀에 대해 느끼는 것은 그런 종류의 것에 기초해 있지 않다. 아이는 그녀에게 의존할 수 있고, 헌신적일 수 있다. 왜냐하면 그녀는 항상 거기에 있고 친절하며, 아기의 행복과 성장에 필요한 사람일 수 있기 때문이다.

그러나 이 모든 것은 더 초기에 엄마와 아기 사이에 존재했던 관계로부터 오는 것이다. 거기에는 특별한 조건이 있다. 그 조건은 엄마가 그녀의 작은 아이와 세상의 한 조각을 공유하는 것, 즉 아기가 혼란스러워하지 않도록 그것을 충분히 작은 조각으로 유지하고, 세상을 즐기는 아기의 능력이 증가할 수 있도록 매우 점진적으로 그것을 확장하는 것이다. 이것이 엄마가 맡은 임무에서 가장 중요한 부분 중의 하나이다.

만약 우리가 이것을 좀 더 주의 깊게 들여다본다면, 엄마가 하는 두 가지 일이 도움이 된다는 것을 알게 될 것이다. 하나는 갑작스럽게 일어나는 일들을 피하기 위해 수고를 하는 것이다. 뜻밖의 일들은 혼란으로 인도한다. 그런 일들에 대한 예로는, 젖을 떼는 시기에 아기를 돌보는 일을 갑자기 다른 사람에게 맡기기, 홍역을 앓는 동안에 단단한 음식을 먹이기 시작하기 등등이다. 다른 하나는 엄마가 사실과 환상을 구분할 수 있는 능력을 갖는 것이다. 이것은 좀 더 자세하게 살펴볼만한 가치가 있다.

소년이 밤중에 일어나 엄마를 마녀라고 불렀을 때, 엄마는 자신이 마녀가 아니라는 것을 분명히 알고 있었기 때문에, 아이가 정신이 돌아올 때까지 기다릴 수 있었다. 다음 날 아이가 '엄마, 정말 마녀가 있어요?' 라고 물었을 때, 그녀는 아주 쉽게 '그런 건 없어' 라고 대답했다. 동시에 그녀는 마녀 이야기가 실려 있는 책을 바라보았다. 어린 남자아이가 당신이 최상의 재료를 사용해서 준비한 밀크 푸딩에서 마치 그 안에 독이 들어있다는 인상을 전하기라도 하듯이 고개를 돌릴 때, 당신은 그것이 좋은 것임을 확실하게 알고 있기 때문에 화가 나지 않는다. 당신은 또한 아이가 잠깐 동안 그것에 독이 있다고 느낀다는 것을 안다. 당신은 어려움을 해결하는 방법을 찾아내고, 몇 분 안에 아이가 푸딩을 맛있게 먹게 하는 것이 가능할 것이다. 만약 당신 자신이 이 모든 것에 대해 확신할 수 없었다면, 당신은 모든 것을 망쳐버렸을 것이고, 그 푸딩이 좋은 것이라는 것을 당신 자신에게 증명하기 위해서 아이의 입에 강제로 처넣었을 것이다.

현실과 현실이 아닌 것에 대한 지식을 명료화하기 위한 모든 종류의 방식들이 아이에게 도움이 된다. 왜냐하면 아이는 세상이 상상한 것과 같지 않고, 상상한 것이 세상과 정확하게 같지는 않다는 것을 점진적으로만 이해하기 때문이다. 상상과 현실은 각각 서로를 필요로 한다. 당신은 당신의 아기가 좋아하는 첫 번째 대상—담요 조각이나 부드러운 장난감—이 유아에게 있어서 그 자신의 일부이기 때문에, 그것을 빼앗거나 세탁한다면 재앙적인 결과가 발생한다는 것을 안다. 아기가 이런저런 물건들을 집어던지기 시작할 때(물론 그것들을 되돌려놓을 것이라는 기대와 함께), 당신은 유아에 의해 그를 두고 떠나갔다가 돌아오는 것이 허용되는 시기가 다가오고 있다는 것을 안다.

나는 출발 지점으로 돌아가고자 한다. 시작이 순조로웠다면, 이 나중의 것들은 쉽다. 나는 다시 한 번 초기 수유를 살펴보고자 한다. 당신은 내가, 아기가 막 마음속에서 무언가를 불러낼 준비가 된 순간에 젖가슴(또는 젖병)이 나타났다가, 아기의 마음에서 그것에 대한 생각이 점점 희미해지면서 그 젖가슴이 사라지는 방식에 대해 서술했던 것을 기억할 것이다. 이렇게 하는 것이 엄마가 아기를 세상에 입문시키는 출발점이 된다는 것을 당신은 이해하는가? 9개월 동안 엄마는 수천 번 아기에게 수유를 하고, 그 외에도 다른 모든 일들을 할 때 아기의 필요에 맞추어 섬세하게 적응한다. 운이 좋은 유아의 경우, 세상은 아기의 상상과 연합하는 방식으로 행동하기 시작하고, 그 결과 아기의 상상력으로 직조되며, 아기의 내면의 삶은 외부 세상에서 지각된 것을 통해 풍부해진다.

'현실'이 의미하는 것에 대해 사람들이 말하는 것을 다시 한 번 살펴보자. 만약 그들 중 한 사람이 그가 아기였을 때, 당신이 당신의 아기에게 세상을 소개해주었던 것처럼, 보통의 좋은 방식으로 세상을 소개해주는 엄마를 가졌더라면, 그는 현실이 두 가지를 의미한다는 것을 알았을 것이다. 그는 즉시 그 두 종류의 현실 모두를 느낄 수 있을 것이다. 그 사람 옆에는 또 한 사람이 있을 수 있는데, 그는 모든 것을 망쳐버렸던 엄마를 가졌던 사람이다. 그에게는 오직 한 가지만의 현실이 존재했다. 이 불행한 사람에게 세상을 거기에 있는 것일 뿐이고 모든 사람들이 보는 것과 같은 것을 보든지, 아니면 모든 것이 상상이고 개인적인 것일 뿐이라고 느낄 것이다. 우리는 이 두 사람의 논쟁이 끝이 나지 않을 것임을 안다.

유아와 자라나는 아이에게 세상을 제시하는 방식에 많은 것이 달려있다. 보통의 엄마는 세상을 조금씩 소개해주는 이 놀라운 일을 시작하고 수행할 수 있다. 그녀가 그렇게 할 수 있는 것은 그녀가 철학자들처럼 영리해서가 아니라, 단순히 그녀 자신의 아기에게 느끼는 헌신감 때문이다.

제11장
사람으로서의 아기

나는 사람으로서의 아기를 서술하는 작업을 어떻게 시작하는 것이 좋을지 궁금했다. 아기가 음식을 먹으면 그것이 소화되고 일부는 몸 안에서 분배되어 성장을 위해 사용되는 것을 알 수 있으며, 그 중의 일부는 에너지로서 저장되고, 일부는 이런저런 방식으로 제거된다. 이것이 신체에 관심을 갖고서 아기를 바라볼 때, 우리가 보는 것이다. 하지만 같은 아기를 거기에 존재하는 사람이라는 사실에 관심을 갖고서 바라본다면, 거기에 신체적인 경험뿐만 아니라 상상적인 수유 경험도 포함되어 있다는 것을 아는 것이 어렵지 않을 것이다. 이것들 중 하나는 다른 하나에 기초해 있다.

나는 아기에 대한 당신의 사랑 때문에 당신이 하는 모든 것들이 마치 음식물처럼 아기 안으로 들어간다고 생각하는 것에서 많은 것을 얻을 수 있을 것이라고 생각한다. 아기는 그 모든 것으로부터 무언가를 세워나갈 뿐만 아니라, 당신을 사용하는 단계를 거친 다음에, 마치 음식을 그렇게 하듯이, 당신을 버리는 단계를 갖는다. 아마도 이 말은 당신의 아기가 갑자기 조금 컸다는 것을 의미할 것이다.

여기에 10개월 된 남자아기가 있다. 그는 엄마가 나와 이야기하고 있는 동안에, 엄마의 무릎 위에 앉아 있다. 아기는 활발하게 깨어있고, 당연히 사물들에 흥미를 느끼고 있다. 모든 것을 혼란스럽게 내버려두는 대신에, 나는 엄마와 나 사이에 있는 테이블 한 귀퉁이에 관심을 끄는 물건을 올려놓는다. 엄마와 나는 이야기를 나누면서, 동시에 아기를 관찰할 수 있다. 보통의 아기라면 그는 관심을 끄는 그 물건(숟가락이라고 하자)에 주목할 것이고, 그것에 다가갈 것이다. 실제로, 아기는 아마도 그것에 다가가는 순간 갑자기 머뭇거릴 것이다. 그것은 마치 그가 '나는 이것에 대해 생각해봐야 할 것 같아'라고 말하는 것처럼 보인다: '엄마가 이 물건에 대해 어떻게 느낄지 궁금해. 그것을 알 때까지 참는 게 좋겠어'. 따라서 그는 마치 자신이 더 이상 아무런 생각이 없기라도 하듯이, 그 숟가락에서 고개를 돌릴 것이다. 하지만 잠시 후에 그는 그것에 다시 관심을 갖게 될 것이고, 매우 조심스럽게 자신의 손가락을 숟가락에 대볼 것이다. 아마도 그는 그것을 움켜잡고, 엄마의 눈에서 무엇을 얻을 수 있을지 알아보기 위해 엄마를 살필 것이다. 이 지점에서 나는 엄마에게 무엇을 해야 할지 말해준다. 왜냐하면 엄마는 너무 많은 것을 도와주기 쉽고, 그래서 아이의 발달을 방해하기 쉽기 때문이다; 그러므로 나는 엄마에게 가능한 한 발생하는 일에 너무 많이 개입하지 않을 것을 부탁한다.

아기는 점차 엄마의 눈빛으로부터 자신이 하는 새로운 일이 허락되지 않는다는 것을 알고는, 숟가락을 더 꽉 잡고, 그것을 자기 것으로 만들기 시작한다. 하지만 그는 여전히 긴장하는데, 그것은 그가 간절히 원하는 그것을 하면 어떤 일이 일어날지 확신할 수 없기 때문이다. 그는 심지어 자신이 원하는 것이 무엇인지조차도 확실히 알지 못한다.

그가 그것을 가지고 무엇을 할지를 발견하는 동안, 우리는 곧 그것이 어떤 것일지 추측할 수 있다. 왜냐하면 그의 입이 흥분하기 때문이다. 즉, 그는 여전히 매우 조용히 생각에 잠겨 있지만, 이미 그의 입에서는 침이 흐르기 시작한다. 그의 혀는 축 늘어져 있는 것처럼 보인다. 그의 입은 그 숟가락을 원하기 시작하고, 그의 잇몸은 그것을 깨무는 것을 즐기고 싶어 한다. 오래지 않아 그것은 입으로 들어간다. 그때 그는 마치 사자와 호랑이처럼 공격적인 방식으로 그것을 취급한다. 아기들은 뭔가 좋은 것을 잡았을 때, 마치 그것이 먹잇감이라도 되는 것처럼 다룬다.

우리는 지금 아기가 그 물건을 잡는 것을 통해서 그것을 자기 것으로 만들었다고 말할 수 있다. 그는 집중, 궁금함, 의심에 속한 모든 고요함을 상실한다. 대신에 자신감이 넘치고 새로 획득한 것으로 인해 매우 풍부해진다. 나는 그가 상상 속에서 그것을 먹었다고 말할 수 있다. 마치 먹은 음식이 소화되고 그의 일부가 되듯이, 상상을 통해 자신의 것이 된 이것은 그의 일부가 되고, 사용될 수 있다. 그렇다면 그것은 어떻게 사용되는가?

이것은 가정에서 항상 일어나는 것이기 때문에, 당신은 그 답을 알고 있을 것이다. 아기는 그것을 엄마에게 먹여주려고 입으로 가져갈 것이고, 엄마가 그것을 먹는 놀이에 참여해주기를 바랄 것이다. 하지만 그는 엄마가 그것을 실제로 물어뜯는 것을 원하지 않을 것이고, 실제로 그것을 입 안에 넣는다면 두려워 할 것임을 기억해야 할 것이다. 그는 놀이를 하고 있고, 놀이에 초대하고 있는 것이다. 그것 외에 무엇을 하겠는가? 그는 나에게 그것을 먹여줄 것이고, 나 역시 그것을 먹는 놀이에 동참하기를 바랄 것이다. 그는 방의 다른 쪽에 있는 누군가의 입을 향해 먹여주는 몸짓을 할 수도 있다. 그는 모든 사람에게 이 좋은 것을 나누어 주고 싶어 한다. 그는 그것을 가졌다; 모든 사람이 그것을 가져서는 안 되는 이유는 무엇인가? 그는 자신이 너그럽게 나누어줄 수

있는 무언가를 갖고 있다. 이제 그는 그것을 젖가슴이 있는 엄마
의 블라우스 안에 넣었다가, 그것을 새로 발견한 것처럼 다시 꺼
낸다. 그는 그것을 책상 덮개 밑으로 밀어 넣고는, 그것을 잃어버
렸다가 다시 찾는 게임을 즐긴다. 또는 테이블 위에 놓인 그릇을
발견하고는, 상상 속의 음식을 숟가락으로 떠내기 시작하고, 상상
속의 국물을 먹기 시작한다. 그 경험은 풍부한 내용을 갖고 있다.
그것은 신체의 중간 부분, 소화 과정, 음식이 입속으로 사라진 시
간과 그것의 잔여물이 창자의 끝 부분에서 대변과 소변으로 발
견되는 시간 사이의 신비에 해당된다. 나는 아기들이 이런 놀이
를 통해 그들의 상상력이 얼마나 풍부해지는지 아주 오랫동안
설명할 수 있다.

이제 아기가 숟가락을 탁자 아래로 떨어뜨린다. 그의 관심이
다른 것으로 옮겨간다. 나는 그것을 다시 주워서 아기에게 줄 것
이다. 그렇다. 그는 그런 게임을 원하는 것처럼 보이고, 전처럼 숟
가락을 자신의 일부로 사용해서 그 게임을 반복한다. 오, 다시 떨
어뜨렸네! 그가 그것을 우연히 떨어뜨린 것이 아님이 명백하다.
아마도 그는 숟가락이 바닥에 떨어질 때 나는 소리를 좋아할 것
이다. 나는 다시 그것을 그에게 건네준다. 이번에 그는 그것을 잡
고는 매우 의도적으로 떨어뜨린다; 그는 떨어뜨리는 놀이를 하고
싶은 것이다. 나는 다시 한 번 그것을 그에게 돌려주는데, 그는
실제로 그것을 던져버린다. 이제 숟가락 놀이는 끝났고, 그는 다
른 흥밋거리를 찾고 있다; 우리의 쇼는 끝이 난다.

우리는 아기가 어떤 것에 대한 흥미를 발달시키고, 그것을 자
신의 일부로 만드는 것을 보았고, 그것을 사용한 다음에, 그것에
대한 관심에서 벗어나는 것을 보았다. 이러한 일은 가정에서 항
상 일어나고 있지만, 그 순서는 아기에게 경험을 통과하는 시간
을 주는, 특별한 세팅 안에서 더 분명하게 드러난다.

우리는 이 어린 남자아이에 대한 관찰에서 무엇을 배웠는가?

한 가지는, 우리가 하나의 경험 전체를 목격했다는 것이다. 그 관찰이 통제된 상황에서 이루어졌기 때문에, 일어난 사건의 시작, 중간, 끝이 존재할 수 있었다. 이것은 아기에게 다행스러운 일이다. 바쁘거나 힘들 때, 당신은 사건 전체를 허용할 수 없고, 그때 당신의 아기의 경험은 더 빈약해진다. 그러나 아기를 돌볼 때 당연히 그렇게 해야 하듯이, 당신에게 시간이 있다면, 당신은 이 모든 일을 허용할 수 있다. 전체 사건들은 아기들로 하여금 시간을 따라잡을 수 있게 한다. 어떤 것이 진행될 때 그것이 끝날 것임을 알기 전까지는, 그들은 시작하지 않는다.

당신은 처음과 끝에 대한 강한 느낌이 있을 때에만, 중간 부분이 즐거운 것이 될 수 있다는 것을 아는가?(또는 나쁜 일이라면, 견디낼 수 있는가?).

당신의 아기에게 전체 경험들을 위한 시간을 허용함으로써, 그리고 그 경험들에 참여함으로써, 당신은 점진적으로 아이가 순조롭게 궁극적으로 모든 종류의 경험들을 즐길 수 있는 능력의 토대를 놓는다.

숟가락을 가지고 노는 아이를 관찰하는 것에서 우리가 배울 수 있는 또 한 가지가 있다. 그것은 아이가 새로운 모험을 시작하면서, 의심과 망설임의 순간을 가졌던 것과 관련되어 있다. 우리는 아기가 손을 뻗어 숟가락을 만지고, 그것을 손에 잡는 것과, 처음에 단순한 반응을 보인 후에 일시적으로 관심에서 철수하는 것을 보았다. 그때 그는 엄마의 느낌을 조심스럽게 감지하는 것을 통해서, 숟가락에 대한 관심이 되돌아오는 것을 허용했다. 하지만 그는 실제로 숟가락을 입에 물고 씹어보기 전까지는 긴장하고 불확실한 상태였다.

만약 당신이 새로운 상황이 발생할 때 거기에 있다면, 처음에 당신의 아기는 당신에게 자문을 구할 것이다. 그러므로 당신은 아기가 무엇을 만지도록 허용하고 무엇을 허용하지 않을지를 분명히 알아야만 한다. 가장 단순한 방법이 가장 좋은데, 그것은 아기가 입에 넣으면 안 되는 것을 주변에 두지 않는 것이다. 아기는 당신의 결정 근저에 놓여 있는 원칙들을 파악하려고 노력하고 있고, 그럼으로써 마침내 당신이 무엇을 허락할지 예상할 수 있다. 좀 더 지나면 언어가 도움이 될 것인데, '너무 날카로워,' '너무 뜨거워'라는 말을 하거나, 신체에 위험을 암시하는 다른 방식들을 사용할 것이다; 또는 씻을 때 약혼반지를 빼놓는 것도 아기를 위해 좋은 행동이 아니라는 사실을 알게 될 것이다.

당신은 아기가 만져도 되는 것과 안 되는 것에 대한 혼동을 피하도록 돕기 위해, 무엇을 해야 될지를 알아야 한다. 그러기 위해서 당신은 당신이 금지하는 것이 무엇이고, 왜 그런지에 대해 분명해야 한다; 그리고 현장에 있음으로 해서, 치료해주는 사람보다는 예방해주는 사람이 되어야 한다. 또한 당신은 의도적으로 아기가 손에 들고 씹기 좋아하는 것을 제공해줄 필요가 있다.

또 한 가지가 있다. 우리는 우리가 본 것을, 아기가 손을 뻗어 물건을 찾아 손에 쥔 다음 입으로 가져가는 법을 배우는 기술의 측면에서 말할 수 있다. 나는 6개월 된 아기가 이 전체 과정을 통과하는 것을 바라보면서 놀라움을 금치 못했다. 다른 한편 14개월 된 아이의 관심들은 너무 다양해서, 10개월 된 아기에게서 우리가 보는 것만큼 명료하게 보는 것을 기대할 수 없다.

나는 아이를 관찰함으로써 우리가 배울 수 있는 최상의 것은 아이가 단순히 몸이 아니라 사람이라는 사실이었다.

다양한 종류의 기술이 발달하는 시기를 기록하는 것은 흥미로운 일이지만, 여기에는 기술 이상의 것이 있다. 거기에는 놀이가 있다. 놀이를 통해서, 아기는 놀이를 위한 재료라고 불릴 수 있는 무언가를, 즉 놀이가 표현하는 상상력과 생동감이 넘치는 내면세계를 자신 안에 건설하고 있다는 사실을 보여준다.

신체 경험을 풍부하게 하고, 신체적 경험에 의해 풍부해지는 이러한 유아의 상상적 삶이 얼마나 일찍 시작되는지 말할 수 있는 사람이 있을까? 3개월 된 아기는 젖을 먹는 동안에 엄마의 젖가슴을 만지면서 놀고 싶어 하고, 엄마를 먹여주는 놀이를 하고 싶어 할 수 있다. 그보다 앞선 시기에 그렇게 하는 것은 아닌가? 누가 그것을 알겠는가? 젖가슴이나 젖병에서 먹고 있는 동안(말하자면, 케이크를 먹을 때), 어린 아기는 주먹이나 손가락을 빨고 싶어 할 수 있는데, 이것은 거기에 단순히 허기를 채우려는 것 이상으로 놀이 욕구가 있음을 보여준다.

그러나 나는 누구를 위해 이 글을 쓰고 있는가? 엄마들은 처음부터 자신들의 아기들에게서 사람을 보는 데 어려움이 없다. 그러나 세상에는 아기가 6개월이 되기까지는 신체와 반사 능력에 지나지 않는다고 보는 사람들이 있다. 그렇게 말하는 사람들에게 속지 않기를 바란다.

당신의 아기가 한 사람으로서 모습을 드러낼 때, 그것을 발견하는 일을 즐기기를 바란다. 왜냐하면 당신의 아기는 당신이 그렇게 하는 것을 필요로 하기 때문이다. 그럴 때 당신은 초조함, 요란함, 조급함 없이, 아기의 놀이가 출현하는 것을 기다릴 준비를 마칠 수 있다. 아기 안에 개인적인 내면의 삶이 존재한다는 사실을 가리키는 것은 무엇보다도 바로 이러한 아기의 놀이이다. 만약 그것이 당신 안에서 상응하는 놀이와 만난다면, 아기의 내면의 풍요로움은 꽃을 피울 것이고, 아기와 함께 하는 당신의 놀이는 두 사람 사이의 관계에서 최상의 부분이 될 것이다.

제 12 장
젖떼기

당신은 지금쯤 내가 정확히 언제 그리고 어떻게 젖을 뗄 것인지를 말해줄 거라고 기대하지 않을 만치 나를 알게 되었을 것이다; 좋은 방법은 한 가지 이상이며, 당신은 지역 건강센터에서 조언을 구할 수 있을 것이다. 나는 당신이 사용하는 젖떼기 방식이 어떤 것인지를 깨닫는 데 도움을 주기 위해, 일반적인 젖떼기 방식에 대해 말해보겠다.

실은 대부분의 엄마들이 이 점에서 아무런 어려움도 겪지 않는다. 어째서인가?

주된 이유는 수유 자체가 잘 행해졌기 때문이다. 아기는 실제로 떼어내야 할 어떤 것을 갖고 있다. 우리는 젖에 대한 애착을 형성하지 않은 아기에게서 젖을 뗄 수는 없다.

뚜렷이 기억나는 한 사건이 있다. 나는 어렸을 때 래즈베리와 크림을 마음껏 먹을 수 있도록 허용된 적이 있는데, 그것은 행복한 경험이었다. 지금 나는 내가 래즈베리를 즐겼던 경험보다 더 좋았던 경험에 대한 기억들을 즐길 수 있다. 어쩌면 당신도 이런 경험을 기억할 수 있지 않을까?

그러므로 젖떼기의 기초는 좋은 수유 경험이다. 보통 아기가 젖가슴을 소유하는 9개월 동안에 아기는 천 번 정도의 수유를 경험하는데, 그 경험은 많은 좋은 기억들과 좋은 꿈들의 재료가 된다. 그러나 중요한 것은 수천 번이라는 숫자가 아니라, 아기와 엄마가 수유에서 하나가 되는 방식이다. 아기의 필요에 대한 엄마의 민감한 적응(내가 자주 얘기했듯이)은 좋은 곳으로서의 세상에 대한 아이디어를 탄생시킨다. 세상은 유아를 만나러 오고 유아는 세상을 만나러 갈 수 있다. 초기에 엄마가 아기와 협력하는 것은 자연스럽게 아기가 엄마와 협력하도록 이끈다.

아기가 처음부터 아이디어들을 갖는다는 것을, 내가 믿듯이, 당신도 믿는다면, 조용한 수면이나 생각에 잠겨있는 순간을 방해하는 수유 시간은 종종 매우 끔찍스러운 것임을 알 수 있을 것이다. 본능적인 요구들은 맹렬하고 두려운 것일 수 있는데, 처음에 유아는 존재를 위협하는 순간들을 즐기는 것처럼 보일 수 있다. 배가 고픈 것은 늑대에게 잡아먹히는 것과 같은 것이다.

9개월 되면, 아기는 이런 종류의 일에 익숙해져서 이런 본능적인 충동들이 지배하는 동안에도 흐트러지지 않을 수 있다. 아기는 심지어 그 충동들을 살아있는 사람이 되는 것의 일부로서 인식할 수 있게 된다.

아기가 한 명의 사람으로 성장하는 것을 바라볼 때, 우리는 엄마 역시 조용한 시간 동안에 매력적이고 가치 있는 한 사람으로서 차츰 지각되는 알 수 있다. 배가 고픈 것, 그리고 자신이 이 동일한 엄마를 무자비하게 공격한다고 느끼는 것은 얼마나 끔찍스러운 일인가! 유아들이 종종 식욕을 잃는 것은 놀랄 일이 아니다. 또한 일부 유아들이 엄마에게 젖가슴을 되돌려주는 데 실패한 상태에서, 흥분된 공격의 대상(젖가슴)으로부터 그들이 사랑했던 아름다운 전체 인간으로서의 엄마를 분리시키는 것 역시 놀랄 일이 아니다.

성인들은 서로에 대해 흥분할 때 그 흥분을 억누르는 데 익숙한데, 그것이 불행과 결혼생활의 실패의 원인이 되기도 한다. 이런 점에서 궁극적인 건강의 기초는 유아가 가진 아이디어들을 두려워하지 않으면서 아기가 주는 것을 좋아해주는 보통의 엄마에 의해 수행된 유아기 동안의 돌봄의 경험 전체이다.

아마도 당신은 엄마가 모유 수유를 하고, 아기가 모유 수유를 하는 것이 어째서 실제로 더 풍부한 경험인지를 알 수 있을 것이다. 젖병으로도 모든 것을 할 수 있고, 종종 젖병이 더 좋을 때도 있지만, 그것은 정확히 덜 흥분되는 것이기 때문에 아기에게 더 쉬운 것일 수 있다. 그러나 성공적으로 수행되고 종결된 모유 수유 경험은 삶을 위한 좋은 토대가 된다. 그것은 풍부한 꿈을 제공해주고 사람들로 하여금 위험을 감수할 수 있게 한다.

그러나 모든 좋은 일들은 끝이 있어야 한다는 말이 있듯이, 끝난다는 것은 좋은 것의 일부이다.

앞 장에서 나는 숟가락을 집는 아기에 대해 서술했다. 그것을 잡고, 입에 넣고, 가지고 노는 것을 즐기고는, 바닥에 떨어뜨린다. 따라서 끝이라는 아이디어가 생길 수 있다.

7, 8, 9개월 된 아기가 물건을 던지는 놀이를 하는 것은 흔히 있는 일이다. 그것은 매우 중요한 게임이고, 돌보는 사람을 지치게 만든다. 왜냐하면 누군가가 번번이 떨어진 것을 다시 집어주어야 하기 때문이다. 우리는 심지어 가게에서 나오면서, 아기가 유모차 안에 있는 곰 인형, 장갑, 베개, 감자 세 개, 비누 한 개 등을 보도 위로 떨어뜨리는 장면을 목격하기도 한다. 아마도 그것들을 줍는 누군가를 볼 것인데, 그것은 아기가 기대한 것임이 분명하다.

9개월경에 대부분의 아기는 어떤 것을 제거하는 것에 대해 상당히 분명하게 인식한다. 그들은 심지어 스스로 젖을 떼기도 한다. 젖떼기의 목적은 실제로 무언가를 제거하는 아기의 발달하는 능력을 사용하는 데 있으며, 그럼으로써 젖가슴의 상실이 단순히 우연한 일이 되지 않게 하는 데 있다.

그러나 우리는 아기가 어째서 젖을 떼야 하는지를 살펴보아야 한다. 계속해서 젖을 먹으면 왜 안 되는가? 나는 결코 젖을 떼지 않는다는 아이디어는 감상적인 생각이라고 말해야 할 것 같다. 그것은 비현실적이다. 젖을 떼려는 소망은 엄마로부터 와야 한다. 그녀는 좋은 수유의 임무를 완성하기 위해서, 아기의 분노와 그 분노에 수반되는 끔찍한 아이디어들에 맞설 수 있을 정도로 충분히 용감해야 한다. 의심의 여지없이, 성공적인 수유 경험을 한 아기는 때가 되면 기쁘게 젖을 떼는데, 이것은 특히 그의 경험의 장을 크게 확장시켜주는 사건이다.

젖을 뗄 시기가 되면, 당신은 자연스럽게 이미 아기에게 다른 것들을 소개해주고 있을 것이다. 아기가 씹을만한 단단한 것들, 예컨대 단단한 유아용 비스킷 같은 것들을 제공해줄 것이고, 모유를 죽으로 대체할 것이다. 당신은 아기가 새로운 모든 것을 거절하는 것을 참아야 할 것이고, 기다리면서 거절 받은 것을 다시 시도함으로써 아기가 그것을 수용하는 것에 의해 보상을 받을 것이다. 보통은 젖가슴이 전부인 상태에서 젖가슴이 완전히 없어지는 상태로 갑작스럽게 옮겨갈 필요는 없다. 그러나 (질병이나 다른 우연한 사건으로 인해) 갑작스러운 변화가 발생할 때에는, 어려움이 발생할 것을 예상해야 할 것이다.

만약 당신이 젖떼기에 대한 반응이 복잡하다는 것을 안다면, 당연히 젖을 떼는 시기에 당신의 아기를 다른 사람에게 맡기는 것을 피할 것이다. 당신이 집을 이사하는 중이라서 이모네 집에 잠시 머무는 동안에 젖을 뗀다면, 그것은 바람직한 일이 아니다. 안정적인 환경이 제공될 때, 젖떼기 경험은 아기가 성장할 수 있는 경험들 중의 하나가 될 것이다. 이렇게 할 수 없는 상황이라면, 젖떼기는 어려움이 시작되는 시간이 될 수 있다.

또 한 가지가 있는데, 그것은 당신의 아기가 낮 동안에는 젖을 떼고도 잘 지내다가, 저녁 시간에는 젖에 집착하는 모습을 보이는 상황이다. 당신이 볼 수 있듯이, 아기는 성장하지만, 그의 전진하는 발걸음이 항상 유지되는 것은 아니다. 당신은 늘 이런 모습을 보게 될 것이다. 당신의 아이가 얼마 동안 제 나이에 어울리는 행동을 할 때, 당신을 매우 행복할 것이다; 아마 그는 어떤 순간에는 제 나이보다 더 성숙한 모습을 보일 것이다. 그러나 다른 순간에 그는 아기일 뿐이고, 매우 어린 아기일 뿐이다. 그리고 당신은 이러한 변화들에 기꺼이 적응할 것이다.

좀 더 나이가 든 남자아이가 전투복장을 한 채, 적들과 용감하게 싸우고 있다. 그는 모두에게 명령을 내린다. 그러다가 그 순간에 자리에서 일어서다가 테이블에 머리를 부딪치고는, 갑자기 당신의 무릎에 머리를 파묻고 흐느껴 우는 아기가 된다. 당신은 이것을 예상하고, 12개월 된 아기가 때로는 6개월 밖에 되지 않은 아기가 될 것을 기대한다. 어느 한 순간에 당신의 아기가 몇 살인지를 아는 것은 엄마로서의 숙련된 직업의 일부이다.

그래서 낮에는 젖을 떼었다가 밤에는 계속 젖을 먹여야 될 수도 있다. 그러나 머지않아 젖을 완전 떼게 되는데, 당신이 하고 있는 일에 대해 분명히 알고 있다면, 그 일은 당신이 마음을 정하지 못했을 때보다 아이에게 더 수월한 것이 될 것이다.

당신이 용기 있게 행한 젖떼기에서 어떤 반응을 기대할 수 있을지 살펴보자. 내가 말했듯이, 아기가 스스로 젖을 떼는 바람에, 당신이 어떤 어려움도 알아차리지 못할 수 있다. 그러나 그런 경우, 먹는 것에 대한 흥미가 줄어들 수도 있다.

매우 자주, 젖떼기가 점진적으로 그리고 안정적인 환경에서 행해질 때, 특별한 문제가 발생하는 일은 거의 없다. 유아는 명백하게 새로운 경험을 즐긴다. 나는 설령 젖떼기에 대한 반응이 있다고 해도, 그리고 그것이 심각한 것이라고 해도, 당신이 그것을 특이한 것이라고 생각하지 않기를 바란다. 평소에 잘 지내던 아기가 음식에 대한 열의를 상실하거나, 음식을 거절하는 것을 통해서 반응할 수도 있고, 또는 반대로 짜증을 부리고 울음을 터뜨리는 것을 통해서 음식에 대한 갈망을 보여줄 수도 있다. 이 단계에서 아기에게 음식을 강요하는 것은 해로운 일이 될 것이다. 아기의 관점에서는 잠시 동안 모든 것이 잘못 되고 있지만, 당신이 이것을 뒤집을 수는 없다. 당신은 점진적인 식욕의 귀환을 기다릴 수밖에 없다.

또는 아기가 비명을 지르면서 잠에서 깨기 시작할 수 있다. 당신이 도울 수 있는 것은 단지 아기를 깨우는 과정에 대한 것뿐이다. 또는 모든 일이 순조롭다고 해도, 당신은 아이에게서 드러나는 슬픔을 향한 변화를, 즉 아기의 울음 속에서 어쩌면 악보에 실릴만한 새로운 음조를 알아차릴 수 있을 것이다. 이 슬픔이 꼭 나쁜 것은 아니다. 슬픈 아기들을 그들이 웃을 때까지 위아래로 흔들어주어야 한다고 생각하지 마라. 그들은 슬퍼할 만한 어떤 것을 갖고 있는 것이고, 그 슬픔은 당신이 기다려주면 끝이 난다.

아기는 젖을 떼는 시기에 슬퍼한다. 왜냐하면 상황이 화나게 하고 좋은 어떤 것을 망쳐놓았기 때문이다. 그럴 때 아기의 꿈속에서 젖가슴은 더 이상 좋은 것이 아니다. 그것은 증오되고, 나쁜 것으로 느껴지며, 심지어 위험한 것으로 느껴진다. 그런 이유로 동화 속에는 독이 든 사과를 주는 나쁜 여자가 등장한다. 이제 막 젖을 뗀 유아에게 있어서, 나쁜 것이 된 젖가슴을 갖고 있는 엄마는 실제로 좋은 엄마이며, 다시 좋은 엄마가 되기까지는 회복과 재조정의 시간이 필요하다. 그러나 보통의 좋은 엄마는 이것조차도 피하지 않는다. 그녀는 보통 24시간 중 몇 분 동안은 나쁜 엄마가 되는 데 익숙해 있다. 시간이 지나면서, 그녀는 다시금 좋은 엄마로 보이게 된다. 마침내 아이는 성장하고, 엄마를 이상적이거나 실제 마녀가 아닌 실제 모습으로 인식하게 된다.

그러므로 젖떼기에는 보다 넓은 측면이 있다. 그것은 단순히 아기에게 다른 음식을 먹이거나, 컵을 사용하거나, 능동적으로 손을 사용해서 먹게 하는 것이 전부가 아니다. 그것은 부모가 맡은 과제의 중요한 부분인 점진적인 환멸의 과정을 포함한다.

보통의 좋은 엄마와 아빠는 그들의 아이들의 숭배의 대상이 되는 것을 원치 않는다. 그들은 그들의 아이들이 마침내 자신들을 보통의 인간 존재로서 보아주기를 희망하면서, 이상화와 증오의 극단들을 견뎌낸다.

제 13 장
사람으로서의 아기에 대한 추가적인 생각

인간의 발달은 계속되는 과정이다. 신체의 발달에서 그런 것처럼, 인격의 발달에서와 관계를 위한 능력의 발달에서도 그러하다. 어떤 단계라도 놓치거나 손상된다면, 거기에는 부정적인 영향이 발생한다.

건강은 성숙이며, 성숙은 그 연령에 적합한 것이다. 특정한 우발적인 질병들을 제외하고는, 이것은 신체에 명백하게 해당되는 사실인데, 심리의 문제일 경우, 거기에는 실제로 건강과 성숙이 같은 것을 의미하지 않을 이유가 없다. 다른 말로, 인간의 정서적 발달은 발달과정에서의 꼬임이나 왜곡이 없을 때, 건강하게 이루어진다.

내 말이 맞다면, 이것은 유아에 대한 엄마와 아빠의 모든 돌봄이 단지 그들과 유아에게 즐거움을 주는 것만이 아니라, 절대적으로 필요한 것이며, 그것 없이는 아기가 건강한 또는 가치 있는 성인으로 성장할 수 없는 것이다.

우리는 신체와 관련해서 실수를 범할 수 있지만, 심지어 구루병을 앓게 만든다고 해도 기껏해야 아이의 다리가 굽어지는 문제를 야기할 뿐이다. 그러나 심리적 측면에서, 애정 있는 접촉과 같은 보통의 그러나 필수적인 것을 박탈당한 아기는 정서발달의 장애를 가질 수밖에 없으며, 이 장애는 성장하는 과정에서 개인적인 어려움으로 드러날 것이다. 달리 말해서, 아이가 자라서 내적 발달의 복잡한 단계에 도달하고, 마침내 관계의 능력을 성취하는 일에서, 부모의 좋은 돌봄은 필수 요소이다. 이것은 우리가 성인으로서 비교적 성숙하고 건강하기 위해서는 우리 각자가 인생의 좋은 출발을 가져야 하며, 그러한 좋은 출발은 누군가에 의해 제공되는 것임을 깨달아야 한다는 것을 의미한다. 나는 아동 돌봄의 기초가 되는 이 좋은 출발에 대해서 서술하고자 한다.

한 사람의 이야기는 다섯 살이나 두 살, 또는 육 개월에 시작되는 것이 아니라, 출생과 함께 시작된다; 또는 출생 이전부터라고 말할 수도 있다; 아기 개개인은 처음부터 사람이며, 누군가에 의해 그런 존재로서 알려져야만 한다. 그리고 그 누구도 아기의 엄마만큼 아기를 잘 알 수는 없다.

위의 진술은 우리를 긴 여정으로 인도하는데, 그렇다면 어떻게 할 것인가? 심리학은 모든 사람에게 엄마와 아빠가 되는 법을 말해줄 수 있는가? 나는 그런 생각이 잘못된 것이라고 본다. 대신에, 엄마와 아빠가 자연스럽게 하는 것의 일부를 연구하고, 그들이 왜 그것들을 하는지를 보여주려고 시도함으로써, 그들이 힘을 얻는다는 느낌을 갖도록 노력할 것이다.

하나의 예를 들어보겠다.

한 여자아기와 엄마가 있다. 엄마는 어떻게 아이를 들어 올리는가? 아이를 낚아채듯이 아이의 발을 잡고 유모차에서 끌어내는가? 한 손에 담배를 든 채 다른 한 손으로 아이를 잡고 있는가? 그렇지 않다. 그녀는 전혀 다른 방식으로 아이를 다룬다. 나는 그녀가 자신이 다가가고 있는 것을 아기에게 미리 알려주는 경향이 있고, 아이를 옮기기 전에 두 손으로 아이를 감싸 안는다고 생각한다; 사실 아이를 들어 올리기 전에, 그녀는 아기의 협조를 구한다; 그리고 나서야 그녀는 아이를 이곳에서 저곳으로, 또는 침대에서 어깨 위로 들어 올린다. 그 다음에 그녀는 아이의 목을 받쳐주어 머리를 곧추 세운 상태로 아이를 안아준다. 이럴 때 아기는 엄마를 사람으로서 느끼기 시작할 수 있다. 그렇지 않겠는가?

여기에 한 남자아기와 엄마가 있다. 엄마는 아기를 어떻게 목욕시키는가? 그녀는 그를 세척기에 집어넣고 기계가 그 일을 하게 하는가? 전혀 그렇지 않다. 그녀는 목욕 시간이 자신과 아기 모두에게 특별한 시간임을 알고 있다. 그녀는 즐길 준비가 되어 있다. 그녀는 자신의 팔꿈치로 물의 온도를 측정하고, 비누칠을 할 때 아기가 자신의 손에서 미끄러지지 않도록 주의하는 등, 모든 세부사항을 제대로 수행한다. 이것에 더해, 그녀는 목욕시간이 그녀가 아이와 갖는 관계뿐만 아니라, 아이가 그녀와 갖는 성장하는 관계를 풍부하게 해주는 즐거운 경험이 되도록 허용한다.

그녀는 왜 이 모든 수고를 감당하는가? 우리는 아주 단순하게 그리고 감상적이지 않게, 그것은 사랑 때문이라고, 그녀 안에서 모성적인 감정이 자라났기 때문이라고, 그녀의 헌신에서 온, 아기의 욕구에 대한 깊은 이해 때문이라고 말할 수 있지 않을까?

아기를 들어 올리는 문제로 다시 돌아가 보자. 우리는 의식적인 노력 없이도, 엄마가 여러 단계의 작업을 수행했다고 말할 수 있지 않을까? 그녀는 아래에서 제시된 네 단계들을 거쳐 아기를 들어 올리는 것을 아기가 수용할 수 있게 했다.

1) 유아에게 미리 말해주기.
2) 협조를 구하기.
3) 유아의 몸과 마음을 하나로 모아주기.
4) 유아가 이해할 수 있는 단순한 목적을 제시하면서
   한 곳에서 다른 곳으로 옮기기.

엄마는 또한 차가운 손으로 만지거나, 핀으로 냅킨을 꽂을 때 아기를 찌르지 않으려고 조심한다.

엄마는 자신의 모든 개인적인 경험들과 감정들에 따라 아기를 다루지 않는다. 때로는 아기가 소리를 지르고, 살의를 느끼게 할 정도로 소리를 지르지만, 엄마는 보복하지 않고, 또는 아주 많이 보복하지 않고, 동일한 돌봄으로 아기를 들어 올린다. 그녀는 아기가 그녀 자신의 충동의 희생자가 되지 않게 하려고 노력한다. 유아를 돌보는 것은, 의사가 환자를 돌보는 것과 마찬가지로, 개인적 신뢰성에 대한 시험이다.

오늘이 바로 모든 일들이 다 잘못되는 날일 수 있다. 세탁 목록이 준비되기도 전에 세탁소에서 사람이 온다. 현관 벨이 울리고, 또 다른 누군가가 뒷문으로 들어온다. 그러나 엄마는 아기를 들어 올리기 전에 평정심을 회복할 때까지 기다리고, 보통의 부드러운 기술을 사용해서 들어 올리는데, 아기는 그것을 엄마의 중요한 부분으로 인식한다. 그 기술은 고도로 개인적인 것이며, 그녀의 입, 눈, 색상, 냄새처럼, 아기가 찾아내고 인식한 것이다. 엄마는 반복해서 자신의 기분, 불안, 흥분을 그녀의 사적인 삶의 테두리 안에서 다루면서, 아기에게 속한 것을 아기를 위해 보유해 준다. 이것은 아기가 극도로 복잡한 두 사람 사이의 관계에 대한 이해를 발달시킬 수 있는 기반을 제공한다.

우리는 엄마가, 아기가 이해할 수 있는 것에 스스로를 *적응시키고*, 아기의 필요들에 적극적으로 적응한다고 말하지 않을 수 있을까? 이 적극적인 적응은 유아의 정서적인 성장에 필수적인 것이고, 엄마는 특히 초기에, 즉 가장 단순한 상황만이 감당될 수 있는 시기에, 아기의 욕구에 스스로를 적응시킨다.

나는 엄마가 이 모든 문제를, 그리고 내가 이 간략한 서술에 포함시킬 수 없는 수많은 것들을 떠맡는 이유가 무엇인지 조금은 설명하려고 시도해야겠다. 내가 이것을 해야 하는 이유 중의 하나는, 첫 6개월 동안에는 엄마가 무엇을 하든지 문제가 되지 않는다는 말을 곧이곧대로 믿고 그렇게 가르치는 사람들이 있기 때문이다. 첫 6개월 동안에는 오직 돌보는 기술만이 중요하고, 좋은 기술은 병원이나 가정에서 훈련 받은 사람에게서 배울 수 있다는 주장은 허황된 것이다.

나는 엄마들이 육아법을 배우거나 그것에 관한 책을 읽을 수도 있겠지만, *자신의 아기를 돌보는 엄마의 역할은 전적으로 개인적인 것이며, 다른 그 누구도 자기 일처럼 할 수 있는 것이 아니라고 본다.* 어떤 것에 대해 의문이 있을 때, 과학자들이 그것을 믿기 전에 먼저 그것에 대한 증거를 찾는 것과는 달리, 엄마들은 자신들이 처음부터 필요한 존재라는 사실을 주장하기 위해 자신의 일을 잘 해낼 것이다. 내가 추가하려고 하는 이 견해는 엄마들이 하는 말이나, 추측이나, 또는 순수한 직관에 기초한 것이 아니다; 그것은 오랜 연구 끝에 그렇게 결론내릴 수밖에 없었던 것이다.

엄마는 인간 아기가 잘 그리고 풍부하게 발달하기 위해서는 처음부터 사람으로서의 엄마가 있어야 한다고 느끼기 때문에 그 모든 수고를 감수한다(그리고 이런 감정이 옳다고 느낀다), 따라서 가능하다면 그 아기를 임신하고 분만한 바로 그 사람에 의해, 즉 아기의 관점을 허용하는 데 깊은 관심을 갖고 있고, 자신을 아기의 세상 전부가 되도록 허용할 만치 아기를 사랑하는 사람에 의해 그 일이 행해져야 한다.

이 말은 태어난 지 몇 주밖에 되지 않은 아기가 6개월 또는 1년 된 아기처럼 엄마를 알고 있다는 뜻이 아니다. 생후 첫 며칠 동안에 지각되는 것은 엄마역할의 패턴과 기술이고, 엄마의 젖꼭지, 귀의 생김새, 미소의 특질, 따스함, 숨을 쉴 때 느끼는 냄새 등에 대한 세부사항들이다. 상당히 이른 시기에 유아는 특별한 순간들 동안에 엄마의 전체성에 대해 초보적 아이디어를 가질 수 있다. 그러나 지각될 수 있는 것과는 별개로, 유아는 전체 인간으로서 계속해서 거기에 있을 수 있는 엄마를 필요로 한다. 왜냐하면 그녀는 전체적인 성숙한 사람으로서만 그 일에 요구되는 사랑과 특성을 지닐 수 있기 때문이다.

나는 감히 '아기란 없다'고 말한 적이 있다. 이 말의 의미는 아기에 대해 묘사하려고 할 때, 우리는 *아기와 함께 있는 누군가*를 서술할 수밖에 없다는 것이다. 아기는 혼자 존재할 수 없으며, 필수적으로 관계의 일부이다.

엄마 역시 고려 대상이 되어야만 한다. 만약 엄마가 아기와 갖는 관계가 지속되지 못하고 깨진다면, 무언가가 되찾을 수 없이 상실된 것이다. 몇 주 동안 아기를 엄마에게서 떼어놨다가 되돌려주면서, 그녀가 전과 똑같은 상태일 거라고 기대하는 것은 엄마의 역할에 대한 이해가 터무니없이 부족하다는 것을 보여주는 것이다.

나는 엄마가 필요한 사람이 되는 몇 가지 방식을 분류해보겠다.

(a) 먼저 엄마는 살아 있는 사람이 될 필요가 있다. 아기는 엄마의 피부와 숨결의 따뜻함을 느끼고, 맛보고, 볼 수 있어야 한다. 이것은 핵심적으로 중요한 것이다. 아기는 엄마의 살아 있는 신체에 마음껏 접근할 수 있어야 한다. 엄마의 살아 있는 현존이 없이는, 가장 박식한 육아법도 쓸모없는 것이 된다. 이것은 의사도 마찬가지이다. 한 마을의 일반의가 가치 있는 존재인 이유는, 대체로 그가 살아 있고, 거기에 있어서 그의 도움을 받을 수 있기 때문이다. 사람들은 그의 차량 번호를 알고 있고, 그의 모자를 쓰고 있는 뒷모습이 어떤지를 알고 있다. 그가 의사가 되는 데

여러 해가 걸리고, 수련을 받는 동안 아버지의 자산을 모두 소비했다는 것도 알고 있다; 그러나 결국 정말로 중요한 것은 의사로서의 학식이나 기술보다도, 동네 사람들이 그가 살아 있고 만날 수 있는 사람이라는 것을 알고 느낀다는 사실이다. 의사의 물리적인 현존은 정서적인 필요와 부합한다. 이 점에서는 엄마도 비슷하지만, 다만 의사보다 더욱 그렇다.

심리학과 신체적 돌봄은 여기에서 만난다. 나는 유럽에서 전쟁이 났을 때, 전쟁 피해를 입은 아이들의 미래를 논의하는 집단에 참여한 적이 있다. 그 집단의 멤버들은 전쟁이 끝난 후에 심리학적인 측면에서 아이들을 위해 해야 할 가장 중요한 일이 무엇인지에 대한 나의 의견을 물었다. 나는 '그들에게 양식을 주세요'라고 말했는데, 그때 누군가가 '신체적인 것이 아니라 심리적인 것 말이에요'라고 말했다. 나는 지금도 제때 음식을 주는 것이야말로 심리적인 욕구를 충족시켜주는 것이라고 생각한다. 근본적으로, 사랑은 신체적인 용어로 스스로를 표현한다.

물론 신체적인 돌봄이 아기에게 백신 주사를 접종하는 것이라면, 그것은 심리학과는 관계가 없다. 아기는 지역사회에 천연두가 창궐하는 것에 대한 당신의 관심을 이해할 수 없다—비록 의사가 아기의 피부를 주사바늘로 찌르면 울음을 터뜨리겠지만 말이다. 그러나 신체적 돌봄이 (아기의 관점에서) 제때에 적당한 온도의 적절한 음식을 주는 것이라면, 그때 그것은 심리적인 돌봄을 의미하기도 한다. 나는 이것이 유용한 규칙이라고 생각한다. 아기가 인식할 수 있는 돌봄은, 그것이 아무리 신체적 욕구와만 관련된 것처럼 보일지라도, 심리적이고 정서적인 욕구들을 충족시켜주는 것이다.

아기의 관점에서 볼 때, 엄마의 살아있음과 신체적 관리는 꼭 필요한 심리적이고 정서적인 환경을 제공하며, 이는 아기의 초기 정서적 성장을 위해 필수적인 요소이다.

(b) 둘째, 엄마는 아기에게 세상을 제공해줄 필요가 있다. 아기를 돌보는 일을 하는 한 사람의 기술 또는 여러 사람의 기술들을 통해 아기는 외부 현실, 즉 자신을 둘러싼 세계를 소개받는다. 이 어려운 과제와의 씨름은 평생 지속되겠지만, 특히 도움이 필요한 시기는 바로 이 초기 시기이다. 나는 내가 의미하는 것을 자세하게 설명할 것인데, 그것은 많은 엄마들이 유아 수유를 이런 식으로 생각해본 적이 없기 때문이다; 확실히 의사와 간호사들은 드물게 이 수유 행동의 측면을 고려하는 것처럼 보인다.

음식을 먹지 못한 아기가 있다고 상상해보라. 허기가 느껴지고 아기는 무언가를 생각해낼 준비가 된다. 필요에 의해 아기는 만족의 원천을 창조할 준비가 되어 있지만, 거기에는 아기가 무엇을 기대해야 할지를 보여주는 이전 경험이 없다. 만약 이 순간에, 아기가 무언가를 기대할 준비가 되어 있는 곳에 엄마가 젖가슴을 둔다면, 그리고 만약 아기가 입과 손 그리고 아마도 코를 사용해서 둥근 어떤 것을 느낄 수 있는 충분한 시간이 허용된다면, 아기는 바로 그곳에서 발견되는 것을 '창조할 것이다.' 아기는 마침내 이 진짜 젖가슴이 자신의 욕구, 탐욕, 그리고 원시적 사랑의 최초 충동들에 의해 창조된 것이라는 환상을 갖는다. 장면, 냄새, 맛은 어딘가에 기록되고, 얼마 후에 아기는 엄마가 제공해야 하는 바로 그 젖가슴과 같은 어떤 것을 창조한다. 젖을 떼기까지 수천 번에 걸쳐 아기는 엄마라는 한 여성에 의해 외부 현실에 대한 특정한 소개를 받는다. 수천 번에 걸쳐 원했던 것이 창조되었다는 느낌이 존재하고, 거기에 그것이 존재한다는 것이 발견된다. 이것에서 세상은 원하는 것과 필요한 것을 간직하고 있을 수 있다는 믿음이 발달하고, 그 결과 아기는 내부 현실과 외부 현실, 타고난 일차적 창조성과 모두에 의해 공유되는 넓은 범위의 세계 사이에 살아 있는 관계가 있다는 희망을 갖는다.

그러므로 성공적인 유아 수유는 유아 교육의 필수적인 부분이다. 나는 여기에서 배설물에 대한 주제를 더 발전시키지는 않겠지만, 유아는 배설물을 받아내는 엄마의 방식을 필요로 한다. 유아는 배설물과 관련된 용어로 표현된 관계를, 즉 유아가 의식적인 노력을 통해서 기여할 수 있기 한참 전에, 그리고 유아가 죄책감 때문에 엄마에게 무언가를 주고 싶어 하기 전에(아마 생후 3~5개월경에), 다시 말해서, 탐욕스러운 공격에 대해 보상하려고 시도하기 이전에 형성된 엄마와의 관계를 수용 받는 것을 필요로 한다.

(c) 엄마가 필요한 존재가 되는 세 번째 방식으로서, 나는 엄마와 아기로 구성된 탁월하게 영리한 팀이 아니라, 엄마 자신을 제안하고자 한다. 엄마가 아기에게 환멸을 경험하게 해주어야 하는 임무가 그것이다. 엄마가 아기에게 세상이 욕구와 상상력으로부터 창조될 수 있다는 환상을 갖게 해준다면(물론 어떤 면에서 그것을 불가능하지만, 그 문제는 철학자에게 맡겨두고), 그리고 아이가 내가 발달을 위한 건강한 기초로서 서술해온, 사물과 사람에 대한 믿음을 형성한다면, 그녀는 아이를 젖떼기의 더 넓은 측면인, 환멸의 과정으로 데려가야만 할 것이다. 아이에게 제공될 수 있는 가장 근접한 것은 그가 환멸의 충격을 견딜 수 있을 때까지, 그리고 창조성이 성숙한 기술에 의해 사회에 대한 진정한 공헌으로 발달할 수 있을 때까지, 현실의 요구들을 견딜만한 것으로 만들어주고자 하는 성인들의 소망이다.

'감옥의 그림자'는 환멸 과정과 그것의 필수적인 고통에 대한 시인의 표현이다. 점진적으로 엄마는 아이로 하여금, 비록 세상이 아이가 필요로 하는 것과 원하는 것을 제공할 수 있고, 그로 인해 창조될 수 있는 것을 제공할 수 있다고 해도, 그것은 자동적으로 그렇게 되는 것은 아니고, 어떤 기분이 들거나 소망이 느껴지는 바로 그 순간에 이루어지는 것도 아니라는 사실을 받아들일 수 있게 해준다. 아이가 '감옥의 그림자'를 받아들일 수 있게 해주는 것은 그 누구보다도 엄마의 몫이다.

당신은 내가 욕구에 대한 아이디어로부터 소망 또는 욕망에 대한 아이디어로 서서히 전환하고 있다는 것을 감지했는가? 이 변화는 성장을, 그리고 외부 현실의 수용과 그에 따른 본능적인 강제성이 감소되는 것을 가리킨다.

엄마는 일시적으로 아이를 위해 자기 자신을 내어주고, 아이의 처분에 맡긴다. 그러나 마침내 아이는 환경이 스스로 적응해야 하는 가장 초기 단계의 의존에서 벗어날 수 있게 되고, 공존하는 두 가지 관점, 즉 아기의 관점과 엄마의 관점을 수용할 수 있게 된다. 그리고 이때가 엄마가 아기에게서 자신을 떼어내야 할 때이다. 그러나 엄마가 먼저 아기에게 모든 것이 되지 않는다면, 그녀는 아기에게서 자신을 떼어내고 말고 할 것이 없다(젖떼기, 환멸).

내가 말하고자 하는 것은 실제로 젖가슴 경험에서 실패가 있었다면, 아기의 인생 전부가 망쳐진 것이라고 말하는 것이 아니다. 물론 아기는 적절한 기술과 함께 제공된 젖병 수유로도 신체적으로 잘 자랄 수 있고, 모유 수유에 실패한 엄마가 젖병 수유를 통해 아이에게 필요한 거의 모든 것을 할 수 있는 것도 사실이다. 그럼에도 불구하고, 출발점에서의 아기의 정서적 발달은 이상적으로 엄마라는 한 사람과의 관계 위에서만 제대로 이루어질 수 있다는 원리는 변함이 없다. 엄마 말고 그 누가 아기가 필요한 것을 느끼고, 그것을 공급해줄 것인가?

제 14 장
아기의 타고난 도덕성

조만간 해야 할 질문이 있다: 부모는 성장하는 아이에게 어느 정도까지 그들의 기준과 믿음을 강요해야 하는가? 우리는 여기에서 보통 "훈육"이라고 말하는 것에 대해 관심을 갖고자 한다. "훈육"이라는 단어는 확실히 지금 내가 다루려고 하는 주제를 생각나게 하는데, 그것은 아기가 어떻게 착하고, 깨끗하고, 순종적이고, 사교적이고, 도덕적인 아이가 되도록 훈육하는가와 관련되어 있다. 나는 이것에다 '행복한'이라는 말을 덧붙이려고 했지만, 우리는 아이에게 행복해지는 법을 가르칠 수가 없다.

'훈육'이라는 단어는 나에게 있어서 항상 개들을 돌보는 일에 해당되는 것으로 보인다. 개들은 훈육을 받아야 한다. 나는 우리가 개들에게서 배울 점이 있다고 생각하는데, 그것은 당신이 당신 자신의 마음을 알 때, 당신의 개는 당신이 그렇지 않을 때보다 더 행복하다는 사실이다: 아이들도 당신이 사물에 대한 당신 자신의 아이디어를 갖고 있기를 원한다. 그러나 개들은 인간으로 성장하지 않아도 되지만, 당신의 아기는 인간으로 성장해야 되는데, 최선의 것은 '훈육'이라는 단어에서 얼마나 철저하게 벗어날 수 있는가에 달려있다.

다른 많은 것들처럼, 좋고 나쁨에 대한 아이디어는 특정한 환경적인 돌봄의 조건들이 당연한 것으로 여겨지는 한, 유아와 아이 각자에게 자연스럽게 나타나는 것이라고 생각할 수 있다. 그러나 충동성과, 모든 사람과 모든 것을 지배하는 상태로부터 순응하는 능력으로의 발달과정은 복잡한 문제이며, 그것이 얼마나 복잡한 것인지는 이루 다 말할 수 없다. 이 발달은 시간이 걸린다. 그리고 오직 그것을 가치 있는 것으로 느낄 때에만, 당신은 일어나야 할 일들을 위한 기회를 줄 수 있다.

나는 여전히 유아에 대해 말하고 있지만, 첫 몇 개월 동안에 일어나는 일들을 유아의 용어로 서술하는 것은 매우 어렵다. 이 과제를 좀 더 쉽게 만들기 위해서 대여섯 살 된 남자아이가 그림을 그리는 모습을 살펴보자. 그가 실제로는 그렇지 않더라도, 나는 그가 무슨 일이 일어나고 있는지를 알고 있다고 가정할 것이다. 그는 그림을 그리고 있다. 그는 무엇을 하고 있는가? 그는 자신이 낙서를 하고 엉망으로 만들고 싶은 충동을 알고 있다. 그것은 그림이 아니다. 이 원시적 쾌락들은 신선한 것으로 유지되어야 하며, 동시에 그는 아이디어들을 표현하고 싶고, 이해될 수 있는 방식으로 그것들을 표현하고 싶다. 만일 그가 그림을 그리는 데 성공한다면, 그는 자신을 만족시키는 일련의 통제들을 발견한 것이다. 무엇보다 먼저, 거기에는 그가 수용하는 특정한 크기와 모양의 종이가 있다. 그때 그는 연습에서 얻은 얼마의 기술을 사용하기를 원한다. 그때 그는 완성된 그림이 균형 잡힌 것이 되어야 한다는 것을 안다. 말하자면, 집의 양 옆에 나무가 있다. 이것은 그가 필요로 하는 그리고 아마도 그의 부모로부터 얻는 공정함에 대한 표현일 것이다. 관심사항들은 균형 잡힌 것이어야 하고, 빛, 그림자, 색채의 구도도 마찬가지이다. 그림에 대한 관심은 종이 전체에 퍼져 있어야 하지만, 또한 거기에는 그곳에 있는 전부를 하나로 엮어주는 중심적인 주제가 있어야 한다. 그는 사실상 스스로 부과한 이 수용된 통제 체계 안에서 아이디어를 표현하려고 시도하고, 그 아이디어가 생겨날 때 원래 가지고 있던 신선한 느낌의 일부를 간직하려고 시도한다. 이 모든 것을 서술하는 것은 거의 나를 숨 막히게 하는 것이지만, 만약 당신이 아이들에게 조금이라도 기회를 준다면, 그들은 그것을 아주 자연스럽게 성취할 것이다.

물론, 내가 말했듯이, 그는 그것들에 관해 설명할 수 있을 정도로 그 모든 것들을 알지는 못한다. 더욱이 유아는 내면에서 일어나는 것에 대해 아이보다 훨씬 더 적게 안다.

아기는 이 더 큰 남자아이와 같은데, 다만 처음에 그것은 훨씬 더 모호할 뿐이다. 그림들이 실제로 그려지는 것이 아니다. 물론 그것들은 실제 그림이 아니고, 엄마만이 그것들을 알아볼 수 있는, 그들이 사회에 기여하는 작은 공헌들이다. 하나의 미소가, 또는 팔의 서툰 몸짓이, 또는 먹을 준비가 되었음을 나타내는 입맛을 다시는 소리가 그것들이다. 그 외에도 민감한 엄마가 아는 아기의 칭얼대는 소리가 있는데, 만약 그때 엄마가 재빨리 온다면, 그 움직임을 볼 수 있을 것이지만, 그렇지 않으면 그것은 단지 쓸모없는 배설물이 되고 말 것이다. 이것이 바로 협력과 사회적 감각이 시작되는 지점이며, 그것에 관련된 모든 어려움들은 겪어낼 만한 가치가 있는 것이다. 막 걷기 시작하고 기저귀를 벗은 후에도 몇 년 동안 침대를 적셨던 많은 아이들이 밤이 되면 유아기로 돌아가서 과거를 재경험하는 것을 통해서 그들이 놓쳤던 것을 교정하려고 시도하는 모습을 보라. 그때 그들이 놓친 것은 아이가 보내는 흥분과 고통의 신호를 알아차리는 엄마의 민감한 주의였다. 그러한 주의가 있었더라면, 엄마는 아이의 경험을 낭비하지 않고 개인적인 것으로, 그리고 좋은 것으로 만들어줄 수 있었을 것이다. 그러나 그런 일이 일어났을 때 거기에 아무도 없었기 때문에, 그 기회는 낭비되고 말았다.

아기가 신체적 경험을 엄마와의 사랑의 관계와 연결시킬 필요가 있는 것처럼, 이 사랑의 관계를 두려움을 담는 틀로서 사용할 필요가 있다. 그 두려움은 본질적으로 원시적인 것으로서, 잔인한 보복에 대한 유아의 기대에 기초해 있다. 유아는 공격적이거나 파괴적인 충동 또는 생각과 함께 흥분하고 소리를 지르거나 깨물려고 하며, 그 결과 그에게 세상은 깨무는 입들과 증오에 찬 이빨들과 발톱들, 그리고 온갖 종류의 위협으로 가득 차 있는 것으로 보인다. 이런 식으로 유아의 세계는, 이러한 두려움으로부터 그를 숨겨주는 엄마의 일반적인 보호 역할이 없이는, 공포스러운 곳이 된다. 엄마(아빠를 포함해서)는 인간 존재가 됨으로써 어린 아이의 공포의 질을 변경시킨다. 점차 엄마와 다른 사람은 유아에게 인간 존재로서 인식된다. 그 결과 마술적인 보복의 세계 대신에, 유아는 자신을 이해해주고, 자신의 충동들에 반응해주며, 상처 입을 수 있고, 화를 낼 수 있는 부모를 갖게 된다. 당신은 이러한 나의 말을 들으면서 곧바로 보복적 세력이 인간화 되는지 아니면 그렇게 되지 못하는지가 유아에게 엄청난 차이를 가져다 준다는 것을 알 수 있을 것이다. 한 가지는, 엄마는 실제 파괴와 파괴하려는 의도 사이의 차이를 안다. 그녀는 아기가 물 때, "아야!"라는 소리를 낸다. 그러나 아기가 엄마를 먹고 싶어 한다는 것을 알아도 전혀 동요하지 않는다. 사실, 그녀는 그것을 칭찬이라고 느끼고, 아기가 흥분된 사랑을 보여주는 것이라고 느낀다. 엄마는 "아야!"라고 말하지만, 그것은 단지 그녀가 얼마의 고통을 느꼈음을 의미할 뿐이다. 아기가 젖가슴을 아프게 할 수 있으며, 특히 불행하게도 이가 빨리 날 경우에는 더욱 그렇다. 그러나 엄마들은 살아남고, 아기는 대상의 생존을 다시 한 번 확인할 수 있는 기회를 갖는다. 당신은 아기에게 단단한 물건, 즉 딸랑이나 뼈로 된 반지와 같은, 좋은 생존 가치를 지닌 물건을 주는데, 이것은 마음 놓고 깨물어 볼 수 있는 것이 아기에게 안도감을 주기 때문이다.

이 초기 단계 동안에 환경 안에 있는 적응적이고 '좋은' 것은, 유아의 경험의 창고 안에서 처음에는 유아 자신의 건강한 기능과 구분되지 않는, 자기의 특질로서 세워진다. 아기가 신뢰의 실패를 의식적으로 인식하는 동안에, '좋은' 경험들을 축적하는 것은 의식의 문제가 아닌 과정이다.

아이가 청결과 도덕성에 대한 기준을, 그리고 이후에 종교적 및 정치적 신념의 기준을 소개받을 수 있는 두 가지 방식이 있다. 첫 번째 방식은, 부모가 그러한 기준과 신념을 심어주고, 그것이 아이의 발달하는 인격 안으로 통합되는 과정을 돕기보다는, 그것을 받아들이도록 강요하는 것이다. 슬프게도, 세상에는 만족스럽지 못한 발달로 인해 이 방식이 유일하게 효과적인 아이들이 존재한다.

두 번째 방식은 도덕성을 향해 타고난 경향성을 허용하고 고무하는 것이다. 사랑으로부터 나오는, 엄마의 민감한 방식들 덕택에, 유아의 개인적인 도덕적 감각은 그것의 뿌리를 내릴 수 있다. 우리는 아기가 경험을 허비하는 것을 얼마나 싫어하는지를 보아왔고, 만약 기다리는 것에 개인적 관계의 따스함이 더해진다면, 기다리는 것을 그리고 원시적 쾌락에 대한 좌절을 견디는 것을 훨씬 더 잘 한다는 것을 보아왔다. 그리고 우리는 엄마가 어떻게 활동과 폭력에 대한 유아의 느낌들을 담아낼 수 있는, 사랑하는 관계의 틀을 제공하기 위해 애쓰는지를 보아왔다. 통합이 이루어지는 과정에서, 공격하고 파괴하려는 충동들과 주고 나누려는 충동들은 서로 연결되고, 서로가 서로의 효과를 줄여준다. 그러나 강제적인 훈육은 이러한 아이의 통합 과정을 사용하는 데 실패한다.

내가 여기서 서술하고 있는 것은 사실상 아이 안에, 죄책감의 기초인 책임감을 느끼는 능력의 점진적인 건설에 관한 것이다. 여기서 환경이 제공해야 할 필수 요소는 아이가 자신의 공격성을 실험하는 일정 기간 동안, 엄마 또는 엄마-인물이 계속해서 현존하는 것이다. 이 파괴성은 점점 더 아이의 대상관계 경험의 특징이 되는데, 내가 말하고 있는 이 발달 단계는 6개월에서 2년까지 지속되며, 그 후에 아이는 대상의 파괴에 대한 생각을 동일한 대상에 대한 사랑의 사실과 만족스럽게 융합시킨다. 이 시기 동안에 아이는 엄마가 필요한데, 특히 아이의 공격을 살아남는 엄마가 필요하다. 그녀는 환경 엄마인 동시에 대상 엄마, 즉 흥분한 사랑의 대상으로서의 엄마이다. 아이는 점차 엄마의 이 두 가지 측면을 통합하고, 엄마를 강렬하게 사랑하면서도 동시에 다정하게 대할 수 있게 된다. 이 통합은 죄책감이라고 불리는 특별한 종류의 불안을 포함하고 있다. 유아는 차츰 본능적 경험 안에 있는 파괴적 요소에 대한 불안(죄책감)을 것을 견딜 수 있게 되는데, 그것은 그가 보상하고 재건할 수 있는 기회가 있다는 것을 알기 때문이다.

여기에서 암시되고 있는 균형은 주입된 부모의 기준보다는 옳고 그름에 대한 깊은 감각을 가리킨다. 그것은 사랑에 의해 제공된 믿을 수 있는 환경을 엄마에게 빚지고 있다. 우리는 엄마가 유아에게서 떨어져 지내야 할 때, 아플 때, 아니면 어떤 것에 몰두해 있을 때 그런 것처럼, 환경의 신뢰성에 대한 믿음이 상실될 때, 죄책감을 느끼는 능력도 사라지는 것을 볼 수 있다.

우리는 아이가 좋은 내적인 엄마를 발달시킨다고 생각할 수 있다. 그 엄마는 인간관계의 궤도 안에서 갖는 어떤 경험이라도 행복한 성취라고 생각하는 엄마이다. 이런 일이 일어나기 시작할 때, 엄마 자신의 민감성은 덜 강렬해질 수 있다. 동시에 그녀는 아이의 발달하는 도덕성을 강화하고 풍부하게 만드는 일을 시작할 수 있다.

문명은 한 명의 새로운 인간 존재 안에서 다시 시작되고, 부모는 그들의 자녀들을 위해 기다리고 있는 얼마의 도덕적 규범을 갖고 있지만, 그것은 훨씬 나중에 아이가 스스로 찾아야 하는 것이다. 이것이 갖는 하나의 기능은 아이 자신의 치명적으로 맹렬한 도덕성을, 개인적인 삶의 방식을 희생하는 대가로 획득한 순응에 대한 그의 증오를 인간화하는 것이다. 이러한 맹렬한 도덕성이 인간화되는 것은 좋은 일이며, 결코 그것을 죽여서는 안 된다. 부모가 평화와 조용함에 너무 큰 가치를 둘 때, 그런 일이 발생할 수 있다. 순응은 즉각적인 보상을 가져다주고, 성인들은 너무 쉽게 순응을 성장으로 착각하기 때문이다.

제 15 장
본능과 정상적인 어려움들

질병과 관련된 문제의 경우, 강연들과 책들은 오도하기 쉽다. 아픈 아이를 위해 엄마가 필요로 하는 것은 아이를 보고, 조사하고, 함께 의논해줄 의사이다. 그러나 보통의 건강한 아이들이 겪는 일반적인 어려움들은 다른 문제이다. 엄마들은 만약 내가 그들의 잘 자란 아이들이 염려와 불안에 대한 원인을 제공하는 일 없이 쭉 뻗어나갈 것을 기대해서는 안 된다고 지적한다면, 그것이 오히려 도움이 된다고 생각할 것이다.

보통 건강한 아이들 역시 의심의 여지없이 온갖 종류의 증상들을 보여준다.

유아기와 초기 아동기에 이러한 어려움들을 야기하는 원인은 무엇인가? 아기를 돌보는 당신의 기술이 숙련되고 일관성 있는 것이고, 이 사회의 새로운 구성원의 건강을 위한 기초를 만족스럽게 놓았다고 말할 수 있음에도 불구하고, 아이가 여전히 문제를 드러내도록 만드는 것은 무엇인가? 내 생각에, 그 질문에 대한 답은 주로 본능과 관련되어 있다. 이것이 내가 지금 말하고자 하는 것이다.

아이는 당신이 좋아하는 조용한 시간 동안에, 잠시 고요히 잠들어 있거나, 무언가를 비벼대면서 놀고 있을 수 있다. 그러나 당신은 건강할 경우, 거기에는 거듭해서 발생하는 흥분의 순간들이 있다는 것을 너무 잘 알고 있다. 당신은 그것을 한 측면에서, 아이가 배가 고프고, 그의 신체가 욕구 또는 본능을 가지고 있다고 말할 수 있고, 다른 측면에서, 아이가 흥분케 하는 아이디어를 갖기 시작한다고 말할 수 있다. 이 흥분되는 경험들은 성장을 촉진할 뿐 아니라 복잡하게 만드는 것을 통해서, 아이의 발달을 위해 매우 중요한 역할을 한다.

흥분하는 동안 아이는 긴급한 욕구들을 갖는다. 종종 당신은 그것들을 충족시킬 수 있다. 하지만 그 욕구들은 특정 순간에 매우 큰 것일 수 있고, 그것들의 일부는 충분히 만족될 수 없다.

이러한 욕구들(예를 들면, 배고픔)은 보통 인식되고, 쉽게 눈에 띄지만, 다른 종류의 흥분이 가진 성질은 덜 알려져 있다.

사실 신체의 모든 부분은 때에 따라 흥분할 수 있다. 피부를 예로 들어보자. 당신은 얼굴이나 몸의 다른 부위를 긁어서 피부 자체가 흥분되어 있고 일종의 발진을 발생시킨 아이를 본 적이 있을 것이다. 어떤 때는 한 부위가 다른 부위보다 더 예민할 수도 있다. 당신은 아이의 몸 전체에서 흥분이 특정 부위에 집중되는 다양한 방식들에 관해 생각해볼 수 있을 것이다. 우리는 확실히 성적 부위들을 빠뜨릴 수 없다. 그것들은 유아에게 매우 중요한 것이고, 유아기의 깨어있는 삶에서 중요한 순간들을 차지한다. 흥분되는 생각들은 신체의 흥분과 나란히 가고, 만약 아이가 잘 자라고 있다면, 이러한 생각들이 쾌락과 연결되어 있을 뿐만 아니라 사랑과도 연결되어 있다고 말한다고 해도, 당신은 놀라지 않을 것이다. 점진적으로 유아는 사람을 사랑할 수 있고 한 사람으로서 사랑받는다고 느낄 수 있는 사람이 되어간다. 거기에는 아기와 엄마, 아빠, 그리고 주변의 다른 사람들과의 매우 강력한 유대가 존재하고, 흥분은 이런 사랑과 관련된다. 특정 신체적 흥분의 형태 안에서, 사랑은 주기적으로 강렬하게 느껴진다.

원시적인 사랑 충동에 수반되는 생각들은 지배적으로 파괴적인 것이고, 거의 분노 충동과 관련되어 있다. 아이의 활동이 본능적인 만족으로 인도할 경우, 그것은 아기에게 좋은 결과를 가져다주는 것으로 보인다.

당신은 이 기간 동안에 불가피하게 엄청난 좌절이 발생하고, 이것은 건강한 경우에 분노, 그리고 심지어 격노를 일으킨다는 것을 쉽게 알 수 있을 것이다. 만약 때때로 아이가 분노하는 모습을 보인다면, 그리고 그 모습을 통해서 당신이 아이의 분노를 그의 슬픔, 두려움, 고통으로부터 구별하는 법을 배운다면, 당신은 유아가 병들었다고 생각하지 않을 것이다. 아기의 심장은 아기가 격노할 때, 평소보다 더 빨리 뛴다. 사실상 심장에 귀를 대고 든는다면, 1분에 220번이나 뛴다는 것을 알 수 있을 것이다. 분노는 아이가 무언가를 믿을 수 있고, 화가 난 누군가를 믿을 수 있다는 것을 의미한다.

따라서 정서가 최대 수준으로 느껴질 때마다 거기에는 위험을 감수하는 일이 발생하고, 이러한 흥분과 격노의 경험들은 종종 매우 고통스러울 수밖에 없다; 따라서 당신의 완벽히 정상적인 아이는 가장 강렬한 감정들을 피하는 방법들을 발견하려고 시도할 것이다. 감정을 피하는 한 가지 방법은 본능을 식히는 것인데, 예컨대, 유아는 먹는 것에서 강렬한 흥분을 느끼지 않을 것이다. 또 다른 방법은 어떤 음식은 받아들이고 다른 것은 받아들이지 않는 것이다. 또는 다른 사람들이 주는 음식은 먹으면서 엄마가 주는 음식은 먹지 않는 것이다. 만약 당신이 아이들을 충분히 알고 있다면, 모든 가능한 변형들을 발견할 수 있을 것이다. 이것은 꼭 질병일 필요가 없다; 그것은 단순히 어린 아이가 감당하지 못하는 감정들을 다루는 온갖 종류의 기술들을 찾고 있는 것일 뿐이다. 그들은 감정이 너무 강렬한 것일 때, 자연스러운 감정을 피할 수밖에 없는데, 그것은 그렇지 않으면 그런 전체적인 경험이 고통스러운 갈등을 초래하기 때문이다.

음식을 먹이는 것과 관련된 어려움은 정상적인 아이들에게도 보통 일어나는 일이지만, 종종 엄마들은 몇 달 또는 몇 해 동안을 참는 과정에서 좋은 음식을 제공하고 싶은 자신의 모든 의욕을 소진시키는 일이 발생하기도 한다. 어떤 아이는 평소 먹는 음식만을 먹고, 특별히 정성들여 만든 음식이나 별미는 거절한다. 때로 엄마들은 아이가 상당히 오랜 기간 동안 전적으로 음식을 거부하도록 내버려두어야 하는데, 음식을 강요하면 아이의 저항만 강해질 것이기 때문이다. 하지만 기다린다면, 그리고 그것으로부터 사건을 만들어내지 않는다면, 어느 순간 아이는 다시 먹기 시작할 것이다. 이러한 경험이 없는 엄마가 이런 기간 동안에 염려하는 것은 당연한 일인데, 이때 그녀가 아이를 방치하거나 해롭게 하고 있지 않다는 사실을 확인해줄 의사나 간호사가 필요하다.

유아는 주기적으로 다양한 종류의 탐닉 경험(식욕에서 뿐만 아니라)을 갖는데, 이 탐닉 경험은 자연스러운 것이며, 그들에게 매우 중요하다. 그들의 배설 과정들은 그들에게 특별히 흥분되는 것이며, 그들 신체의 성적인 부위들은 성장하는 과정에서 적절한 시기에 더욱 그러하다. 물론 남자아이의 발기는 쉽게 알 수 있지만, 어린 여자아이가 무엇을 성적으로 느끼는지를 아는 것은 어렵다.

당신은 아기들이 당신이 하는 것과는 달리, 무엇이 좋고 무엇이 나쁜 것인지를 처음부터 생각하지 않는다는 것을 알아챘을 것이다. 아기에게는 흥분 및 쾌락과 함께 제거되는 배설물이 좋은 것으로서 느껴지기 쉽고, 심지어 먹기 좋고, 침대와 벽에 처바르기 좋은 것이라고 느껴지기 쉽다. 그것은 당신에게 성가신 일일 수 있지만, 자연스러운 것이고, 따라서 지나치게 마음 쓸 필요가 없다. 그들 자신들에 걸맞는 좀 더 문명화된 감정들의 출현을 기다리는 데 만족해야 할 것이다. 조만간 혐오감이 출현하고, 심지어 상당히 갑자기 비누를 먹고 목욕물을 마시던 아기가 조신해지고, (며칠 전까지만 해도) 만지고 입에 넣었던, 배설물처럼 보이는 모든 음식을 거부하는 모습을 보일 것이다.

가끔 우리는 더 큰 아이들이 유아 상태로 되돌아가는 것을 본다. 그럴 때 우리는 어떤 어려움이 성장을 가로막고 있고, 아이는 유아의 권리를 재확립하고 자연스러운 발달의 법칙을 재수립하기 위해 유아기로 돌아갈 필요가 있다는 것을 알고 있다.

엄마들은 이러한 일이 일어나는 것을 지켜보며, 실제로 그 모든 일의 한 부분을 담당한다; 그러나 그들은 무엇이 옳고 그른지에 대한 그들의 생각을 주입하기보다는 지속적이고 자연스러운 발달 과정을 지켜볼 것이다.

유아에게 옳고 그름에 대한 패턴을 강요하려고 시도하는 데서 오는 한 가지 문제는, 유아의 본능들이 출현해서 그 모든 것을 망쳐버릴 수 있다는 것이다. 흥분되는 경험의 순간들은 순응을 통해 사랑을 얻으려는 유아의 노력들을 무너뜨린다. 그 결과, 아기는 본능의 작용에 의해 힘을 얻는 대신에, 혼란을 경험할 것이다.

정상적인 아이는 강렬한 본능적인 감정들이 너무 심각하게 뭉개지지 않은 아이이고, 그러므로 문제를 일으킬 수 있는 아이이다. 무지한 관찰자에게는 그들이 일으키는 말썽이 증상처럼 보일 것이다. 나는 격노에 대해서 이미 언급했다; 짜증과 절대적인 반항의 시기는 보통 두 살과 세 살이다. 이 시기에 아이들은 빈번히 악몽을 꾸고, 한밤중에 날카로운 비명을 지르는 것을 통해서 이웃들로 하여금 무슨 일이 일어났는지 궁금하게 만든다. 그러나 그것은 아기가 일종의 성욕이 담긴 꿈을 꾼 것일 수 있다.

어린 아이들은 개들, 의사들, 어두움 등에 놀라거나, 소리, 그림자, 여명 속의 희미한 모양에 대한 상상 때문에 병이 나지는 않는다; 또한 장염이나 질병에 걸리기 쉽고, 아니면 흥분되는 것이 있을 때 파랗게 질린다고 해서, 그들이 병든 것이 아니다; 그들이 존경하는 아버지와 관련된 어떤 것을 한 두주 거절하거나, 이모에게 '고마워요'라는 말을 안 한다고 해서, 병든 것이 아니다; 그들이 갓 태어난 여동생을 쓰레기통에 집어넣고 싶다거나, 갓 태어난 아기를 증오하는 것을 피하기 위해 고양이에게 잔인하게 군다고 해서, 병든 것이 아니다.

당신은 두 살에서 다섯 살 사이에 청결한 아이가 대변을 지리고 오줌을 싸는 등, 사실 이 시기에 일어날 수 있는 거의 대부분의 사건들에 대해 알고 있다. 그 모든 것의 밑바닥에는 본능의 작용, 그리고 본능에 속한 끔찍한 감정들, 그리고 (모든 신체적 사건들에는 관련된 생각들이 있다) 이 모든 것으로부터 아이의 상상 속에서 발생하는 고통스러운 갈등이 있다. 나는 이 결정적인 연령기 동안에 본능은 더 이상 질적으로만 유아적이지 않고, 만약 우리가 '탐욕'과 '더럽히기'와 같은 유아원의 용어를 계속해서 사용한다면, 그들을 서술하는 데 충분하지 못할 것이라는 말을 덧붙이고 싶다. 건강한 세 살짜리 아이가 '사랑해'라고 말한다면, 그 안에는 사랑하는 남자와 여자 사이에 있는 것과 같은 의미가 들어있다. 그것은 실제로 신체적인 성적 부위들을 포함하는, 보통의 의미에서 성적일 수 있고, 동시에 사랑에 빠진 청소년들과 성인들이 갖는 것과 같은 생각들을 포함하는 것일 수 있다. 여기에는 엄청난 세력들이 작용한다. 하지만 당신이 해야 할 것은 그저 가정의 화합을 유지한 채, 무엇이든 앞으로 일어날 일을 기대하는 것이다. 시간이 흐름에 따라 안도감이 찾아올 것이다.

아이가 대여섯 살일 때, 상황은 많이 조용해질 것이고, 사춘기 전까지는 그런 상황이 유지될 것이기 때문에, 몇 년 동안은 편한 시절을 보낼 것이다. 그리고 그동안 당신은 책임과 과제의 일부를 학교나 훈련 받은 교사에게 넘겨줄 수 있을 것이다.

제 16 장
어린 아이들과 다른 사람들

유아의 정서적 발달은 생애 처음부터 시작된다. 인간이 그의 동료 피조물을 다루는 방식과, 자신의 인격과 삶을 건설하는 방식을 판단하기를 원한다면, 우리는 그의 삶의 가장 초기 몇 해, 몇 달, 그리고 몇 주와 며칠 동안에 일어난 일들을 빼놓을 수 없다. 예를 들어, 우리가 결혼생활과 관련된 성인의 문제들에 접근할 때, 우리는 물론 후기 발달에 속한 많은 것들을 만나게 된다. 그럼에도 불구하고, 우리는 한 개인에 대한 연구에서 현재뿐만 아니라 과거를, 그리고 성인뿐만 아니라 유아를 발견한다. 성적인 것이라고 불릴 수 있는 감정들과 생각들은 우리의 조부모들의 철학 안에서 그리고 어떤 점에서는 인간관계의 전체 범위 안에서 허용되었던 것보다 훨씬 더 이른 나이에 출현한다.

건강한 어린 아이들이 엄마아빠 놀이를 할 때, 무슨 일이 일어나는지 살펴보자. 한편으로 우리는 섹스가, 비록 직접적으로 표현되는 경우는 드물더라도, 게임 안에 등장하는 것을 확인할 수 있다. 성인의 성적 행동에 대한 많은 상징들을 탐지하는 것이 가능하지만, 그것이 지금 나의 관심사는 아니다. 우리의 관점에서 더 중요한 것은 아이들이 그들의 부모와 동일시하는 능력에 기초한 어떤 것을 놀이에서 즐긴다는 사실이다. 그들은 많은 것들을 관찰했음이 분명하다. 우리는 그들이 놀이에서 가정을 이루고, 집을 가꾸며, 아이들을 위해 공동 책임을 감당하고, 심지어 자신의 자발성을 발견하는 데 필요한 틀을 유지하는 모습을 볼 수 있다. (만약에 그런 틀이 없이, 전적으로 그들의 충동들에게만 맡겨진다면, 그들은 자신들의 충동들을 두려워할 수 있다.) 우리는 이것이 건강한 것임을 안다; 만약 아이들이 이처럼 함께 놀 수 있다면, 그들은 나중에 가정을 이루는 법을 따로 배울 필요가 없을 것이다. 그들은 꼭 필요한 것들을 이미 알고 있다. 달리 말해서, 만약 어떤 사람들이 엄마아빠 놀이를 해본 적이 없다면, 그들에게 가정을 이루는 것에 대해 가르치는 것이 가능할까? 나는 아마도 아닐 거라고 생각한다.

우리는 아이들이 이렇게 가정과 부모, 그리고 성숙한 모습과 책임감을 동일시할 수 있는 능력을 보여주는 놀이들을 즐기는 모습을 바라보면서 즐거워하는 것이 사실이지만, 우리아이들이 하루 종일 그러기를 바라지는 않는다. 사실, 만약 그렇다면, 그것은 경계해야 할 것이다. 우리는 오후에 이런 놀이를 하는 아이들이 차를 마시는 시간에는 그저 욕심 많은 아이가 되었다가, 잠이 들 시간이 되면 서로 질투하고, 다음날 아침이 되면 못되고 반항적인 아이가 될 것을 기대한다. 운이 좋다면, 그들은 실제 가정에 속한 아이들일 것이다. 그들의 실제 가정 안에서, 그들은 이야기꾼이 그렇듯이, 자신들의 과제에 열중할 때 떠오르는 생각들에 스스로 놀라는 과정을 통해서, 계속해서 그들 자신들의 자발성과 개별성을 발견할 수 있고, 억압에서 자유로울 수 있다. 그들은 비록 놀이 안에서 부모가 되는 역할을 하지만, 실제 삶에서는 그들의 실제 부모들을 사용할 수 있다. 우리는 선생님과 학생 놀이, 의사, 간호사, 그리고 환자 놀이, 버스 운전자와 승객 놀이와 같은 모든 다른 놀이들과 함께, 가정을 이루는 놀이가 출현하는 것을 반긴다.

우리는 그 모든 것 안에서 건강을 볼 수 있다. 아이들이 놀이를 하는 이 단계에 도달하면, 우리는 그들이 이미 발달의 많은 복잡한 과정들을 거쳤고, 이러한 과정들은 물론 결코 실제로 완성되는 것이 아니라는 것을 쉽게 이해할 수 있다. 만약 아이들이 동일시할 보통의 좋은 가정을 필요로 한다면, 그들은 또한 그들의 발달에서 아주 초기 단계들을 거치는 동안에 그들 자신들의 시간표에 맞추어 지속적이고 자연스러운 진전을 이루는 기회를 가질 수 있는, 안정된 가정과 정서적 환경을 절실하게 필요로 할 것이다. 그때 부모들이 자녀들의 신체적 건강을 위해 해부학과 생리학에 대해 모두 알 필요가 없는 것처럼, 어린 아이들의 마음 속에서 일어나고 있는 모든 것을 알 필요는 없다. 하지만 그들이 부모의 사랑이 단순히 그들 안에 있는 자연적인 본능이 아니라, 아이가 절대적으로 필요로 하는 것임을 인식하기 위해서는, 상상력을 갖는 것이 필수적이다.

비록 악의는 없지만, 아기들이 처음에는 단지 생리학과 해부학 그리고 조건반사들의 덩어리에 지나지 않는다고 믿고 있는 엄마에 의해 돌봄을 받는 아기는 잘못된 돌봄을 받은 것이다. 의심의 여지없이 그 아기는 잘 먹여졌을 것이고, 신체적 건강과 성장을 이루었을 것이다. 그러나 그의 엄마가 갓 태어난 아기 안에서 한 인간을 보지 못하는 한, 거기에는 아이가 이후에 삶에서 세상에 적응할 뿐만 아니라 적응을 요구하는 세상의 일부가 될 수 있는, 풍부하고 안정된 인격을 지닌 사람으로 성장하고 살아갈 수 있는, 정신 건강의 기초를 형성할 수 있는 기회가 없을 것이다.

문제는 엄마가 그녀 자신의 커다란 책임에 겁을 먹기 쉽고, 그래서 쉽게 교과서들로 그리고 규칙들과 규율들로 도피하기 쉽다는 데 있다. 제대로 된 유아 돌봄은 오직 가슴으로 행해질 수 있는 것이다; 머리만 갖고서 할 수 있는 것이 아니라, 감정들이 자유로울 때만 가능한 것이다.

아기에게 음식을 주는 것은 엄마가 유아에게 자신을 알게 해주는 방법들 중의 하나일 뿐이지만, 그것은 중요한 것이다. 나는 초기에 민감한 수유와 관리를 경험한 아이는 '저기에 있는 대상이 정말로 그곳에 있는 거니, 아니면 그냥 상상된 거니?' 라는 철학적 질문에서 얻을 수 없는 대답을 할 수 있는 상태에 이미 도달해 있다고 서술한 바 있다. 그에게는 그 대상이 실제인가 아니면 환상인가라는 문제가 상대적으로 덜 중요하다. 왜냐하면 그는 그에게 기꺼이 환상을 제공해주는 엄마를, 그리고 실망시키는 일 없이 충분히 오랫동안 그것을 제공해줌으로써 상상된 것과 실제로 발견된 것 사이에 있을 수 있는 간격을 최대한으로 줄여주는 엄마를 발견했기 때문이다.

그런 아이는 생후 9개월에 그의 엄마로 인식되는 누군가와 좋은 관계를, 즉 모든 좌절들과 어려움들, 심지어 분리에 의한 상실조차도 살아남을 수 있는 관계를 확립한다. 기계적으로 그리고 민감성 없이 그리고 특정한 유아의 필요에 적극적으로 적응해주는 사람 없이, 음식을 먹어야 했던 아기는 크게 불리한 상황에 있는 것이고, 만약 그런 아기가 헌신적인 엄마를 생각해낼 수 있다면, 그 엄마는 상상 속에 있는 이상적인 인물에 지나지 않을 것이다.

우리는 자신의 세상 안에서 살아야만 하는, 그리고 아기의 세상 안에서 살아갈 수 없는 엄마를 쉽게 찾아볼 수 있다. 그런 엄마를 둔 아이는 피상적인 관찰자의 관점에서 볼 때에는 매우 잘 발달하는 것처럼 보일 수 있다. 사춘기나 또는 심지어 그 이후가 되어서야, 그는 마침내 적절하게 항의하거나, 붕괴를 겪거나, 또는 반항을 통해서만 정신건강을 찾는 사람이 될 수 있다.

대조적으로, 풍부한 방식으로 적극적으로 적응하는 엄마는 아기에게 세상과의 접촉을 위한 기초를 제공할 뿐만 아니라, 시간이 지나면서 발달할 수 있고 성숙의 열매를 맺을 수 있는, 세상과 맺는 아기의 관계에 풍요로움을 준다. 아기가 엄마와 갖는 이 초기 관계에서 결코 덜 중요하다고 말할 수 없는 부분은, 그 관계 안에 강력한 본능적 욕동을 포함시키는 것이다; 아기와 엄마의 생존은 경험을 통해서 아기에게 본능적 경험들과 흥분되는 생각들이 허용될 수 있고, 고요한 유형의 관계인 우정, 그리고 나눔을 꼭 파괴하지 않아도 된다는 것을 가르쳐준다.

헌신적인 엄마에 의해 민감하게 먹여지고 잘 다뤄진 모든 아기가 완전한 정신건강을 발달시킨다고 결론지어서는 안 된다. 설령 초기 경험들이 좋은 것이라고 해도, 그때 획득한 것은 시간이 지나면서 공고화되어야만 한다. 또한 기관에서 양육된 모든 아기나, 상상력이 없고 판단을 신뢰하기에는 너무 겁에 질린 엄마에게서 자란 아기가 정신병원이나 소년원에 가도록 정해졌다고 결론지어서도 안 된다. 세상사는 이처럼 단순하지가 않다. 나는 명료화를 위해서 의도적으로 문제를 단순화하고 있다.

우리는 엄마가 처음부터 자체의 권리를 가진 한 사람으로 대해준 좋은 환경에서 태어난 건강한 어린 아이가 단순히 친절하고, 착하고, 순종적이지만은 않다는 것을 이미 살펴보았다. 정상적인 아이는 처음부터 삶에 대한 개인적인 관점을 갖고 있다. 건강한 아기들은 종종 먹는 문제로 사람을 힘들게 한다; 그들은 배변과 관련해서 반항적이고 고집스럽다; 그들은 종종 항의하고, 격렬하게 비명을 지르며, 엄마를 발로 차기도 하고, 머리카락을 뽑아대고, 눈알을 파내려고 한다; 사실 그들은 성가신 존재들이다. 그러나 그들은 자발적이고 절대적으로 순수한 애정 어린 충동들을 보여주고, 이따금씩 포옹과 관대함을 선사한다; 이것들을 통해서 엄마들은 보상을 받는다.

아기 양육에 대한 교과서들은 착하고, 고분고분하며, 깔끔한 아이들을 좋아하는 것 같다. 물론 그런 미덕들은 아이들이 나이가 들어가면서 발달할 때, 즉 가정생활에서 부모의 측면을 동일시하는 그들의 능력이 성장할 때, 가치 있는 것이 될 수도 있다. 이것은 이전 장들에서 서술된, 아이의 예술적인 노력의 자연스러운 진전과도 비슷하다.

오늘날 우리는 매우 자주 부적응 아이에 대해서 말하지만, 부적응 아이는 세상이 처음에 그리고 초기 단계들에서 적절하게 적응해주는 데 실패한 아이다. 유아의 순응은 끔찍스러운 것이다. 이 말의 의미는 만약 부모들이 비싼 대가를 치르고 편의주의를 선택한다면, 그들은 계속해서 그 대가를 치러야 할 것이고, 만약 부모들이 감당할 수 없다면, 사회가 대신 그 대가를 지불해야만 할 것이라는 것이다.

나는 모든 예비 엄마들이 관심을 갖고 있는, 엄마와 유아 사이의 초기 관계에서 발생하는 어려움에 대해 언급하고자 한다. 아기를 분만할 때와 그로부터 며칠 동안 의사는 그녀에게 일어나는 모든 일에 책임이 있고, 그녀가 신뢰하는 중요한 사람이다. 그럴 때 그녀가 의사를, 그리고 의사와 함께 일하는 간호사를 아는 것보다 더 중요한 것은 없다. 불행하게도, 우리는 신체 건강과 신체적 질병, 그리고 아이 출산의 관리라는 전체 문제에서 숙련된 의사가, 아기와 엄마 사이의 정서적 연결이라는 문제에서도 마찬가지로 숙련되어 있다고 가정할 수가 없다. 의사가 배워야 할 것들이 너무 많기 때문에, 그가 신체적 측면의 전문가일 거라고 기대하는 것이나, 엄마들과 아기들의 심리학으로 알려진 최신의 정보들을 알고 있을 거라고 기대하는 것이 쉽지 않다. 그러므로 훌륭한 의사나 간호사가, 전혀 해를 끼치려는 의도 없이, 엄마와 아기의 첫 접촉이라는 섬세한 문제들을 방해하는 일이 있을 수 있다.

엄마는 자신의 염려를 내려놓기 위해서, 정말로 의사와 간호사들, 그들의 기술, 그리고 그들이 제공해주는 틀을 필요로 한다. 그틀 안에서, 그녀는 유아를 발견할 수 있어야 하고, 유아 역시 그녀를 발견할 수 있어야 한다. 그녀는 책에서 찾을 수 있는 어떤 규칙들에 의해서가 아니라, 자연스러운 방식으로 이것이 일어날수 있게 해야 한다. 엄마들은 의사와 간호사가 돕는 위치에 있을뿐인 바로 이 지점에서, 자신들이 전문가라는 사실을 발견하는 것을 부끄러워할 필요가 없다.

직접적인 접촉, 임상현장, 저속하다고 불리는 것, 즉 발가벗고, 자연적이고, 실제적인 것에서 벗어나, 실제의 신체적인 접촉과 상호교환이 제거된 것을 지향하는 일반적인 문화적 경향성이 관찰될 수 있다.

여기에는 유아의 정서적 삶이 이후 단계에서의 개인의 정서적 삶을 위한 기초를 형성하는 또 다른 방식이 있다. 나는 본능적 욕구가 처음부터 유아와 엄마와의 관계에 영향을 미치는 방식에 대해 이야기해왔다. 이러한 강력한 본능들과 나란히, 거기에는 공격적인 요소들이 있으며, 또한 좌절에서 발생하는 증오와 분노가 있다. 흥분시키는 사랑 충동 안에 있는, 그리고 그것과 관련된 공격적인 요소는 삶을 매우 위험한 것으로 느껴지게 만드는데, 이런 이유로 대부분의 개인들은 어느 정도 공격성을 억제한다. 이 문제를 좀 더 자세히 살펴보는 것이 유익할 것이다.

가장 원시적인 초기 충동들은 무자비한 것으로 간주될 수 있다. 만약 초기 수유 충동 안에 파괴적인 요소가 있다면, 유아는 처음에 그것의 결과에 대해 아랑곳하지 않을 것이다. 물론 나는 아이디어들에 대해 말하고 있는 것이지, 단순히 우리가 눈으로 볼 수 있는 물리적인 과정들에 대해서 말하고 있지 않다. 처음에 유아는 충동들에 의해 움직여지고, 아주 점진적으로만 흥분된 수유 경험 안에서 자신이 공격한 것이 엄마의 취약한 부분이라는 것을, 그리고 그 엄마가 흥분과 절정 사이의 고요한 시간 동안에 가치 있는 존재라고 느껴지는 사람이라는 것을 인식한다. 흥분된 유아는 환상 속에서 엄마의 신체를 격렬하게 공격한다—비록 우리의 눈에는 그 공격이 미약한 것으로 보이지만; 수유 경험에서 만족이 오고, 공격은 당분간 중단된다. 모든 신체적 과정은 환상에 의해 풍부해지며, 그 환상은 아기의 성장에 발맞추어 지속적으로 확실성과 복잡성을 발달시킨다. 아기의 환상 안에서 엄마의 신체는 찢겨지고, 그 안에 있는 좋은 것들은 취해지고 함입된다. 그러므로 아기에게 있어서 일정 기간 동안 자신의 공격성을 살아남아 일관되게 돌봐주는 엄마를 갖는 것은 결정적으로 중요한 문제이다. 엄마가 아기의 공격성에서 살아남을 때, 비로소 거기에는 시간이 지나면서 부드러운 감정이 느껴지고, 죄책감과 행복에 대한 관심이 느껴지는 대상이 존재하게 된다. 그녀가 계속해서 아기의 삶에서 살아있는 존재가 될 때, 아기는 타고난 죄책감을 발견할 수 있다. 그리고 이때 그 죄책감은 망가진 대상을 복구하고, 재창조하며, 주고 싶은 충동의 주된 원천이 된다. 거기에는 무자비한 사랑, 잔인한 공격, 죄책감, 관심, 슬픔, 복구하고 세우고 주려는 욕망이라는 자연스러운 연쇄과정이 존재한다; 이 연쇄과정은 유아기와 초기 아동기에 필수적인 경험이지만, 엄마 또는 엄마 역할을 하는 누군가가 유아와 함께 이 단계들을 살아낼 수 있고, 그래서 다양한 요소들의 통합을 가능케 해주지 않는 한, 현실이 될 수 없다.

그러나 여기에는 보통의 좋은 엄마가 유아를 위해 하는 몇 가지 일들에 관해 진술하는 또 다른 방식이 있다. 평균적인 좋은 부모는 큰 어려움이 없이 그리고 자신이 무엇을 하고 있는지 알지 못한 상태에서, 항상 아이로 하여금 실제로 일어나는 것들과 상상 속에서 일어나는 것들을 구별하도록 돕는다. 그녀는 유아를 위해 실제적인 것을 풍부한 환상으로부터 분류해낸다. 우리는 그녀가 객관성을 유지한다고 말한다. 공격성과 관련해서 이것은 특별히 중요하다. 엄마는 아이가 심하게 깨무는 것에서 자신을 보호하고, 두 살 된 아이가 막대기로 갓난아기의 머리를 때리는 것을 막아주지만, 동시에 그녀는 참아줄 수 있을 만큼 잘 행동하는 아이 안에서 파괴적이고 공격적인 생각들의 엄청난 힘이 작용한다는 현실을 인식하고, 그러한 생각들로 인해 놀라지 않는다. 그녀는 그러한 생각들이 거기에 있어야 한다는 것을 알고 있고, 그것들이 놀이나 꿈에서 서서히 모습을 드러낼 때 놀라지 않으며, 심지어 아이의 마음속에서 자발적으로 떠오르는 주제들을 담고 있는 이야기들과 동화책들을 아이에게 제공해준다. 그녀는 아이가 파괴적인 생각을 하지 못하도록 막으려고 시도하지 않는 것을 통해서, 타고난 죄책감이 자체의 방식대로 발달할 수 있도록 허용한다. 우리는 타고난 죄책감이 아기가 성장함에 따라 모습을 드러낼 것을 희망하고, 기꺼이 기다린다; 주입된 도덕성은 우리를 지루하게 만들기 때문이다.

우리가 자녀들에 의해 엄마 또는 아빠라고 불리는 시기는 확실히 자기-희생의 시간이다. 보통의 좋은 엄마는 누군가에게 듣지 않아도 이 시기에 아기와 그녀 자신의 관계의 연속성을 방해해서는 안 된다는 것을 알고 있다. 엄마가 이런 식으로 아주 자연스럽게 행동할 때, 그녀는 과연 자신이 아이의 정신건강의 기초를 놓고 있을 뿐만 아니라, 또한 아이가 자신이 초기에 제공하려고 애쓰고 있는 것을 경험하지 않고서는 정신건강을 성취할 수 없다는 사실을 알고 있을까?

제2부

가족

제 17 장
아빠는 무엇을 하는가?

나는 직업상 자주 이 질문을 받는다: 아빠는 무엇을 하죠? 나는 아빠가 그의 아기를 알아가는지 아닌지는 보통 엄마가 무엇을 하는가에 달려있다고 생각한다. 아빠가 유아의 양육에 참여하는 것이 힘든 데는 온갖 종류의 이유들이 있다. 한 가지는, 아기가 깨어있는 동안에 아빠가 집에 있을 때가 거의 없다는 것이다. 그러나 매우 종종 아빠가 집에 있을 때조차도 엄마는 언제 남편을 활용하고, 언제 그를 물러나게 해야 할지를 아는 것이 쉽지 않다. 의심의 여지없이, 아빠가 집에 오기 전에 빨래를 끝내고 음식 요리를 마치고, 아기를 재우는 것이 훨씬 간단하다. 그러나 당신들 중 대부분은 경험을 돌이켜볼 때, 유아를 돌보면서 겪는 사소한 경험들을 매일 함께 공유하는 것이, 외부인들에게는 바보처럼 보일지라도, 결혼한 두 사람의 관계에는 커다란 도움을 준다는 사실에 동의할 것이다. 그런 점에서 그 시기에 아빠의 참여는 부모와 유아 모두에게 엄청나게 중요한 일이다. 유아가 걸음마 아기로 그리고 어린 아이로 성장하면서 세부사항들이 증가하고, 이것과 함께 아빠와 엄마 사이의 유대 역시 더욱 깊어진다.

나는 일부 아빠들이 처음에 그들의 아기에 대해 매우 수줍어하고, 의심의 여지없이, 어떤 아빠들은 유아에게 결코 관심을 가질 수 없다는 것을 알고 있다; 그러나 어쨌든 엄마들은 사소한 일들에서 남편의 도움을 받을 수 있고, 아빠가 바라볼 수 있을 때 아기 목욕을 준비시킬 수 있으며, 심지어 남편이 원한다면 그 일에 참여시킬 수 있다. 내가 말했듯이, 그것은 대체로 당신이 어떻게 하는가에 달려있다.

아빠가 유아를 돌보는 상황에 빨리 등장하는 것이 항상 좋은 것이라고 가정할 수는 없다. 사람들은 서로 다르기 때문이다. 어떤 남자들은 자신들이 그들의 아내보다 더 좋은 엄마일 거라고 느낄 수 있고, 그래서 아주 성가신 존재가 될 수 있다. 특히 그들이 잠시 왈츠를 추듯이 찾아와서, 매우 인내심 있는 엄마인 척하다가 다시 왈츠를 추듯이 떠나가면서, 날이면 날마다 24시간 동안 아이를 돌보아야만 하는 지친 엄마들을 무시할 때는 더욱 그러하다. 그리고 실제로 그들의 아내들보다 엄마 역할을 더 잘하는 아빠들도 있지만, 여전히 그들이 엄마가 될 수는 없다. 아빠가 양육 상황에서 슬며시 사라지도록 내버려두기보다는, 어려움에서 벗어나는 어떤 방법을 찾아야만 한다. 그러나 보통 엄마들은 자신들이 하는 일을 잘하고 있다는 것을 알고 있고, 원할 때에 남편들이 등장하도록 허용할 수 있다.

시작지점으로 돌아가서 말해본다면, 우리는 유아가 무엇보다 엄마를 안다는 것을 알 수 있다. 머지않아 유아는 엄마의 어떤 특성들을 알게 되고, 그것들 중 일부—부드러움, 다정함—는 항상 엄마와 관련된다. 그러나 엄마는 온갖 종류의 강인한 특성들도 갖고 있다. 예를 들면, 그녀는 단호하고, 심각하고, 엄격할 수 있고; 실제로 수유 시간의 정확성은 아기가 자신이 원하는 바로 그 순간에 먹을 수 없다는 사실을 받아들일 수 있게 되는 즉시, 엄청나게 가치 있는 것이 된다. 엄마의 본질적인 부분이 아닌 그녀의 특정한 특질들이 점진적으로 유아의 마음속에서 한데 모여지는데, 이러한 특질들이 마침내 유아 안에서 아빠를 갖고 싶어 하는 감정들을 이끌어낸다고 말할 수 있다. 존경받고 사랑받을 수 있는 강한 아빠가 규칙과 규율, 허용과 금지, 죽은 것과 타협할 수 없는 것 등이 결합된 엄마의 특질들보다 훨씬 더 낫게 느껴질 수 있다.

따라서 아버지가 아빠로서 아이의 삶에 들어올 때, 그는 유아가 엄마에게 갖고 있는 감정들을 물려받으며, 아빠가 그것을 그런 방식으로 물려받는 것은 엄마에게 커다란 안도감을 준다.

아빠가 소중한 존재가 되는 다양한 방식들을 분류해보겠다. 첫 번째 방식은, 아빠가 집안에서 엄마로 하여금 자신의 신체와 마음 모두에서 행복하다고 느끼도록 돕는 것이다. 아이는 실제로 부모들의 관계에 매우 민감하며, 모든 일이 순조로울 경우, 그는 가장 먼저 그 사실을 알게 되고, 삶을 더 수월하고, 더 만족스러우며, 더 감당할 수 있는 것으로 느끼는 것을 통해서 그런 인식을 보여주는 경향이 있다. 나는 유아 또는 아이의 '사회적 안전감'(social security)이라고 부르는 것이 바로 이것이라고 생각한다.

아빠와 엄마의 성적 연합은 그것을 중심으로 자신의 환상을 건설하는 하나의 사실이다. 그 사실은 아이가 매달릴 수 있고, 발로 찰 수 있는 바위와 같은 것이며, 더 나아가 삼각관계 문제의 개인적인 해결책을 위한 자연스러운 기초를 구성하는 것이다.

두 번째 방식은 아빠가 엄마를 도덕적으로 지지해주고 권위를 뒷받침해주며, 엄마가 아이의 삶속에 심어주는 법과 질서를 대표하는 인간 존재가 되는 것이다. 이것을 위해서 그가 항상 아이와 함께 있어야 하는 것은 아니지만, 그가 실제로 살아 있다는 것을 아이가 느끼기에 충분할 만치 자주 함께 있어야만 한다. 아이의 삶을 조정하는 많은 부분이 엄마에 의해 행해져야 하고, 아이는 아빠가 실제로 집에 없을 때 엄마가 가정을 관리할 수 있다고 느끼고 싶어 한다. 모든 여성이 권위를 갖고 말하고 행동해야 하지만, 만약 그녀가 권위의 전부가 되어야 하고, 사랑뿐만 아니라 아이의 삶에서 강하고 엄격한 요소들도 제공해야 한다면, 그것은 그녀에게 실로 커다란 짐이 될 수 있다. 사실, 아이에게는 두 부모를 갖는 것이 더 쉽다. 다른 부모가 증오되는 동안, 한 부모는 계속해서 사랑스러운 존재로 남아 있는 것이 그것 자체로서 상황을 안정시켜준다. 가끔 아이가 엄마를 때리거나 발로 차는 것을 보는데, 그때 그녀의 남편이 그녀를 지지해준다면, 아이는 아마도 아빠를 차고 싶어 하거나, 아니면 아예 그것을 시도하지 않기가 쉽다. 가끔씩 아이는 누군가를 미워할 것인데, 만약 어디에서 물러나야 할지를 말해주는 아빠가 거기에 없다면, 그는 엄마를 미워할 것이고, 이것은 그를 혼란에 빠뜨릴 것이다. 왜냐하면 그가 근본적으로 가장 사랑하는 사람이 바로 엄마이기 때문이다.

세 번째 방식은, 아빠가 다른 어떤 이유 때문이 아니라 그의 긍정적인 특질들 때문에, 그리고 다른 남자들과 구분되는 요소들 때문에, 그리고 그의 인격의 살아 있음 때문에 아이에게 필요한 존재가 되는 것이다. 만약 이것이 가능하다면, 생생한 인상들을 남기는 인생의 초기 단계는 어린 소년 또는 소녀가 아빠에 대해 알아가는 시기가 될 것이다. 이 말은 물론 아빠들이 그들 자신들과 그들의 인격들을 아이들에게 강요해야 한다는 의미가 아니다. 한 아이는 생후 수개월이 될 때 아빠를 찾고, 그가 방 안에 들어올 때 그를 향해 손을 뻗으며, 그의 발소리를 들을 것이지만, 다른 아이는 그에게서 고개를 돌리거나, 그가 자신의 삶에서 중요한 인물이 되는 것을 아주 서서히 허용할 것이다. 한 아이는 그가 실제로 어떤 사람인지 알고 싶어 할 것이고, 다른 아이는 아빠를 자신이 꿈꾸는 데 필요한 사람으로 사용할 것이고, 다른 사람이 아는 것처럼 그에 대해 아는 일이 거의 없을 것이다. 그럼에도 불구하고, 만약 아빠가 거기에 있고 자신의 아이를 알고 싶어 한다면, 그리고 아이의 세상을 풍부하게 해준다면, 그 아이는 운이 좋은 행복한 아이이다. 그리고 엄마와 아빠 모두가 기꺼이 아이의 존재에 대한 책임감을 받아들일 때, 거기에는 좋은 가정을 위한 무대가 마련된다.

아빠가 자녀들의 삶을 풍요롭게 하는 방식들을 서술하는 것은 그 가능성들이 너무 광범위하다는 이유로 거의 불가능하다. 아이들이 아빠를 볼 때, 그들은 최소한 부분적으로는 자신들이 보는 것이나 본다고 생각하는 것 위에다 그들의 이상을 형성한다. 아빠가 아침에 출근했다가 밤에 퇴근하는 직장에 대해 조금씩 말해줄 때마다, 아이들은 새로운 세상이 열리는 것을 경험한다.

아이들의 놀이 중에는 '엄마아빠 놀이'가 있다. 당신도 알다시피, 아빠는 아침에 일하러가고, 엄마는 집안일과 아이들을 돌보는 일을 한다. 집안일은 아이들 주변에서 일어나는 것이라서 아이들이 잘 알게 되지만, 아빠가 하는 일은, 일하러 가지 않는 날에 즐기는 취미생활은 말할 것도 없이, 세상에 대한 아이들의 시야를 넓혀준다. 한 숙련된 공예사가 집에 있을 때. 자신의 기술을 사용해서 아름답고 유용한 것들을 만드는 모습을 아이에게 보여준다면, 아이는 얼마나 행복하겠는가. 만약 아빠가 가끔씩 아이와 놀이에 참여한다면, 그는 놀이로 만들어질 수 있는, 가치 있고 새로운 요소를 그에게 가져다줄 것이다. 더욱이, 세상에 대한 아빠의 지식은 아이의 상상력의 자연스러운 발달을 방해하지 않으면서, 어떤 종류의 장난감들이나 기구들이 그의 놀이에 도움이 되는지를 알려준다. 불행하게도, 일부 아빠들은 어린 아들에게 증기기관차 장난감을 사주고는, 자신들이 그것을 가지고 놀거나 그것을 너무 좋아해서, 아들이 그것을 망가뜨릴까봐 사용하지 못하게 함으로써 이 모든 일을 망쳐버리기도 한다.

아빠가 아이들을 위해서 하는 것들 중의 하나는 아이들의 삶의 초기 몇 해 동안에 살아 있는, 그리고 살아남는 존재가 되는 것이다. 이 단순한 행동이 지닌 가치는 잊혀지기 쉽다. 비록 아이들이 그들의 아버지들을 이상화하는 것이 자연스러운 일이지만, 아이들이 그들과 함께 살고, 인간으로서의 그들을 알아가며, 심지어 그들을 발견하게 되는 경험을 하는 것 또한 매우 가치 있는 일이다. 나는 지난번 전쟁에서 아빠가 군대에 있는 동안에 그들이 행복한 시간을 보냈다고 생각했던 한 소년과 소녀를 알고 있다. 그들은 그들의 엄마와 함께 멋진 정원이 있는 집에서 살았고, 그들이 필요로 하는 것들과, 그 이상의 것들을 갖고 있었다. 그들은 가끔 조직화된 반-사회적 활동의 상태가 되었고, 집을 거의 때려 부수곤 했다. 돌이켜볼 때, 그들의 이러한 주기적인 폭발들은, 당시에는 무의식적이었지만, 그들의 아빠를 실제로 나타나게 만들려는 시도였다. 그들의 엄마는 남편이 보낸 편지에 지원을 받아 그들이 그런 사실을 깨닫게 만들 수 있었다; 그녀가 남편이 집에 있기를 얼마나 갈망했을지, 그리고 이따금씩 그가 아이들에게 "이제 잘 시간이다"라고 말하는 동안, 편히 앉아 있을 수 있기를 얼마나 바랐을지 당신은 알 수 있을 것이다.

하나의 극단적인 예를 들어보겠다: 태어나기도 전에 아빠가 죽은 한 소녀가 있다. 여기에서 비극은 그녀가 오직 이상화된 아빠의 이미지만을 갖고 있었고, 그 위에 그녀의 남성에 대한 견해를 세웠다는 것이다. 그녀는 실제 아빠에 의해 부드러운 실망을 경험한 적이 없었다. 그녀는 삶에서 남자들을 이상적인 존재로 상상했는데, 처음에는 그런 상상이 그들에게서 최상의 것을 이끌어내는 효과를 발생시켰다. 그러나 조만간 불가피하게 그녀가 알게 된 남자는 불완전한 존재로 드러났고, 그럴 때마다 그녀는 절망에 빠졌으며, 불평을 했다. 상상할 수 있듯이, 이 패턴은 그녀의 삶을 망쳐놓았다. 만약 그녀의 아빠가 그녀의 어린 시절에 살아 있어서 이상적인 존재이면서도 동시에 결점을 갖고 있는 존재로 서 발견될 수 있었더라면, 그리고 그녀를 실망시켰을 때 그에 대한 증오에서 살아남을 수 있었다면, 그녀는 얼마나 더 행복할 수 있었을까?

때로는 아빠와 딸 사이에 특별히 강한 유대가 존재한다는 것은 잘 알려져 있다. 사실상 모든 어린 여자아이가 꾸는 엄마의 자리를 차지하는 꿈 안에는, 또는 어쨌든 로맨틱한 꿈 안에는 그러한 유대가 존재한다. 엄마들은 이런 감정이 나타날 때 그것을 이해해 주어야 한다. 일부 엄마들은 아빠와 딸 사이의 우정보다 아빠와 아들 사이의 우정을 견디는 것이 훨씬 더 쉽다고 느낀다. 하지만 만약 아빠와 딸 사이의 가까운 유대가 자연스럽게 발달 하도록 허락되는 대신에 질투심과 경쟁심에 의해 방해를 받는다 면, 그것은 매우 애석한 일이다; 왜냐하면 조만간 어린 소녀는 이 런 종류의 로맨틱한 애착에 포함된 좌절을 맛볼 것이고, 결국 성 장해서 그녀의 상상을 실현하기 위해 불행한 종류의 로맨틱한 관계를 반복할 것이다. 만약 아빠와 엄마가 서로 행복한 관계를 유지하고 있다면, 아빠와 자녀 사이의 이러한 강한 애착은 부모 들 사이의 애착과 경쟁하지 않을 것이다. 여기에서 형제들은 아 빠에서 삼촌들에게로, 그리고 일반적인 남성들에게로 가는 디딤 돌을 제공함으로써 커다란 도움이 된다.

남자아이와 아빠가 때때로 엄마를 두고 경쟁을 한다는 것 또 한 잘 알려져 있다. 이 욕구는 엄마와 아빠가 함께 행복하다면, 불안을 발생시키지 않는다. 그것은 서로의 사랑에 대해 안전감을 느끼는 두 부모 사이의 관계를 결코 방해할 필요가 없다. 그럼에 도 불구하고 어린 소년의 감정은 가장 강력한 것이라는 점에서, 진지하게 취급되어야만 한다.

우리는 유년기 동안에 한 번도 하루 종일 또는 반나절이라도 아빠를 혼자서 차지해본 적이 없는 아이들이 있다는 것을 알고 있다. 그것은 끔찍스러운 일이다. 이따금씩 아빠와 딸, 또는 아빠와 아들이 함께 일종의 탐험을 하도록 떠나보내는 것은 엄마의 책임이라고 할 수 있다. 이러한 몸짓은 항상 관련된 모든 사람들에 의해 고맙게 받아들여지고, 그런 경험들 중 일부는 평생 동안 소중히 간직된다. 아빠와 단둘이 있는 것을 좋아하는 어린 여자아이를 아빠와 함께 밖으로 내보내는 것이 엄마에게 항상 쉽지만은 않을 것이다; 그러기 위해서는 엄마 자신이 남편과 단둘이서만 외출할 수 있어야 한다; 그렇지 않으면 그녀 자신 안에 증오가 쌓일 뿐만 아니라, 남편과의 접촉을 상실할 수도 있다. 그러나 때때로 엄마가 아빠를 자녀들 또는 그들 중 한 명과 집 밖으로 내보낼 수 있다면, 그녀는 엄마와 아내로서의 자신의 가치를 크게 높일 수 있을 것이다.

그러므로 만약 당신의 남편이 집에 있다면, 당신은 남편과 아이들이 서로를 알아가는 것을 돕기 위해 많은 수고를 감당하는 것이 가치 있는 일임을 발견할 수 있을 것이다. 그들의 관계를 풍요롭게 하는 것은 당신에게 달려있지 않다; 그것은 아빠와 아이들에게 달려있다. 그러나 그러한 관계를 가능하게 만드는 것은, 또는 그것을 가로막거나 손상시키는 것은 당신에게 달려있다.

제18장
그들의 기준과 당신의 기준

    나는 모든 사람들이 이상과 기준을 갖고 있다고 생각한다. 집을 짓는 사람은 집의 형태, 색깔, 가구들, 식탁의 위치 등에 대한 아이디어들을 갖고 있다. 대부분의 사람들은 그들이 돈을 번다면 어떤 종류의 집을 살지, 시내에 사는 것이 좋을지, 교외에 사는 것이 좋을지, 영화를 보러 간다면 어떤 영화가 좋을지를 안다.

    당신은 결혼을 하는 순간, '이제는 내가 하고 싶은 대로 할 수 있겠구나'라고 느꼈을 것이다. 단어들을 배우고 있는 다섯 살 된 여자아이가 어디선가 '개가 자기 뜻에 따라 집으로 갔다'라는 말을 듣고는, '자기 뜻에 따라'라는 단어를 간직했다가 그 다음 날 써먹었다. 그녀는 나에게 '오늘은 내 생일이에요. 그래서 모든 것을 내 뜻에 따라 할 거예요'라고 말했다. 그 소녀의 언어를 사용해서 말하자면, 당신이 결혼을 했을 때, 당신은 '이제 나는 마침내 내 뜻에 따르는 환경에서 살 수 있다'라고 느꼈을 것이다. 기억해야 할 것은, 당신의 뜻이 꼭 당신의 시어머니의 뜻보다 더 좋은 것은 아니지만, 모든 차이를 만들어내는 것은 그것이 바로 당신의 뜻이라는 사실이다.

    당신이 자신의 방이나 아파트나 집을 갖게 되었다면, 당신은 곧 그것을 원하는 대로 배치하고 장식할 것이고, 새 커튼을 달고

나면, 사람들에게 집을 구경시켜줄 것이다. 요점은 당신이 당신의 환경 안에서 자신을 표현하는 상황을 성취해내고, 당신 자신도 그 일을 해낸 방식에 의해 놀라워한다는 사실이다. 분명히 당신은 평생 이것을 실천해왔다.

만약 당신이 결혼 초기 시절에 세부적인 것들에 대한 남편과의 말다툼에서 벗어났다면, 당신은 운이 좋은 사람일 것이다. 흥미로운 사실은, 그런 논쟁은 거의 언제나 어떤 것이 '좋은 것인지' 또는 '나쁜 것인지'에 대한 견해 차이에서 시작되고, 실제 문제는, 어린 소녀가 말했듯이, "자기 뜻에 따라"가 충돌하는 것이다. 당신이 특정한 카펫을 샀거나, 골랐거나, 가격을 흥정했다면, 그것은 당신에게 좋은 것이고, 그것을 남편이 골랐다면, 그것은 남편의 관점에서 좋은 것이다; 어떻게 해야 두 사람 모두가 그것을 자신이 골랐다고 느낄 수 있을까? 다행스럽게도, 사랑에 빠진 사람들은 종종 각자 자신의 '뜻'을 잠시 동안 상대방의 뜻과 겹치도록 허용하는 것이 가능하며, 그렇기 때문에 얼마 동안은 모든 것이 순조롭다; 그리고 어려움에서 빠져나오는 한 가지 방법은, 아마도 실제로 아무것도 말하지 않으면서, 남편이 직장에서 자신의 방식대로 일하는 동안 아내가 집안에서 자신의 방식대로 가정을 꾸려나간다는 생각에 동의하는 것이다. 영국 사람의 집은 그의 아내의 성(castle)이라는 것은 널리 알려져 있다. 그리고 가정에서 남자는 집 안에서 아내가 가정과 동일시하는 모습을, 그리고 가정을 책임지는 모습을 보는 것을 좋아한다. 슬프게도, 너무 자주 남자는 아내가 집 안에서 갖는 독립성에 상응하는 것을 직장에서 전혀 누리지 못하는 것이 현실이다. 그는 너무 드물게 자신의 직업과 동일시할 수 있다고 느끼는데, 이러한 상태는 공예사들, 작은 가게의 주인들, 그리고 일반적인 소상공인들이 침체를 겪게 됨으로써 악화되고 있다.

주부가 되고 싶지 않은 여성들에 대해 말하는 사람들이 놓치고 있는 것이 한 가지 있는데, 그것은 가정 외의 다른 어떤 곳에서도 여성이 그처럼 주인역할을 할 수 있는 곳이 없다는 사실이다. 만약 그녀가 용기가 있다면, 그녀는 적어도 자신의 가정 안에서는 자유롭게 자신을 펼칠 수 있고, 자신의 전체를 발견할 수 있을 것이다. 그녀가 결혼하면서 실제로 아파트나 집을 갖는다는 것은 정말로 커다란 의미를 갖는다. 이제 그녀는 가까운 사람들과 부딪치는 일 없이, 그리고 자신의 엄마에게 상처를 줄 필요 없이, 자유롭게 움직일 수 있는 공간을 가질 수 있기 때문이다.

내가 이 모든 것들을 말하는 이유는, 아기들이 그렇듯이, 자신의 방식을 원하는 아기가 태어날 때 항상 어려움이 뒤따른다는 사실을 보여주기 위해서이다. 자신의 방식을 원하는 것을 통해서 아기는 모든 것을 망쳐놓는데, 그것이 문제가 되지 않는다고 말할 사람은 아무도 없을 것이다. 아기가 망치는 것은 젊은 엄마가 새롭게 발견한 정신적인 독립이고, 그녀 자신의 뜻을 따라 하는 것에 대한 새롭게 획득한 존중이다. 일부 여성들은 자녀를 갖지 않는 것을 선호하는데, 그 이유는 결혼이 수년 동안의 기다림과 계획 끝에 마침내 획득한, 그들만의 개인적인 영역을 구축하는 데 도움이 되지 않기 때문이다. 그들에게 결혼이 별로 가치 있는 것으로 보이지 않는 것은 당연하다.

젊은 아내가 이제 막 집안청소를 마치고, 그것에 대해 뿌듯해하면서, 그녀가 자신의 운명의 주인이 되는 기분이 어떤 것인지를 처음 느낀다고 가정해보자; 그런데 그때 어린 아이를 갖게 되면, 어떻게 되겠는가? 나는 그녀가 임신한 사실을 발견할 때, 그것이 자신이 새로 발견한 독립을 위협하는 것으로 생각하지는 않을 거라고 믿는다. 왜냐하면 그때쯤에는 생각해야 할 더 많은 것들이 있기 때문이다. 그녀는 아기를 갖는다는 것이 흥분되고, 흥미롭고, 감동을 주는 아이디어라는 생각을 가질 것이고, 어쨌거나 유아를 자신의 계획에 맞추어 양육할 수 있을 것이고, 그녀의 영향력의 영역 안에서 자라나는 모습을 보면서 즐거워할 것을 기대할 것이다. 여기까지는 아무런 문제가 없다. 그러나 이제 곧 그녀의 유아가 그가 태어난 가정의 문화 패턴과 행동 패턴을 받아들일 것이라는 사실은 의심의 여지가 없다. 하지만 여기에는 해야 할 말이 더 많이 있고, 그것은 매우 중요한 것이다.

거의 처음부터 신생아는 자신만의 아이디어를 가지고 있다. 열 명의 아이들이 모두 한 집안에서 자란다고 해도, 그들 각자는 서로 다를 것이다. 열 명의 아이들은 당신 안에서 열 명의 다른 엄마를 볼 것이고, 심지어 때로는 당신의 방식대로 보고 당신을 사랑스럽고 아름답게 보는 아이가 갑자기 조명이 좋지 않거나 밤에 악몽을 꾸는 바람에, 당신이 그의 방에 들어갈 때 당신을 용이나 마녀, 또는 끔찍하고 위험한 어떤 것으로 볼 것이다.

요점은, 당신의 가정에 새로 태어난 아이는 세상을 보는 자신만의 견해를 갖고 있고, 세상의 일부를 통제해야 할 필요가 있으며, 따라서 새로운 아이는 당신이 조심스럽게 건설하고 잘 유지해온 질서에 위협이 된다는 것이다. 당신에게 당신 자신의 방식을 갖는 것이 얼마나 소중한 것인지를 알고 있는 나로서는, 이런 상황이 안타까울 수밖에 없다.

이런 상황에서 발생하는 어려움들 중에 몇 가지는 당신이 어떤 것을 좋아하는 이유가 그것이 옳고, 좋고, 바르고, 최상이고, 영리한 것이고, 안전하고, 가장 빠르고, 가장 경제적이기 때문이라는 믿음에서 발생하는 것으로 보인다. 의심의 여지없이, 당신은 종종 그런 생각을 정당화하고, 따라서 아이는 세상에 대한 기술과 지식의 문제에 있어서 당신과 겨룰 수 없다. 그러나 주된 요지는 당신의 방식이 최상의 것이어서가 아니라, 그것이 당신이 좋아하고 신뢰하는 것, 즉 당신의 것이기 때문이라는 것이다. 그것이 당신이 상황을 지배하려고 하는 진짜 이유이다. 왜 그래서는 안 된단 말인가? 이 집은 당신의 것이고, 부분적으로는, 그것이 당신이 결혼한 이유가 아닌가? 게다가, 당신은 당신이 모든 것을 손에 쥐고 있을 때에만 안전하다고 느끼지 않는가?

그렇다. 당신은 당신의 집에 있는 사람들에게 당신의 기준에 따를 것을 요구할 수 있는 모든 권리가 있다. 당신이 결정한대로 아침식사를 차리고, 식탁에서는 욕을 해서는 안 되고, 먹기 전에 식사기도를 해야 한다; 그러나 당신의 권리가 인정되는 것은 그곳이 당신의 집이고 그런 방식이 당신이 결정한 방식이기 때문이지 그 방식이 최선이기 때문이 아니다—물론 그럴 수도 있지만.

당신의 자녀들은 당신이 무엇을 원하고 무엇을 믿고 있는지를 당신이 알고 있을 거라고 기대할 수 있고, 당신이 갖고 있는 믿음에 의해 도움을 받을 것이며, 크고 작은 범위 안에서 그들의 기준을 당신의 기준에 따라 세울 것이다. 그러나 동시에 중요한 사실은, 아기들이 자신들의 신념과 이상을 가지고 있고, 그들의 방식대로 질서를 찾고 있다는 생각에 동의하는가의 문제이다. 아이들은 영속적인 혼란이나 이기심을 좋아하지 않는다. 만약 당신이 당신 자신의 집에서 권리를 세우는 일에 너무 몰두한 나머지, 유아와 아이가 자신의 일, 그리고 그 자신의 도덕적 규범을 갖고서 자기 주변에 작은 세계를 창조하고자 하는 타고난 경향성을 허용하는 데 실패한다면, 그것은 아이에게 해를 끼치는 일이라는 사실을 당신은 알고 있는가? *만약 당신이 당신 자신에 대해 충분히 자신감을 갖고 있다면,* 당신은 아이들이 당신의 더 넓은 영향력 아래에서 구체적인 방식으로 그들 자신들의 충동과 계획과 생각에 따라 상황을 지배하는 것을 어느 정도까지 허용할 수 있는지를 보고 싶어 할 것이다. 앞에서 언급한 어린 소녀는 '오늘은 내 생일이에요. 그래서 모든 것을 내 뜻대로 할 거에요'라고 말했지만, 이것이 혼돈으로 인도하지는 않았다; 그녀가 보낸 특별한 하루는 엄마, 간호사, 여선생님에 의해서가 아니라, 아이 자신에 의해서 결정된 것이라는 점을 제외하고는, 다른 여느 날과 별 차이가 없었다.

물론 이것은 유아가 삶을 시작할 때 엄마가 일반적으로 하는 것이다. 엄마는 유아의 부름에 전적으로 응할 수 없기 때문에 정해진 시간에 젖을 먹이는데, 그것은 차선책이다. 그리고 그녀는 종종 아이가 꿈속의 젖가슴이, 아무리 그 꿈이 아름답다고 해도, 만족스럽지 않다는 사실을 인식할 필요 없이, 짧은 기간 동안의 환상을 아기에게 주는 데 성공한다. 아기는 꿈속의 젖을 먹고 포동포동해질 수 없다. 말하자면, 젖가슴이 실제로 좋은 것이 되기 위해서는 외부 현실세계에 있어야 하고, 아기에게서 독립된 엄마에게 속한 것이어야만 한다. 아기가 젖을 먹고 싶다는 욕구를 갖는 것만으로는 충분하지 않다; 엄마가 아기를 먹이고 싶다는 욕구를 갖는 것 역시 필수적이다. 이것을 인식하는 것은 아기에게 힘든 과제이고, 엄마는 유아가 너무 이르거나 갑작스러운 환멸로부터 보호해줄 수 있어야 한다.

처음에, 아기는 중요한 존재로 취급된다. 아기가 음식이 필요하거나 불편해서 울면, 그의 욕구가 채워질 때까지 모든 조처들이 우선적으로 이루어진다; 그는 충동적이 되는 것이 최대한으로 허용된다. 예컨대, 그는 별다른 이유 없이 모든 것을 엉망으로 만들어 놓을 수 있다. 유아의 관점에서 보면, 엄마가 엄격해지고—때때로 이웃들의 불평을 염려해서 갑자기 그렇게 되는데—갑자기 훈육이라는 것을 시작하는 것은 의아스러운 변화이다. 그리고 그 훈육은 유아가 엄마 자신의 청결 기준에 순응할 때까지 결코 느슨해지지 않는다. 그녀는 아기가 그 자신의 소중한 자발성과 충동성을 유지하려는 모든 희망을 포기하게 될 때, 훈육이 성공적이었다고 생각하기 쉽다. 사실 너무 이르거나 엄격한 청결훈련은 종종 그 자체의 목적을 망치고, 6개월에 청결했던 아이가 나중에 반항적이고, 강박적으로 스스로를 더럽히고, 재훈련시키는 것이 극도로 힘든 아이로 변하는 일이 빈번히 일어난다. 다행스럽게도, 많은 경우에 아이는 그런 훈련에서 벗어나는 길을 발견하고, 희망을 완전히 잃지 않는다; 즉, 그의 자발성은 침대에 오줌 싸기와 같은 증상 뒤로 숨는다. (나는 시트를 빨아서 말리지 않아도 되는 위치에서 관찰하고 있는 한 사람으로서, 다소 지배적인 엄마의 아이가 오줌을 싸고, 자신이 무엇을 하고 있는지 정확히 알지 못하는 상태에서 엄마에게 장난감 총을 겨누고 있는 아이를 발견하는 순간에 다행스럽다고 느꼈다.) 자신의 가치를 유지하면서 아이 자신의 가치감이 발달하도록 기다려줄 수 있는 엄마에게는 커다란 보상이 따른다.

만약 당신이 아이 자신의 지배하고자 하는 권리를 발달시키도록 허용한다면, 당신은 그를 돕고 있는 것이다. 지배하려는 당신의 권리와 아이의 권리가 충돌할 것이지만, 그것은 자연스러운 것이며, 당신이 제일 잘 안다는 이유로 당신 자신의 것을 아이에게 강요하는 것보다 훨씬 나은 것이다. 당신은 더 좋은 이유를 갖고 있는데, 그것은 당신 자신이 당신의 방식을 좋아한다는 것이다. 당신의 아이로 하여금 방의 한쪽 구석이나 선반, 또는 벽의 일부를 갖도록 허용하고, 아이의 기분, 취향, 변덕에 따라 어지럽히거나, 정리하거나, 장식할 수 있게 허용하라. 당신의 아이는 집의 한 부분을 자기 것이라고 주장할 수 있는 권리를 갖고 있고, 또한 자신이 믿을 수 있고 그의 세계 안에 포함시킬 수 있는 당신을 매일 자신만의 짧은 시간(그리고 아빠의 일부를 가질 수 있는) 동안 가질 수 있는 권리를 갖고 있다. 물론 다른 쪽 극단은 흔치가 않은데, 그것은 자신의 삶에 대한 강한 개인적인 방식을 갖고 있지 않은 엄마가 그녀의 아이가 모든 것을 자기 방식대로 하도록 내버려두는 것이다. 그때 아무도, 심지어 아이 자신도 행복하지 않다.

제 19 장
정상적인 아이는 어떤 아이인가?

　우리는 종종 다루기 힘든 아이들에 대해 말하고, 그들의 어려움에 대해 서술하고 분류하려고 시도한다; 우리는 또한 정상 또는 건강에 대해 말하지만, 정상적인 아이가 누구인지를 서술하는 것은 훨씬 더 어렵다. 우리가 신체에 대해 말할 때에는 정상이 무엇을 의미하는지에 대해 잘 알고 있다. 그것은 아이의 신체발달이 그 연령대의 평균 정도에 도달했고, 신체적 질병이 없는 것을 의미한다. 우리는 또한 정상적 지능이 무엇을 뜻하는지도 잘 알고 있다. 그러나 건강한 신체를 갖고 있고, 정상적이거나 정상을 능가하는(supra-normal) 지능을 가진 아이라고 해도, 그의 전체 인격은 정상으로부터 멀리 떨어져 있을 수 있다.

　우리는 같은 연령대의 다른 아이들과의 비교를 통해서, 아이의 행동 측면에서 생각해볼 수 있지만, 정상이라고 기대되는 것의 범위 안에 광범위한 변형들이 있다는 점에서, 그들의 특정 행동에 기초해서 비정상이라는 꼬리표를 붙인다는 것은 망설여지는 것일 것이다. 한 아이가 배가 고파서 운다, 여기에서 물어야 할 것은 그 아이가 몇 살인가이다. 한 살인 아이가 배가 고플 때 우는 것은 비정상이 아니다. 아이가 엄마의 가방에서 동전을 꺼낸다. 그는 몇 살인가? 대부분의 두 살짜리 아이들은 가끔 그런 행동을 할 것이다. 매를 맞을 것을 기대하는 것처럼 보이는 두 아이 중에, 한 아이는 그 두려움이 현실적 기초를 갖고 있지 않은 반면에, 다른 아이는 집에서 항상 맞았던 아이로 판명날 수 있다. 또는 세 살인데도 아직 젖을 먹고 있는 아이가 있다; 이것은 영국에서 흔치 않은 일이지만, 세상의 어떤 지역들에서는 관습일 수 있다. 우리는 한 아이의 행동을 다른 아이의 행동과 비교하지 않으면서 정상적인 아이의 의미를 이해하려고 한다.

우리가 알고 싶어 하는 것은 아이의 인격이 정상적으로 세워지고 있는지, 성품이 건강한 방식으로 강해지고 있는지에 관한 것이다. 아이의 영리함은 인격 성숙의 지체를 메워주지 못한다. 만약 정서적 발달이 어느 지점에서 고착된다면, 아이는 특정한 상황이 발생할 때마다 마치 아직도 유아이거나 어린 아이인 것처럼 행동하는 상태로 되돌아가야만 한다. 예컨대, 만약 어떤 사람이 좌절을 경험할 때마다 심술궂은 사람으로 변하거나 심장발작을 일으킨다면, 우리는 그가 아이처럼 행동한다고 말할 것이다. 소위 정상적인 사람은 좌절을 다루는 다른 방식들을 갖고 있다.

나는 정상적인 발달에 관해 긍정적인 것을 말하려고 시도할 것이다. 그러나 먼저 인정할 것이 있는데, 그것은 유아의 욕구들과 감정들이 엄청나게 강력하다는 사실이다. 무엇보다도 우리가 아이를 바라볼 때, 비록 아이가 갖는 세상과의 관계가 시작에 불과한 것이지만, 그를 인간 존재의 모든 강렬한 감정들을 갖고 삶을 시작하는 존재로 바라보는 것이 필수적이다. 사람들은 강렬한 것이었기에 소중했던 그들 자신들의 유아기와 초기 아동기의 감정들을 다시 포착하기 위해 온갖 종류의 조처들을 취한다.

이런 가정 하에 우리는 초기 아동기를, 믿음을 건설해가는 점진적인 과정으로 생각할 수 있다. 사람들과 사물들에 대한 믿음은 셀 수 없이 많은 좋은 경험들을 통해서 조금씩 세워진다. 여

기서 '좋은' 이라는 말은 충분히 만족스러운 것을 의미하고, 욕구
나 충동이 충족되고 정당하게 취급되는 것을 나타낸다. 그러한
좋은 경험들은 나쁜 경험들과 비교되는데, 우리는 '나쁜' 이라는
단어를, 불가피하게 나타나는 분노, 증오, 의심을 가리키는 데 사
용한다. 모든 인간 존재는 자기(自己) 안에서 본능적 충동들이 작
동할 수 있는 장소를 발견해야 하고, 그곳에 그러한 충동들의 조
직을 건설해야만 한다; 모든 인간 존재는 자신에게 할당된 특정
한 종류의 세계 안에서 이러한 충동들과 함께 살아가는 개인적
인 방식을 발달시켜야 하는데, 그것은 쉬운 일이 아니다. 사실 유
아와 아이들에 관해 사람들에게 말해주어야 할 주된 사실은, 유
아와 아이들에게 삶은, 비록 그것이 온갖 종류의 좋은 것들을 갖
고 있다고 해도, 결코 쉬운 것이 아니고, 자발성 없이 순응만이
있는 곳을 제외하고는, 눈물 없는 삶이라는 것은 존재하지 않는
다는 것이다.

삶은 원래 힘든 것이고 어떤 유아나 아이도 삶의 어려움에 대
한 증거를 보여주는 것을 피할 수 없다는 이러한 사실로부터, 모
든 사람들 안에는 증상이 있고, 그것들 중의 어느 것이라도, 특정
한 조건 하에서, 질병의 증상이 될 수 있다고 말할 수 있다. 심지
어 가장 친절하고, 이해심이 있는 가정생활이 제공된다고 해도
그것이 인간발달이 힘든 것이라는 일반적인 사실을 변경시키지
는 못한다. 실제로 완벽하게 적응적인 가정은 견디기가 어렵다.
왜냐하면 거기에는 정당한 분노를 통한 해방이 없기 때문이다.

따라서 우리는 정상이라는 단어가 두 가지 의미를 갖는다고
생각한다. 하나는 기준을 필요로 하는, 그리고 불완전한 모든 것
을 비정상적이라고 불러야 하는 심리학자들에게 유용한 것인 반
면에, 다른 하나는 증상과 불편한 행동의 문제들이 명백히 나타
날 것임에도 불구하고 사회에서 만족스러운 구성원으로 자라날

것으로 보이는 아이를 의사들, 부모들, 교사들이 서술할 때 유용한 것이다.

예컨대, 조산아로 태어난 한 아기의 경우, 의사들은 그 아기를 비정상이라고 말할 것이다. 그는 10일 동안 젖을 빨지 않을 것이기 때문에, 그의 엄마는 모유를 짜서 젖병에 넣어 먹일 것이다. 이것은 조산아에게는 정상이지만 기간을 채우고 나온 아이에게는 비정상이다. 그는 본래 예정되어 있던 출산일이 되자 엄마 젖을 찾았고, 천천히 자신의 속도에 따라 젖을 빨았다. 처음부터 그는 엄마를 무척 힘들게 했는데, 그의 말을 따르는 것 외에는 다른 방법이 없다고 느낀 그의 엄마는 언제 시작하고 끝날지를 아이가 결정하게 했다. 그는 유아기 내내 새로운 것을 볼 때마다 비명을 질렀고, 그가 새 컵, 새 욕실, 또는 새 아기 침대를 받아들이게 하는 유일한 방법은 그것을 그에게 소개를 하고 나서 그가 그것에 관심을 가질 때까지 계속해서 기다리는 것이었다. 그가 자신의 방식을 필요로 했던 정도는 심리학자에게는 비정상으로 보이겠지만, 그는 자신에게 기꺼이 맞추어주려는 엄마가 있었기에, 우리는 여전히 그 아이를 정상이라고 부를 수 있다. 그는 삶을 힘든 것으로 느낀다는 추가적인 증거로서, 위로 받을 수 있는 범위를 넘어서는 매우 강렬한 비명 발작을 발달시켰고, 그 결과 엄마가 할 수 있는 유일한 것은 아이를 아기 침대 안에 두고 상태가 회복될 때까지 곁에서 기다리는 일이었다. 발작이 일어날 때 그는 엄마를 알지 못했고, 따라서 그가 회복되기 시작하고, 다시 한 번 그녀가 사용할 수 있는 존재가 될 때까지는 엄마는 아무런 도움이 되지 못했다. 아이는 특별한 조사를 위해 심리학자에게 보내기로 결정되었지만, 엄마는 약속날짜를 기다리는 동안 별도의 도움 없이도 아이와 그녀가 서로를 이해할 수 있게 되었다는 것을 발견했다. 심리학자는 그들의 결정을 받아들였다. 그는 아이와 엄마에게서 비정상성을 볼 수 있었지만, 그들을 정상이라고 부르고 싶어 했고, 그들 자신들의 자연적인 자원들을 사용해서 힘든 상황에서 회복되는 소중한 경험을 하도록 허용했다.

나는 정상적인 아이를 다음과 같이 서술한다. 정상적인 아이는 불안과 견딜 수 없는 갈등을 방어하기 위해 자연이 제공한 모든 장치들을 사용할 수 있는 아이이다. 사용된 장치들은 사용 가능한 도움과 관련되어 있다. 비정상성은 증상을 사용할 수 있는 아이의 능력이 제한되고 경직된 모습으로, 그리고 증상과 도움을 기대하는 방식 사이의 관계가 상대적으로 결여된 모습으로 드러난다. 당연히 우리는 가장 초기 유아기에 유아는 어떤 종류의 도움이 가능한지 판단할 능력이 거의 없다는 것과, 엄마 편에서 세심하게 적응해주어야 할 필요가 있다는 사실을 인식해야만 한다.

예컨대, 야뇨증은 아이들을 다루는 사람이라면 대부분 만나게 되는 충분히 일반적인 증상이다. 만약 아이가 오줌을 싸는 것을 통해서 엄격한 관리에 대해 효과적인 항의를 하고 있는 것이고 개인의 권리를 주장하고 있는 것이라면, 그 증상은 질병이라기보다는 아이가 어떤 식으로든 위협을 받았던 개별성을 지키고 싶어 한다는 신호일 것이다. 대다수의 사례들에서, 야뇨증은 신호로서의 역할을 하고 있는 것이고, 시간이 지나면 그리고 일반적인 좋은 관리가 제공되면, 아이는 증상에서 떠날 수 있고, 자기를 주장하는 다른 방법들을 채택할 것이다.

또 다른 흔한 증상인 음식을 거부하는 문제를 생각해보자. 아이가 음식을 거부하는 것은 절대적으로 정상적인 것이다. 나는 당신이 제공하는 음식이 좋은 것이라고 가정한다. 실제로 문제가 되는 것은 아이가 음식을 항상 좋은 것이라고 느낄 수 없다는 것이다. 아이는 좋은 음식이 항상 가치 있는 것이라고 느낄 수 없다. 시간과 침착한 관리가 주어진다면, 아이는 마침내 좋은 것이라고 부르는 것과 나쁜 것이라고 부르는 것을 발견할 것이다; 다른 말로, 우리가 모두 그렇게 하듯이, 좋아하는 음식과 싫어하는 음식을 갖게 될 것이다.

우리는 아이들이 정상적으로 사용하는 이러한 장치들을 증상이라고 부르면서, 정상적인 아이는 적절한 상황에서 어떤 종류의 증상도 가질 수 있다고 말한다. 그러나 아픈 아이에게 있어서 문제는 증상이 아니다; 그것은 증상이 제 일을 하지 못하고 있다는 사실이며, 그것은 엄마에게 그렇듯이, 아이 자신에게도 무척 성가신 일이다.

따라서 비록 야뇨증, 음식 거부, 그리고 다른 온갖 증상들이 치료를 필요로 한다는 심각한 지표가 될 수 있지만, 꼭 그래야 할 필요는 없다. 사실, 확실히 정상이라고 불릴 수 있는 아이들이 그러한 증상들을 보여줄 수도 있는데, 그것은 단순히 삶이 처음부터 모두에게, 즉 모든 인간 존재에게 원래 힘든 것이기 때문이다.

어려움은 어디에서 발생하는가? 첫째로, 두 종류의 현실, 즉 모든 사람들에 의해 공유되는 외부 세계의 현실과 감정, 생각, 상상이 있는 아이의 개인적인 내면세계의 현실 사이의 충돌에서 온다. 아기는 태어나는 순간부터 끊임없이 외부 세계의 사실들을 소개받는다. 초기의 수유 경험을 하는 동안에 생각들은 사실들과 비교된다; 욕망되고, 기대되고, 생각된 것들이 다른 사람의 의지와 소망에 달려있는, 실제로 공급된 것과 비교된다. 이러한 본질적인 곤경과 연결된 고통은 평생 존재할 것이다. 최상의 외부 현실조차도 그리고 어느 정도 조작이 가능한 것조차도, 상상적인 것, 즉 마술적인 통제 하에 있는 것이 아니라는 점에서, 실망스러운 것일 수밖에 없다. 어린 아이를 돌보는 사람의 주된 과제들 중의 하나는 가능한 한 현장에서 아이가 부딪친 문제를 직접적으로 단순화시켜줌으로써, 환상에서 환멸로 가는 고통스러운 이동과정을 돕는 것이다. 유아기의 비명과 짜증 발작의 많은 부분은 내부 현실과 외부 현실 사이의 줄다리기에 속한 것이고, 그 줄다리기는 정상적인 것으로 간주되어야 한다.

이처럼 환상이 깨지는 과정의 특별한 부분은 아이가 그 과정에서 직접적인 충동의 기쁨을 발견하는 것이다. 하지만 아이가 성장하고, 집단에 있는 다른 사람들과 섞이기 위해서는, 자발성에 속한 기쁨의 많은 부분을 포기할 수 있어야만 한다. 그러나 먼저 발견되고 소유하지 않는다면, 포기될 수 있는 것도 없다. 아이에게 직접적인 충동의 기쁨을 포기할 것을 요구하기 전에, 엄마가 각각의 유아가 필수적인 사랑을 받았다는 느낌을 갖고 있는지를 확인하는 것은 무척 어려운 일이다. 이러한 고통스러운 학습과 관련해서, 충돌들과 항의들이 실제로 기대되는 것이 정상적이다.

둘째로, 유아가 자신 안에 매우 파괴적인 생각들이 있다는 끔찍스러운 사실을 흥분과 함께 발견한다는 사실에서 어려움이 발생한다. 젖을 먹을 때, 아이는 좋은 것을, 즉 음식과 자신에게 음식을 주는 사람 모두를 파괴하려는 충동을 느낀다. 이것은 차츰 유아가 자신이 공격하는 대상이 사람이라는 것을 인식하거나, 수유 시간에 마치 파괴되거나 사용되기를 기다리면서 그곳에 있는 사람을 좋아하게 되면서 매우 두려운 것이 된다. 그리고 이것과 함께, 거기에는 만약 모든 것이 파괴된다면, 아무것도 남지 않을 거라는 느낌이 있게 된다; 그리고 그러면 다시 배고프게 될 거라는 두려움이 있다.

그렇다면 무엇을 해야 하는가? 때때로 아이는 더 이상 음식에 열의를 보이지 않고, 그럼으로써 마음의 평화를 얻지만, 열의가 없이는 완전한 만족감의 경험이 있을 수 없다는 점에서 그는 소중한 무언가를 잃어버린 것이다. 여기에서 우리는 우리가 정상이라고 부르는 아이들에게서 어느 정도 당연히 예상해야 하는, 하나의 증상—건강한 식탐의 억제—을 갖는다. 만약 이 증상을 피하기 위해 노력하는 과정에서 엄마가 이 모든 소란에 대해서 알고 있다면, 그녀는 공황상태에 빠지는 일 없이 아이에게 시간을 줄 것인데, 이것은 아이를 돌보는 일에서 항상 유익한 것이다. 유아와 아이가 책임감이 있는 한 사람의 차분하고 일관된 그리고 자연스러운 행동에 힘입어 결국 난관을 헤쳐 나갈 수 있다는 사실은 놀라운 일이다.

이 모든 것은 오직 유아와 엄마 사이의 관계와 관련되어 있다. 오래지 않아 다른 문제들이 추가되면서, 아이는 자신이 아빠와 맺는 관계가 존재한다는 것을 알게 된다. 당신이 아이에게서 보는 많은 증상들은 이러한 사실과 더 광범위한 함축들로부터 자연스럽게 나타나는, 복잡한 문제들과 관련되어 있다. 그러나 우리는 그런 이유로 아빠를 제외시키는 것을 원하지 않는다. 아이가 아빠와 관련된 외부 현실의 더 단단한 사실을 다루지 않고서 곧바로 발달의 다음 단계로 가는 것보다는, 아빠에 대한 아이의 질투, 사랑, 또는 혼합된 감정들의 직접적인 결과들로 보이는 온갖 종류의 증상들을 거치는 것이 명백히 더 낫다.

새 아기가 태어나는 것은 동요를 발생시키는데, 그것은 개탄할 만한 것이라기보다 바람직한 것이다.

셋째로, 아이가 곧 지기도 하고 이기기도 하는 전투가 벌어지는 개인의 내면세계, 즉 마법이 지배하는 세계를 창조하기 시작한다는 사실에서 어려움이 발생한다. 아이들의 그림들과 놀이들에서 당신은 이러한 내면세계를 엿볼 수 있을 것인데, 그것은 진지하게 취급될 필요가 있다. 이 내면세계는 아이의 신체 안에 위치해 있는 것으로 보인다는 점에서, 거기에는 아이의 신체가 포함될 것을 기대해야만 한다. 예를 들면, 온갖 종류의 신체의 고통들과 동요들이 내면세계 안에서 긴장과 스트레스를 수반할 것이다. 그리고 내면의 현상들을 통제하려고 시도하는 과정에서, 아이는 통증과 고통을 느끼거나, 마술적인 몸짓을 하거나, 신들린 것처럼 행동할 것이다. 나는 당신이 아이가 보이는 이러한 '미친' 행동들을 다루어야 할 때, 그가 병이 들었다고 생각하지 않기를 바란다. 당신은 아이가 온갖 종류의 실제적이고 상상적인 사람들, 동물들, 사물들에 의해 사로잡힐 것을, 그리고 그런 것들이 외부에서 오는 것이라고 믿을 것을 기대해야만 하며, 따라서 아직 어린 아이에게 다 자란 아이가 되기를 요구하는 것을 통해서 엄청난 혼란을 야기하기를 원치 않는다면, 이러한 상상적인 사람들과 동물들을 보고 있는 척할 필요가 있다. 그리고 당신이 내면세계에서 유래한, 그리고 어떤 적당한 이유로 당분간 인격의 외부에 있다고 여겨지는, 당신의 아이에게는 전적으로 실제적인 존재인 상상 속의 놀이친구들이 되어야 할 때, 놀라지 말아야 한다.

인생이 어째서 정상적으로 힘든 것인지를 계속해서 설명하려고 시도하기보다는, 하나의 힌트를 주는 것으로 이 장을 끝내고자 한다. 아이가 놀 수 있는 능력에 많은 비중을 두라. 만약 아이가 놀고 있다면, 한두 가지 증상이 있어도 무방하고, 만약 아이가 혼자 놀 수 있고 또 다른 아이들과도 놀이를 즐길 수 있다면, 거기에는 아주 심각한 문제는 없다. 만약 놀이에서 풍부한 상상력이 사용되고 있다면, 그리고 만약 외부 현실에 대한 정확한 지각에 기초한 게임에서 즐거움을 얻고 있다면, 설령 그 아이가 침대에 오줌을 싸고, 말을 더듬고, 짜증 발작을 하거나, 반복적으로 심한 공격성을 보이거나, 우울증으로 고통 받는다고 해도, 당신은 상당히 행복할 수 있을 것이다. 아이의 놀이는, 만약 그에게 좋고 안정된 환경이 주어진다면, 삶의 개인적인 방식을 발달시킬 수 있고, 마침내 전체적인 인간이 될 수 있으며, 그런 존재로서 세상

에 의해서 요청받고 환영받는 사람이 될 수 있다는 희망을 보여
준다.

제 20 장
외동아이

　나는 평범한 좋은 가정에서 혼자 없이 자란 외동아이에 대해 논의할 것이다. 질문은 이것이다: 아이가 외동아이인지 아닌지가 중요한 이유가 무엇인가?

　주변에 외동아이들을 많이 보는데, 사람들이 한 아이만을 갖는 데는 충분한 이유들이 있다. 물론 많은 경우, 부모들은 더 많은 아이들을 갖고 싶지만, 이런저런 일이 생기는 바람에 그것이 불가능해진다. 그러나 종종 한 명의 아이만을 갖겠다고 작정하는 경우도 많다. 만약 결혼한 부부에게 왜 아이를 하나만 갖느냐고 물어보면, 대부분은 경제적인 이유를 내세운다. '한 명 이상을 감당할 능력이 없어서요.'

　의심의 여지없이, 아기들은 돈이 드는 존재이다. 가정생활의 재정적인 측면과 관련해서 그들의 내면에서 오는 걱정의 소리를 무시하라고 조언하는 것은 지혜롭지 못한 처사일 것이다. 우리 모두는 무책임한 사람들 때문에 합법적 또는 비합법적 아기들이 도처에서 생겨나고 있다는 것을 알고 있고, 이것이 젊은이들로 하여금 아이들을 많이 낳는 것을 주저하게 만들고 있다는 것도 알고 있다. 만약 사람들이 돈에 대해 말하고 싶어 한다면, 그렇게 하게 하라. 하지만 나는 그들이 염려하는 것은 여러 아이들을 키우기 위해서는 개인적인 자유를 많이 희생해야 하는 것이라고 생각한다. 만약 두 아이를 키우는 것이 실제로 한 아이를 키우는 비용의 두 배가 든다면, 양육 비용은 아이의 숫자에 따라 미리 계산될 수 있을 것이다. 그러나 여러 명의 아이를 키우는 것이 과연 한 아이를 키우는 것보다 실제로 훨씬 더 부담이 되는지에 대해 의심해볼 수 있다.

아이를 부담이라고 부르는 것을 용서해주기 바란다. 아이들은 부담이고, 만약 그들이 기쁨을 가져다준다면, 그것은 그들을 원했기 때문이다. 만약 두 사람이 그 부담을 기꺼이 짊어지기로 결정했다면, 그것은 아이를 부담이 아니라 한 아기라고 부르기로 동의한 것이다. 다음과 같은 뜻깊은 유머가 있다: '모든 골칫덩이들이 사소한 것들이 되게 하라!' 아이들에 대해 감상적으로 생각한다면, 사람들은 아예 아이 갖는 것을 포기할 것이다; 엄마들은 대신에 빨래와 바느질을 즐길 수 있겠지만, 아이를 키우는 일이 이기적이지 않음을 뜻한다는 사실을 잊지 말아야 할 것이다.

아이가 외동일 때 몇 가지 확실한 장점들이 있다. 부모가 한 아이에게 헌신할 수 있다는 사실은 그들의 아이가 복잡하지 않은 유아기를 보낼 수 있는 가능성이 더 높다는 것을 말해준다. 말하자면, 아기는 엄마와 가장 단순한 관계를 맺는 것으로 시작할 수 있으며, 그의 세상의 작은 조각은 발달하는 그가 허용할 수 있는 속도보다 더 빠르게 복잡성을 발달시키지 않을 것이다. 단순화된 환경 안에서 경험하는 이 존재의 기반은 전 생애에 걸쳐 커다란 버팀목이 되어줄 수 있다. 물론 그 외에도 부모가 한 아이에게 쉽게 제공할 수 있는, 음식, 옷, 교육과 같은 다른 중요한 것들도 언급할 수 있다.

이제 외동아이를 키우는 것이 지닌 단점에 대해 생각해보겠다. 외동아이가 되는 명백한 단점은 놀이 친구가 부족하고, 손위 또는 손아래 형제자매와의 다양한 관계들을 통한 풍부한 경험을 갖지 못한다는 것이다. 아이들의 놀이 안에는 어른들이 접촉할 수 없는 많은 것들이 있다; 설령 그들이 그런 사실을 이해한다고 해도, 그들은 아이들이 원하는 만큼 오랜 시간 동안 놀이에 참여할 수 없다. 사실 어른들이 아이와 논다면, 아이의 놀이 안에 있는 자연스러운 광기는 지나치게 명백해진다. 따라서 만약 함께 놀 다른 아이들이 없다면, 아이는 놀이를 통해서 성장하지 못하고, 비논리성, 무책임성, 그리고 충동성에 속한 즐거움을 상실하게 된다; 외동아이는 조숙하고, 어른들과 이야기를 나누며, 엄마의 집 안일을 돕고, 아빠의 연장들을 사용하는 경향이 있다. 그에게 노는 것은 바보 같은 것이 된다. 함께 놀이하는 아이들은 놀이의 세부사항들을 창조해내는 무한한 가능성을 갖고 있고, 또한 긴 시간 동안을 싫증내지 않고 논다.

그러나 나는 그것보다 더 중요한 것이 있다고 생각한다; 아이가 새로운 형제 또는 자매로서 가족의 일원이 되는 경험은 소중한 것이다. 사실, 나는 이 경험의 가치를 아무리 강조한다고 해도 충분치 않다고 생각한다. 엄마의 임신과 관련해서 상당히 근본적인 것이 있다; 아이는 엄마가 임신을 하면서 엄마의 무릎이 더 이상 편하지 않다는 것을 발견하게 되고, 차츰 그 이유를 알게 되며, 마침내 새 아기가 출현하고, 그와 동시에 엄마가 정상으로 되돌아오는 모든 시간 동안 그가 비밀스럽게 알고 있는 것에 대한 확실한 증거를 얻는다. 이런 변화를 보지 못하는 외동아이는 사실 많은 것을 놓치고 있는 것이다. 설령 아이가 이것을 받아들이지 못하고, 그것이 불러일으키는 엄청난 감정들과 갈등들에 대처하지 못하는 경우가 흔히 있음에도 불구하고, 그런 경험을 놓친 아이는, 그리고 아기에게 젖을 먹이는 엄마를 본 적이 없고, 아기를 씻기고 돌보는 엄마를 보지 못한 아이는, 그런 것들을 목격한 아이보다 경험의 풍부성에서 훨씬 뒤진다. 그리고 아마도 어린 아이들은 어른들만큼이나 아기들을 갖고 싶어 할 것이다. 그러나 아직 아기를 가질 수 없는 그들은 인형들에게서 부분적인 만족을 얻을 것이다. 만약 그들의 엄마가 아기를 갖는다면, 그들은 대리인을 통해서 아이를 가질 수 있게 된다.

외동아이가 특별히 결여하고 있는 한 가지는 미움의 경험과 관련되어 있다; 새 아기가 엄마 아빠와의 정착되고 안전한 관계를 위협할 때 아이가 느끼는 증오. 새 아기의 출생에 의해 아이가 동요되는 것은 정상이라고 할 수 있을 만큼 일반적인 것이다. 아기에 대한 그들의 첫 번째 언급은 보통 정중하지 못하다: '메주같이 생겼어'; 사실 부모는 새 아기가 탄생한 것에 대해 다른 아이가 의식적으로 싫다는 말이나, 심지어 극심한 미움을 직접적으로 표현하는 말을 들을 때, 안도감을 느껴야 한다. 이러한 미움은 새 아이가 같이 놀 수 있고, 자랑스럽게 여길 수 있는 한 인간으로 발달하게 되면서, 차츰 사랑으로 바뀔 것이다. 하지만 첫 반응은 공포와 증오일 수 있고, 갓난아기를 쓰레기통에 버리고 싶은 충동일 수 있다. 나는 어린 동생에 대한 사랑이 생겨나는 것을 느끼는 아이가, 그 동생이 몇 주 전만해도 미워하고 없어졌으면 좋겠다고 느꼈던 바로 그 아기라는 사실을 발견하는 것은 매우 소중한 경험이라고 생각한다. 모든 아이들에게 있어서 미움을 합법적으로 표현하는 것은 매우 어려운 일이며, 외동아이가 자신의 본성의 공격적인 측면을 표현할 기회가 상대적으로 적다는 것은 심각한 사실이다. 함께 자라는 아이들은 온갖 종류의 놀이를 통해서 자신들의 공격성을 다룰 기회를 가지며, 또한 그들이 사랑하는 누군가를 실제로 상처 입힐 때 그 일에 대해 염려하는 자신들을 발견할 수 있는 소중한 기회들을 갖는다.

또 다른 한 가지는, 새 아기의 출현은 아빠와 엄마가 성적으로 여전히 서로에게 관심이 있을 뿐만 아니라 서로 좋아한다는 것을 의미한다. 나는 개인적으로 아이들이 새 아기의 출현을 통해 엄마와 아빠 사이의 관계에 대해 일종의 확인을 받는다고 생각한다; 그리고 엄마와 아빠가 성적으로 끌리는 것을 통해서 가족 생활의 구조를 유지하고 있다고 느끼는 것은 아이들에게 언제나 결정적인 중요성을 갖는다.

여러 명의 아이들이 있는 가족은 한 아이만 있는 가족보다 또 하나의 장점을 갖고 있다. 그런 가족에서는 아이들이 서로와의 관계를 통해서 온갖 종류의 역할을 수행해볼 기회가 있는데, 이 모든 것은 그들로 하여금 더 큰 집단 안에서의 삶과, 마침내 세상에서의 삶을 맞이할 수 있도록 준비시켜준다. 외동아이는 자라면서, 특히 사촌들이 많지 않을 경우, 따로 준비하지 않는 한 다른 아이들을 만나기가 어렵다. 외동아이들은 항상 안정적인 관계를 추구하는데, 이것은 우연히 알게 된 다른 아이들을 쫓아버리는 경향이 있다. 반면에, 여러 명의 형제자매들과 함께 자란 아이들은 그들의 형제자매의 친구들을 만나는 데 익숙하고, 데이트를 할 나이가 되면 인간관계의 많은 실용적인 경험들을 갖게 된다.

부모들은 물론 외동아이에게 많은 것을 해줄 수 있고, 많은 사람들이 그런 식으로 최선을 다하는 것을 선호하지만, 그들은 또한 그들 나름의 고통을 감수해야 한다. 특별히 전쟁 시에, 자녀의 입장에서는 전쟁터에 나가 싸우는 것이 유일하게 좋은 선택일지라도, 그들의 입장에서는 그렇게 하는 것이 힘들다. 자녀들에게는 위험을 감수할 수 있는 자유가 필요한데, 그렇게 하지 못하는 것은 그들에게 심각한 좌절일 수밖에 없다. 외동아이일 경우 그들이 다치면 부모에게 너무 큰 상처가 될 수 있기 때문에, 그는 그런 위험을 감수하는 것이 힘들다. 사실 남자와 여자는 그들이 자녀들을 양육하고 세상으로 내보낼 때, 그들의 삶이 풍요로워지는 것을 경험한다.

게다가, 아이가 장성하면서 아빠와 엄마를 돌봐주어야 하는 문제가 발생한다. 자녀가 여러 명일 경우, 그 일은 서로 분담할 수 있다. 분명히, 외동 자녀는 부모를 돌보고 싶은 그들 자신의 소망에 의해 짓눌릴 수 있다. 아마도 부모들은 이 점을 미리 생각해야 할 것이다. 그들은 때때로 자녀를 돌보았던 시절을 잊고 지내는데, 그것은 자녀가 빨리 자라고, 그 또는 그녀의 어린 시절이 짧기 때문이다. 그러나 자녀는 부모를 20년이나 30년 또는 그보다 더 오랫동안 무제한으로 돌봐야 한다(그리고 그렇게 하고 싶어 할 수 있다). 자녀가 여러 명이라면 연로하신 부모를 돌보는 일이 마지막까지 즐거움으로 남을 수 있는 가능성이 더 높다. 사실, 외동으로 자란 많은 젊은 부부들은 여러 명의 자녀를 두고 싶어도 그들 자신들의 나이 들고 편찮은 부모들을 혼자서 돌봐 드려야 하는 책임감 때문에 그렇게 할 수가 없는데, 그것은 그들의 부모들이 자신들을 돌보는 일을 분담할 수 있을 만큼 충분히 여러 명의 자녀를 갖지 않았기 때문이다.

나는 아이가 보통의 좋은 가정에서 자란 보통의 건강하고 정상적인 상태라는 가정 하에, 외동아이가 되는 것이 갖는 장점과 단점에 대해 논의했다. 만약 우리가 정상적이지 않은 경우에 대해 다룬다면, 명백히 훨씬 더 많은 것들을 이야기할 수 있을 것이다. 예를 들면, 발달장애를 갖고 있는 아이를 둔 부모는 관심을 요하는 특별한 문제를 갖고 있고, 관리하기가 힘든 아이들 때문에 부모들은 자연스럽게 문제가 있는 아이 때문에 그리고 그들에게 강요되는 관리 유형 때문에 다른 아이들이 해를 입는 것은 아닌지 걱정하게 된다. 그리고 아이의 부모가, 신체적으로든 심리적으로든, 이런저런 방식으로 아픈, 동일하게 중요한 경우도 있다. 예를 들면, 어떤 엄마들과 아빠들은 대체로 항상 우울하거나 걱정을 한다; 그들 중 일부는 두려움과 세상은 적대적인 곳이라는 생각 위에 그들의 가정을 세운다. 외동아이는 이 모든 것을 혼자서 발견하고 다루어야만 한다. 한 친구가 나에게 말했다: "나는 갇혀 있었다는 이상한 느낌이 들어; 아마도 너무 많은 사랑, 너무 많은 관심, 너무 많은 소유욕이 자신들이 자녀의 세계의 전부라고 생각한 부모들 때문에 나를 갇혀 있는 존재라고 느끼게 되었던 것 같아. 그리고 이 느낌은 그것이 사실이 아니라는 것을 알고 난 후에도 오랫동안 계속되었어. 나는 이것이 외동이 되는 것이 갖는 가장 나쁜 부분이라고 생각해. 나의 부모님은 이 문제에 있어서 외견상으로는 지혜로웠어. 그들은 내가 제대로 걷기도 전에 나를 학교에 보냈고, 옆집 아이들과 거의 함께 살 정도로 가깝게 지내도록 허용했지만, 집 안에서는 마치 가족의 유대가 다른 무엇보다 무한하게 중요하기라도 한 것처럼, 이상한 끌어당김이 있었어. 만약 가족 안에 또래가 없다면, 이 모든 것은 아이를 일종의 자만심으로 채우기 쉬울 것 같아."

나는 개인적으로 외동보다는 여러 명의 자녀가 있는 가족을 더 선호하는 것이 사실이다. 하지만 많은 자녀를 감당할 수 있는 체력과 정서적 에너지가 없이 많은 아이를 갖는 것보다는 한두 명의 자녀를 낳아 최선을 다해 키우는 것이 훨씬 더 낫다. 만약 한 아이만을 가져야 한다면, 다른 집 아이들을 집에 초대할 수 있고, 이것을 일찍 시작할 수 있다는 것을 기억하라. 두 어린 아이가 머리를 부딪치는 것은 그들이 만나서는 안 된다는 것을 의미하지 않는다. 다른 아이가 없을 경우, 거기에는 강아지나 고양이가 있을 수 있고, 유아원들과 유치원들이 있다. 부모들이 외동이 되는 것이 갖는 엄청난 단점들을 이해한다면, 그리고 어려움을 헤쳐 나갈 의지가 있다면, 어느 정도는 보완할 수 있을 것이다.

제 21 장
쌍둥이

쌍둥이에 대해 제일 먼저 해야 할 말은 그것이 완전히 자연스러운 현상이며, 그것에 대해 감상적이거나 특이할 것이 전혀 없다는 것이다. 나는 쌍둥이를 몹시 갖고 싶어 하는 많은 엄마들을 알고 있고, 쌍둥이인 것을 무척 좋아하는 쌍둥이 자녀들도 많이 알고 있다. 그러나 거의 모든 엄마들은, 만약 그들에게 선택권이 있었다면, 실제로 쌍둥이를 택하지는 않았을 것이라고 말하고, 자신들의 운명에 상당히 만족해하는 것처럼 보이는 쌍둥이들 역시 한 번에 하나씩만 태어나는 것을 더 좋아했을 거라고 말하는 경우가 많다.

쌍둥이들은 해결해야 할 특별한 문제들을 갖고 있다. 쌍둥이의 장점들이 무엇이든 간에, 거기에는 또한 단점들도 있기 마련이다. 내가 할 수 있는 것은 어떤 것을 하라고 말해주기보다는 주된 어려움에 대한 한두 가지 힌트를 주는 것뿐이다.

두 가지 종류의 쌍둥이가 있으며, 각 종류마다 문제가 정확히 똑같지도 않다. 당신이 알고 있듯이, 모든 아기들이 하나의 지극히 작은 세포, 즉 수정된 난자로부터 자라난다. 난자는 수정되자마자 성장하기 시작하고, 곧 둘로 분열된다. 이 두 세포들은 다시 분열되어 넷이 되고, 넷은 여덟이 되며, 그 분열은 온갖 종류의 수백만 개의 세포들로 이루어진 새로운 개인이 출현한 때까지 계속되는데, 그때 그 세포들은 서로 연결되는 것을 통해서 최초의 수정된 난자만큼이나 단순한 단일체가 된다. 때때로, 새로 수정된 난자의 첫 분열 후에 두 개의 세포가 개별적으로 나눠지고 독립적으로 성장하는데, 이렇게 해서 일란성 쌍둥이가 시작된다: 두 아기가 같은 수정된 난자에서 발달한다. 일란성 쌍둥이들은 항상 같은 성별을 갖고 있고, 적어도 처음에는 보통 생김새가 서로 많이 닮아있다.

다른 종류의 쌍둥이는 같은 성별이 아닐 수 있는데, 그들은 같은 순간에 수정된 난자에서 성장한 것을 제외하고는, 다른 형제자매들과 다를 바가 없다. 이런 경우 두 난자는 자궁 안에서 나란히 자란다. 이런 종류의 쌍둥이는 다른 형제자매들이 서로 닮는 것 이상으로는 서로 닮지 않는다.

어떤 종류의 쌍둥이이건, 우리는 그들이 결코 혼자가 아니고 동반자를 갖는다는 것이, 특히 그들이 늙어갈 때, 그들 각자에게 좋은 일임을 알 수 있다. 그러나 거기에는 난관이 있는데, 이것을 이해하기 위해서는 유아가 발달하는 방식을 상기해야 할 필요가 있다. 보통의 상황에서, 그리고 보통의 좋은 관리 하에서, 유아들은 출생 후 곧바로 그들의 인격과 개별성의 기초를 형성하는 과제와, 자신의 중요성을 발견하는 과제를 갖는다. 우리 모두는 이기적이지 않은 마음과 다른 사람의 관점을 기꺼이 받아들이려는 마음을 좋아하고, 자녀들에게서 이러한 미덕을 발견하기를 원하지만, 유아의 정서적 발달을 살펴보면, 이기적이지 않은 마음이 일차적인 이기심의 경험 위에 기초한 것일 때에만 건강하고 안정적인 방식으로 자리를 잡는다는 사실을 알게 된다. 이 일차적인 이기심 없이는 아이의 이기적이지 않은 마음은 증오와 함께 닫힌다고 말할 수 있다. 어쨌든, 이 일차적 이기심은 처음에 상황을 지배하고 싶어 하는 유아의 충동을 허용해주고, 유아의 욕망에 기꺼이 최대한으로 맞춰주며, 시간이 지나면서 다른 사람에 대해 관심을 갖는 유아의 능력의 도래를 기다려주는, 좋은 엄마에 대한 경험을 통해서 충족될 수 있다. 처음에 엄마는 아기에게 "엄마는 내 것"이라는 느낌과, 엄마를 통제할 수 있다는 느낌, 그리고 엄마가 그 일을 위해 창조되었다는 느낌을 줄 수 있어야 한다. 그러기 위해서는 엄마 자신의 사적인 삶이 아기에게 부담이 되어서는 안 된다. 일차적 이기심을 뼛속 깊이 경험하는 것을 통해서, 아기는 이후에 과도한 증오 없이 이기적이지 않을 수 있게 된다.

한 아기가 태어날 때, 일반적으로 그 아기는 엄마가 다른 관심사를 가질 권리를 갖고 있음을 인식하는 데 필요한 시간을 가질 수 있고, 모든 아이들은 새로운 아이의 출현을 매우 심각한 종류의 어려움으로 느낀다는 것은 잘 알려져 있다. 아기가 첫돌이 한참 지나서까지 다른 아기와 함께 있는 것이 주는 유익을 인식하지 못한다고 해도, 그리고 심지어 두 살인 아이들이 함께 놀기보다는 서로를 때린다고 해도, 엄마는 그다지 걱정하지 않을 것이다. 실제로 아기 각자는 자기 시간표에 맞추어 남동생이나 여동생을 환영할 것인데, 이처럼 어린 아이가 진정으로 엄마의 새로운 임신을 '허락'하는 순간(즉 주는 것)은 매우 중요한 순간이다.

그런가 하면 쌍둥이는, 가족 안에 새로운 멤버를 받아들이는 능력의 발달과는 별도로, 항상 대처해야만 하는 또 다른 아기를 갖고 있다.

이럴 때 우리는 초기 몇 달 동안에는 사소한 일들이 중요하지 않다는 잘못된 견해를 만나게 되는데, 초기에 쌍둥이들 각자가 자신이 엄마를 소유했다고 느끼는지 아닌지는 결코 사소한 문제가 아니다. 쌍둥이 엄마에게는 다른 모든 것들에 더해 추가적인 과제를 갖고 있는데, 그것은 동시에 두 아기들에게 그녀 자신의 전부를 주는 것이다. 그녀는 이 일에 어느 정도 실패할 수밖에 없기 때문에, 최선을 다하는 것에 만족해야 하며, 아이들이 언젠가 쌍둥이 상황이 지닌 본래적인 단점을 보상해줄 장점을 찾아낼 것을 희망해야만 한다.

한 엄마가 두 유아의 직접적인 필요들을 단번에 충족시키는 것은 불가능하다. 예컨대, 엄마는 수유를 할 것인지, 기저귀를 갈 것인지, 목욕을 시킬 것인지의 문제에서, 두 아기 중 하나를 먼저 선택할 수 없다. 그녀는 공평하기 위해 노력할 수 있어야 하고, 처음부터 이 문제를 진지하게 다룬다면 보상이 있을 것이지만, 결코 쉬운 일은 아니다.

사실 그녀는 자신의 목표가 아기들을 똑같이 취급하는 것이 아니라, 그들 하나하나를 유일한 아이인 것처럼 대하는 것임을 깨닫게 될 것이다. 말하자면, 그녀는 출생 직후부터 각 유아의 차이점들을 찾아내려고 시도할 것이다. 그녀는 비록 처음에는 피부에 난 작은 점이나 다른 어떤 방법을 사용해서 그렇게 하지만, 나중에는 그럴 필요가 없으며, 그 누구보다도 쉽게 그들을 구별한다. 그녀는 일반적으로 그 둘의 기질이 다르다는 것을 발견할 것이고, 만약 그녀가 아이 각자와의 관계에서 그를 전체 인격으로 대한다면, 그들은 각각 자신의 인격적인 특성을 발달시킬 것이다. 쌍둥이와 관련된 많은 어려움들이, 그들이 서로 다를 때조차도 그들이 같다고 인식한다는 사실에서 발생하는데, 그것은 사람들이 그것을 단순히 재미있게 여기거나, 그 일이 문제 삼을 만하다고 생각하지 않기 때문이다. 나는 상당히 좋은 가정에서, 다른 아이들은 쌍둥이 여자 아이를 구별하는 데 어려움이 없었지만, 나이든 보모는 그들을 구분하지 못하는 경우를 본 적이 있다; 사실 두 여자아이는 실제로 상당히 뚜렷한 성격을 가지고 있었다. 보모는 그들 각각을 '쌍둥이'라고 부르곤 했다.

쌍둥이 중 한 명은 엄마가 돌보고, 다른 아이는 보모에게 맡기는 것은 해결책이 아니다. 예컨대, 건강 문제와 같은 어떤 정당한 이유로 아이들을 돌보는 일을 다른 누군가와 공유해야만 하는 경우가 있을 수 있다; 그러나 그때 당신은 그것이 해야 할 일을 연기하는 것에 지나지 않는다는 사실을 발견할 것이다. 왜냐하면 어느 날 당신이 보모에게 맡긴 쌍둥이가, 설령 당신이 제공한 것보다 더 좋은 돌봄을 받았을지라도, 당신의 돌봄을 받은 쌍둥이를 심하게 질투할 것이기 때문이다.

쌍둥이 엄마들은 쌍둥이들이 때때로 사람들이 자신들을 오인하는 것을 즐기기도 한다는 생각에 동의하는 것처럼 보이는데, 사실 이런 아이들은 서로의 정체성을 문제없이 알아차리는 엄마를 필요로 한다. 모든 경우에 그들을 혼동하는 일이 없어야 하고, 그들의 삶에서 그들에 대해 아주 명확하게 알고 있는 누군가가 있어야 한다. 내가 아는 한 엄마는 일란성 쌍둥이가 있었는데, 다른 사람들의 눈에는 그들이 똑같아 보였지만, 그들의 기질의 차이를 아는 그녀는 그들을 구별하는 데 전혀 어려움이 없었다. 생후 한 주 정도 되었을 때, 이 엄마가 빨간 숄을 걸쳤는데, 그것이 수유를 방해했다. 한 쌍둥이는 단순히 그 숄을 응시하는 것으로—아마도 그것의 밝은 색상 때문에—그리고 젖가슴에 흥미를 잃는 것으로 반응했다. 하지만 다른 쌍둥이는 숄에 의해 영향을 받지 않았고, 평소처럼 먹었다. 이 일이 있은 후에, 엄마는 두 아이가 두 사람일 뿐만 아니라, 똑같은 경험을 하는 것을 이미 중지했다는 것을 깨달았다. 이 특정한 엄마는 누구를 먼저 먹일지에 대한 어려움을, 제시간에 먹일 준비를 잘하는 것을 통해서, 그리고 더 열심히 먹고 싶어 하는 아기에게 먼저 먹이는 것을 통해서 해결했다. 누가 더 열심히 먹고 싶어 하는지는 보통 울음소리를 통해서 쉽게 결정할 수 있었다. 물론 나는 이 방법이 모든 경우에 다 적합하다고는 생각하지 않는다.

확실히 쌍둥이를 키우는 일에서 주된 어려움은 아이들 각자를 인격적으로 대하고 관리하는 문제이다. 그런 대접을 통해서만 아이들 각자의 전체성과 하나됨이 완전히 인정받을 수 있기 때문이다. 설령 정확하게 똑같은 쌍둥이라고 하더라도, 그들은 여전히 아이들과 각각 온전한 관계를 맺어주는 엄마를 필요로 한다.

내가 지금 말한 엄마는 한 아이는 앞뜰에 재우고, 다른 아이는 뒤뜰에 재우는 것이 좋겠다고 생각했다. 물론 당신은 뜰을 두 개 갖지 않았을 수 있다. 그러나 당신은 어떻게든 한 아기가 울 때, 그것이 항상 두 아기의 울음이 되지 않도록 조처할 수 있을 것이다. 당신의 관점에서 볼 때, 우는 아기 둘을 동시에 갖는 것도 힘든 일인데, 거기에다 아이가 상황을 지배하는 것을 좋아하는 아이라면, 그것은 극도로 힘든 일이다; 자연스러운 독재 단계인 초기 유아기 동안에 아이가 경쟁자를 갖는다는 것은 돌보는 이를 미치게 하는 일이며, 나는 이러한 종류의 영향이 쌍둥이의 삶에서 오래 지속된다는 것을 알고 있다.

나는 한 종류의 쌍둥이를 일란성 쌍둥이라고 부른다고 말한 바 있다. 확실히 이 단어는 커다란 오해로 인도하기 쉽다. 만약 아이들이 일란성이라면, 그들은 서로 같을 것이고, 하나로 합쳐질 것이라는 생각하기 쉬운데, 이것은 터무니없는 생각이다. 그들은 비슷하지만 동일하지 않다; 위험은 사람들이 그들을 동일한 존재로 대하는 것이다. 내가 말했듯이, 만약 사람들이 쌍둥이들을 그렇게 대한다면, 그들은 자신들의 정체성에 대해 혼란스러워 할 것이다. 쌍둥이가 아니어도 유아들은 자신의 정체성에 대해 혼란스러워 한다; 그들은 오직 서서히만 자신들에 대해 확신을 갖게 된다. 알다시피, 아이들이 대명사를 사용하는 것은 말을 하기 시작한지 상당한 시간이 지났을 때이다. 그들은 '나', '너', 그리고 '우리' 라고 말하기 훨씬 전에 '엄마', '아빠', '더 많이', '개' 라고 말한다. 유모차에 나란히 앉아있는 쌍둥이들이 서로를 자신과 분리된 존재가 아니라고 느끼는 것이 가능하다. 실제로 다른 쪽 유모차에 앉아있는 쌍둥이가 (거울을 보는 것보다 더) 자기 자신이라고 생각하는 것이 (아이의 언어로) '안녕, 반대편에 내 쌍둥이가 있어' 라고 말하는 것보다 더 자연스러운 것이다. 그러나 한 쌍둥이가 유모차에서 들어 올려지면, 다른 쌍둥이는 상실되고 속았다고 느낀다. 여기에 모든 아기들이 겪을 수 있지만, 쌍둥이라면 꼭 겪어야만 하는 어려움이 있다; 그들은 우리가 부모로서 그들을 두 사람으로 알아줄 때, 그 어려움을 극복할 수 있다. 나중에, 만약 쌍둥이들이 그들의 정체성에 대해 상당히 자신감을 갖게 된다면, 그들은 서로의 닮은 점을 활용하는 것을 즐길 수 있을 것이고, 그리고 그때 그들은 정체성 오인에 관한 주제로 농담하고 놀이할 수 있을 것이다.

마지막으로, 쌍둥이들은 서로를 좋아하는가? 이것은 쌍둥이들이 대답해야 할 질문이다. 내가 들은 바에 의하면, 쌍둥이들이 서로를 특별히 좋아한다는 아이디어는 자세히 들여다볼 필요가 있다. 그들은 종종 서로의 동반자가 되는 것을 받아들이고, 함께 노는 것을 즐기며, 떨어지는 것을 싫어하지만, 그들이 서로를 사랑한다고 확신하기는 어렵다. 그들은 어느 날 서로를 독이라도 되는 것처럼 미워한다는 것을 발견하는데, 그것은 그들이 마침내 서로를 사랑할 수 있는 가능성이 발생하는 순간이다. 이것은 모든 경우에 해당되는 것은 아니지만, 아이들이 싫든 좋든 서로를 견뎌야만 하는 상황에 있다면, 그들은 자신들이 서로를 알아가기로 결심했는지조차 알 수 없을 것이다. 증오가 표현되고 난 후에, 사랑이 기회를 얻는다. 그렇기 때문에 당신의 쌍둥이들이 그들의 삶을 함께 보내고 싶어 할 때, 그것을 너무 당연하다고 여겨서는 안 된다는 사실이 중요한다.

당신이나 다른 사람들은 홍역과 같은 어떤 우연이 쌍둥이를 서로 떼어놓는 것에 대해, 그들은 그럴 수도 있고 아닐 수도 있지만, 고마워할 수 있을 것이다. 왜냐하면 혼자서 온전한 인간이 되는 것이 자신의 쌍둥이와 함께 온전한 인간이 되는 것보다 훨씬 더 쉽기 때문이다.

제 22 장
아이들은 왜 노는가?

아이들은 왜 노는 데는 몇 가지 명백한 이유가 있는데, 그것은 살펴볼만한 가치가 있어 보인다.

대부분의 사람들은 아이들이 노는 것을 좋아하기 때문에 논다고 말할 것인데, 그것은 부인할 수 없는 사실이다. 아이들은 신체적이고 정서적인 모든 놀이를 즐긴다. 우리는 재료들과 아이디어들을 제공함으로써 신체적 및 정서적 경험의 범위를 증가시킬 수 있지만, 아이들은 쉽게 놀잇감들을 발견하고 놀이들을 창안할 수 있기 때문에, 놀이 재료들을 너무 많이 제공하는 것보다는 오히려 적게 제공하는 것이 더 낫다.

흔히 사람들은, 마치 공격성이 나쁜 것이고 제거될 수 있는 것인 양 아이들이 놀이에서 '증오와 공격성을 해소한다'고 말한다. 이것은 부분적으로 사실이다. 왜냐하면 쌓인 분개심과 분노는 아이에게 자신 안에 있는 나쁜 것으로 느껴질 수 있기 때문이다. 그러나 아이가 자신의 증오나 공격적 충동을, 보복 받지 않는 환경 안에서, 표현할 수 있다는 것을 발견하는 것이 가치 있는 일이라고 말하는 것이 훨씬 더 중요하다. 아이를 위한 좋은 환경은,

만약 공격적인 감정들이 어느 정도 수용될 수 있는 형태로 표현된다면, 그것들을 감당할 수 있어야 한다. 공격성이 아이의 본성을 구성하고 있다는 사실과, 만약 공격성을 감추거나 부인한다면, 아이는 스스로 부정직하다고 느낄 것이라는 사실이 인정되어야만 한다.

공격성은 쾌락을 주는 것일 수 있지만, 그것은 불가피하게 누군가를 실제로 또는 상상 속에서 상처 입히는 것을 수반하며, 따라서 아이는 이 문제를 다루는 것을 피할 수 없다. 이것은 어느 정도 아이가 공격적인 감정을 단지 화가 났을 때뿐만 아니라, 놀이의 형태 안에서 표현하는 훈련을 수용하는 것을 통해서 이루어진다. 또 다른 방법은 공격성을 궁극적으로 건설적인 목적을 지닌 활동에 사용하는 것이다. 그러나 이것들은 오직 점진적으로만 성취된다. 아이가 공격적인 감정을 격분하는 순간에 분출하지 않고 놀이에서 표현하는 것을 통해서 이룩해내는 사회적 공헌을 무시하지 않는 것이 중요하다. 우리는 미움을 받거나 상처 받는 것을 좋아하지 않을 수 있지만, 자기-절제의 근저에 있는 성난 충동들을 무시해서는 안 된다.

아이들이 즐거움을 위해 놀이를 하는 것은 쉽게 볼 수 있는 반면에, 불안을 숙달하거나, 통제할 수 없을 때 불안하게 만드는 아이디어들과 충동들을 숙달하기 위해 놀이를 하는 것은 드물게만 볼 수 있다.

불안은 항상 아이들의 놀이 안에 있는 요소이고, 종종 주된 요소이다. 과도한 불안의 위협은 강박적이거나 반복적인 놀이, 또는 놀이에 속한 즐거움에 대한 과도한 추구로 인도한다; 불안이 너무 커지면, 놀이는 붕괴되어 철저하게 감각적인 만족을 추구하는 행위로 변질된다.

아이들의 놀이의 근저에 불안이 있다는 논제를 증명하는 것은 지금 여기에서 다룰 문제는 아닌 것 같다. 하지만 그 문제는 중요한 실제적인 문제를 발생시킨다. 아이들이 오직 즐거움을 위해서 놀이를 하는 한, 놀이를 그만 하라고 요청할 수 있지만, 놀이가 불안을 다루는 것인 한, 우리는 고통, 실제 불안, 또는 불안에 대한 새로운 방어들(자위 또는 백일몽과 같은) 없이는 아이들의 놀이를 중단시킬 수 없다.

아이는 놀이에서 경험을 쌓는다. 놀이는 그의 삶의 커다란 부분을 차지한다. 성인들의 경우, 외부의 경험들과 내부의 경험들 모두가 삶을 풍부하게 할 수 있지만, 아이들의 경우에는 삶의 풍부함은 주로 놀이와 환상에서 발견된다. 성인들의 인격이 그들의 삶의 경험을 통해 발달하듯이, 아이들의 인격은 그들의 놀이를 통해서, 그리고 다른 아이들과 어른들의 놀이를 만들어내는 것을 통해서 발달한다. 자신의 환상 세계를 풍부하게 만드는 것을 통해서, 아이들은 점차 외부의 실제 세계의 풍부함을 보는 그들의 능력을 확장한다. 놀이는 창조성, 즉 살아있음에 대한 계속되는 증거이다.

여기에서 성인들은 놀이가 아이의 삶에서 차지하는 커다란 위치를 인식하는 것을 통해서, 그리고 전통적인 놀이들을 가르쳐주는 것을 통해서, 그러면서도 아이들의 창의성을 가로막거나 파괴하지 않는 것을 통해서 이 일에 기여한다.

아이들은 처음에 혼자서, 또는 엄마와 함께 논다; 아직은 놀이 친구로서의 다른 아이들을 필요로 하지 않는다. 차츰 다른 아이들은 놀이 안에서 미리 준비된 역할들을 떠맡게 된다. 따라서 아이가 다른 아이들에게 독립된 존재를 허용하는 것은 놀이를 통해서이다. 어떤 어른들은 직장에서 쉽게 친구와 적을 만드는 반면에, 또 다른 어른들은 하숙집에서 수년씩 한솥밥을 먹으면서도 서로에 대해 아무런 관심도 없는 사람들이 있다. 마찬가지로, 아이들도 놀이에서 친구와 적을 만드는 반면에, 놀이를 떠나서는 쉽게 친구를 만들지 못한다. 놀이는 정서적 관계를 시작하게 하는 매개체를 제공함으로써, 사회적 접촉의 발달을 가능하게 한다.

놀이, 예술 형태의 사용, 종교 실천은 다양하면서도 협력적인 방식으로 인격의 통일과 통합을 지향하는 경향이 있다. 예컨대, 놀이는 개인이 내부 현실과 갖는 관계를 외부 현실 또는 공유된 현실과 갖는 관계와 연결시키는 것으로 볼 수 있다.

이 고도로 복잡한 문제를 바라보는 또 다른 방식은 아이가 아이디어들을 신체적 기능과 연결시키는 놀이 안에서이다. 이와 관련해서 자위를 그것에 속한 의식적 및 무의식적 환상과 함께 검토해보고, 그것을 의식적 및 무의식적 아이디어들이 우세하고 관련된 신체 활동들이 억제되거나 놀이의 내용을 위해 억제되는 진정한 놀이와 비교해보는 것이 유익할 것이다.

명백하게 환상이 없이 강박적인 자위를 하는 아이나, 반대로 *명백하게* 국부적이거나 일반적인 신체의 흥분이 없이 강박적인 백일몽을 하는 아이와는 달리, 우리는 건강한 아이의 놀이에서 신체적 기능과 아이디어의 살아있음이라는 두 가지 측면들이 서로 연결되는 경향성을 갖고 있음을 분명히 알 수 있다. 놀이는 전체성을 유지하려는 아이의 노력에서 관능성(sensuality)을 대신한다. 불안이 상대적으로 크면 관능성이 강박적이 되고, 놀이는 불가능해진다는 것은 잘 알려진 사실이다.

유사하게, 내부 현실과의 관계가 외부 현실과의 관계와 연결되어 있지 않은 아이, 달리 말해서, 인격이 심각하게 분열되어 있는 아이를 만날 때, 우리는 정상적인 놀이(꿈을 기억하고 이야기하는 것과 같은)가 어떻게 인격의 통합을 촉진하는 것들 중의 하나인지를 분명히 알 수 있다. 인격이 심각하게 분열되어 있는 아이는 놀 수 없거나, 일반적으로 인정될 수 있는 방식으로 놀 수

없다. 오늘(1968년) 나는 네 개의 언급을 추가할 것이다:

(1) 놀이는 본질적으로 창조적이다. (2) 놀이는 주관적인 것과 객관적으로 지각될 수 있는 것 사이의 유동적인 경계선의 존재를 다루기 때문에 항상 흥분된다. (3) 놀이는 아기와 엄마-인물 사이의 잠재적 공간에서 발생한다. 이 잠재적 공간은 엄마와 융합되어 있는 아기가 엄마가 분리된 존재라고 느끼기 시작하는 변화와 관련되어 있다. (4) 놀이는 아기가 치명적인 분리 없이 분리를 경험하는 기회를 가질 때 잠재적인 공간에서 발달하며, 이 것은 엄마와 융합된 상태가 엄마가 아기의 필요에 적응하는 것으로 대체되는 것을 통해서 가능해진다. 달리 말해서, 놀이의 시작은 엄마-인물을 신뢰함으로써 가능해진다.

성인들에게 옷을 차려입기가 그럴 수 있듯이, 놀이는 '자신을 있는 그대로 보여줄' 수 있다. 이것은 어린 나이에 정반대의 것으로 바뀔 수 있다. 왜냐하면 아이들은 놀이에서, 말에서처럼, 더 깊은 생각을 숨기기 때문이다. 억압된 무의식은 숨겨진 채로 있어야 하지만, 무의식의 나머지 부분은 개인 각자가 알고 싶어 하는 것이며, 놀이는, 꿈처럼, 자기를 보여주는 기능에 봉사한다.

어린 아이들의 분석에서, 놀이를 통해 의사소통하려는 욕망은 성인의 말하기 대신에 사용된다. 세 살짜리 아이는 종종 우리의 이해 능력에 커다란 믿음을 갖고 있기 때문에, 정신분석가는 아이의 기대에 부응하는 것이 쉽지 않다는 것을 발견한다. 이와 관련해서 아이의 실망으로 인해 엄청난 쓴맛이 뒤따를 수 있다; 더 깊은 이해를 추구하는 분석가에게 아이가 놀이를 통해서 의사소통하는 것을 이해하는 데 실패할 때 아이가 느끼는 고통보다 더 큰 자극은 없을 것이다.

좀 더 나이든 아이들은 이 점에서 비교적 환상에서 벗어나 있고, 따라서 그들에게는 오해 받는 것이나, 심지어 그들이 속을 수 있다는 것을 발견하는 것조차도 큰 충격이 아닐 수 있으며, 교육은 대체로 속임수와 타협에 대한 것이다. 하지만 모든 아이들은 (일부 성인들조차도) 어느 정도는 이해 받는 것에 대한 믿음을 회복할 수 있고, 우리는 그들의 놀이에서 항상 무의식으로, 유아에게서 신기하게도 활짝 꽃피우기 시작했다가 그 다음에 다시 숨어버리는, 타고난 정직성으로 들어가는 문을 발견할 수 있다.

제 23 장
아이와 성(性)

얼마 전까지만 해도 성을 아이의 '순수함'과 연결시키는 것은 나쁜 짓이라고 생각했다. 오늘날 이 문제는 정확한 서술을 필요로 한다. 아직 알려지지 않은 것이 아주 많은 만큼, 학생들은 스스로 알아볼 것을 추천받았고, 관찰을 하는 대신 문서연구를 한다면, 한두 명의 글보다는 여러 저자들의 서술들을 읽을 것을 요구받았다. 이 장에서 나는 이 주제에 대한 이론들을 소개하려는 것이 아니라, 소아과 의사이자 정신분석가로서 일해 온 경험을 바탕으로 유아기의 성에 관해 몇 마디 하려고 한다. 이 주제는 방대한 것이어서, 이 장의 한계 안에서 다룬다는 것은 어느 정도의 왜곡이 불가피할 것 같다.

아동심리학을 다루는 데 있어서, 그것의 어떤 측면을 고려하든 우리 모두가 한때 아이였다는 사실을 기억하는 것이 유용하다. 성인 관찰자 각자에게는 환상과 현실 모두 안에서 그가 인식할 수 있었던 유아기와 유년기의 기억이 있다. 많은 것들이 잊혀졌지만, 없어진 것은 아무것도 없다. 그리고 이것에 대한 가장 좋은 예는 무의식의 광대한 자료에 직접적으로 주의를 기울이는 것일 것이다.

한 사람 안에서 광대한 무의식으로부터 억압된 무의식을 분류해내는 것이 가능한데, 이것은 얼마의 성적인 요소들을 포함할 것이다. 만약 아동기 성욕에 대한 가능성을 생각하는 데 특별한 어려움이 있다면, 주의를 다른 주제로 돌리는 것이 더 나을 것이다. 다른 한편, 사실에 대한 과도한 방어 없이 비교적 자유롭게 바라볼 수 있는 관찰자는 객관적인 연구를 위한 여러 방법들 중에서 선택할 수 있다! 그러므로 심리학을 평생의 직업으로 삼으려는 사람에게 가장 유익하고 필수적인 것은 개인분석이다. 개인분석에서, 그는 (성공적이라면) 적극적으로 억압된 내용을 없앨 뿐만 아니라, 기억과 재경험을 통해서 자신의 초기 삶의 느낌들과 본질적인 갈등들을 발견한다.

아동기 성의 중요성에 주의를 끈 장본인인 프로이트는 성인의 분석을 통해서 그의 결론에 도달했다. 분석가는 성공적인 분석을 수행할 때마다 고유한 경험을 한다. 그는 환자가 아동기와 유아기에 대해 회상을 하는 동안 환자의 과거가 눈앞에서 펼쳐지는 것을 보게 된다. 그는 거기에서 심리적인 것과 신체적인 것, 개인적인 것과 환경적인 것, 사실적인 것과 상상적인 것, 의식적인 것과 억압된 것 등이 함께 직조되는 모든 것들과 함께, 심리적 장애의 자연적인 역사를 보게 되는 경험을 반복한다.

프로이트는 성인분석에서 그들의 성생활의 어려움의 기초가 사춘기로, 아동기로, 특히 두 살에서 다섯 살 사이의 시기로 거슬러 올라간다는 사실을 발견했다.

그는 어린 남자아이가 자신의 엄마를 사랑하고, 아빠와 성적 경쟁자로서 갈등을 겪게 된다고 말하는 것 외에는 달리 서술될 수 없는, 삼각관계 상황이 존재한다는 것을 발견했다. 성적 요소는 이러한 일들이 환상 속에서만 일어나는 것이 아니고, 발기, 절정에 도달하는 흥분 단계들, 살인적 충동, 그리고 특정한 공포—

거세 공포—를 수반하는 신체적 현상들에서도 일어나는 것으로 확인되었다. 이 중심적인 주제는 오이디푸스 콤플렉스라고 불리게 되었고, 끝없이 정교화되고 수정되면서, 오늘날까지도 피할 수 없는 사실로 남아있다. 이 주제에 대해 침묵하는 심리학은 실패할 수밖에 없다는 점에서, 우리는 프로이트가 대중의 차가운 반응을 무릅쓰고 앞장서서 자신이 발견한 것을 거듭 진술한 것에 대해 고마워하지 않을 수 없다.

'오이디푸스 콤플렉스'라는 용어를 사용하면서, 프로이트는 정신분석과는 동떨어진, 신화 속에 담긴 아동기에 대한 직관적인 이해에 공을 돌렸다. 오이디푸스 신화는 프로이트가 실제로 서술하려고 했던 것이 사람들이 늘 알고 있던 것임을 보여준다.

오이디푸스 콤플렉스의 핵을 중심으로 엄청난 이론적 발달이 일어났는데, 만약 그 이론이 아동기 성욕이나 아동심리학 전체에 대한 예술가의 직관적 이해로서 제시되었더라면, 그 아이디어에 대한 대부분의 비판은 정당한 것으로 인정되었을 것이다. 그러나 그 개념은 과학적 절차를 위한 필수적인 지지대였다. 하나의 개념으로서, 그것은 물리적인 것과 상상적인 것 모두를 다룬다는 점에서 커다란 장점을 갖고 있다. 여기에 신체와 마음이 본질적으로 서로 연결되어 있고, 가치의 상실 없이는 분리해서 검토하는 것이 불가능한, 한 사람의 두 측면을 구성하는 심리학이 있다.

만약 오이디푸스 콤플렉스가 중심적인 사실이라는 아이디어가 수용된다면, 그 개념이 아동심리학에 대한 실마리로서 부적절하거나 부정확한 것이라는 반론을 살펴보는 것이 즉각적으로 가능하고 바람직할 것이다.

첫 번째 반론은 어린 남자아이들에 대한 직접적인 관찰에서 온다. 일부 남자아이들은 말을 사용해서 자신들이 엄마와의 사랑에 빠졌고, 엄마와 결혼하고 싶으며, 심지어 아이를 갖고 싶다는 소망을, 그리고 아빠에 대한 증오심을 공공연히 표현하는 것이 사실이지만, 많은 아이들은 결코 이런 방식으로 자신을 표현하지 않으며, 사실상 엄마보다는 아빠에게 더 많은 사랑의 감정을 갖는 것처럼 보인다; 그리고 모든 경우에 형제나 자매, 보모, 이모들과 삼촌들이 쉽게 부모의 자리를 대신할 수 있다. 직접적인 관찰은 정신분석가가 오이디푸스 콤플렉스에 부여한 만큼의 중요성을 확인해주지 않는다. 그럼에도 불구하고 정신분석가는 분석에서 항상 그것을 발견하고, 그것이 중요한 것임을 발견하며, 종종 그것이 심각하게 억압되어 있고 그래서 아주 세심하고 오랜 분석을 거친 후에만 출현한다는 것을 발견하기 때문에, 그 주장을 쉽게 포기하지 않는다. 만약, 아이들에 대한 직접 관찰에서 그들의 게임을 자세히 살펴본다면, 다른 주제들과 함께 성적 주제와 오이디푸스 주제가 빠짐없이 출현하는 것이 발견될 것이다; 그러나 다시금, 아이들의 게임들을 자세하게 살펴보는 것은 어렵고, 그것이 연구 목적으로 시행되는 것이라면, 분석과정에서 가장 잘 수행될 수 있다.

오이디푸스 상황 전체가 실제 삶에서 공공연히 실연되는 경우는 드물어 보인다. 그것에 대한 암시는 분명히 존재하지만, 본능적인 흥분의 시기들과 관련된 엄청나게 강렬한 감정들은 생생하게 느껴지는 것에도 불구하고, 그것들 대부분은 아이의 무의식에 머무르거나 빠르게 억압된다; 세 살짜리 아이에게서 정상적으로 발생하는 짜증발작들과 악몽들은 주기적으로 떠오르는 본능적인 긴장과, 증오와 공포가 사랑과 충돌하는 데서 오는 갈등과 함께, 사람들과의 견고한 애착의 측면에서만 이해가 가능하다.

최초의 아이디어(프로이트 자신이 생각해낸)에 대한 수정판은 분석에서 성인이 자신의 유년기로부터 되찾아내는 매우 강렬하고 고도로 채색된 성적 상황에 대한 기억들이 그의 부모에 의해 관찰될 수 있었던 일화들과는 다른 것일 수 있음에도 불구하고, 그것들은 아동기에 속한 무의식적 감정들과 아이디어들에 기초해서 새로 만들어낸 진정한 구성물이라고 간주한다.

이것은, '그렇다면 어린 여자아이는 어떠한가?'라는 또 다른 질문을 발생시킨다. 첫 번째 가정은 어린 여자아이들이 아빠를 사랑하고, 엄마는 미워하고 무서워한다는 것이었다. 다시금, 여기에는 일부의 진실이 있는데, 그것의 주된 부분은 무의식적인 것일 수 있고, 어린 여자아이가 매우 특별한 신뢰 상황이 아니라면, 인정하지 않을 어떤 것이다.

하지만 많은 여자아이들은 그들의 정서발달에서 아빠와 애착을 형성하고, 엄마와의 갈등관계로 들어가는 데 내재된 커다란 위험을 감수하는 수준까지는 가지 않는다. 대안적으로, 아빠와 애착을 형성한 후에 그 애착관계에서 물러서는 퇴행(그렇게 불리는)이 발생한다. 엄마와의 갈등에 내재된 위험은 실로 커다란 것이다. 왜냐하면 엄마에 대한 아이디어는(무의식적 환상 속에서) 사랑의 돌봄, 좋은 음식, 땅의 안정성, 그리고 일반적인 세상에 대한 아이디어와 연결되어 있기 때문이다; 엄마와의 갈등은 필수적으로 불안전한 느낌, 땅이 꺼지거나 그보다 더 심각한 악몽을 포함한다. 따라서 어린 여자아이는 아빠를 사랑하게 되면서, 자신의 첫 사랑이었던 엄마와 더 원시적인 방식으로 경쟁관계가 되는 특별한 문제를 갖고 있다.

어린 여자아이는 어린 남자아이와 마찬가지로 환상의 유형에 적합한 신체적인 성의 느낌들을 갖고 있다. 남자아이는 성이 고조되는 시기에(걸음마 시기와 사춘기) 특별히 거세를 두려워하는 반면에, 그에 상응하는 시기에 여자아이는 그녀에게 원래 물리적 세계 그 자체였던 엄마와의 경쟁관계로 인해 물리적 세계와의 관계에서 발생하는 갈등을 겪는다. 동시에 어린 여자아이는 자신의 신체와 관련된 두려움을 겪는데, 그것은 남자아이가 겪는 거세 공포와 마찬가지로, 엄마의 아기를 훔치고 싶은 소망에 대한 보복과 그 외의 다른 것들로 인해, 그녀의 몸이 적대적인 엄마 인물에 의해 공격을 받을 것이라는 두려움이다.

이 서술은 양성애와 관련해서 명백한 결함을 갖고 있다. 보통의 이성애적 관계가 결정적으로 중요한 아이의 삶 안에는 항상 동성애적 관계가 존재하고, 그것은 이성애적 관계보다 상대적으로 더 중요할 수 있다. 달리 표현해서, 아이는 정상적으로 양쪽 부모 모두와 동일시하지만, 한 순간에는 주로 한쪽 부모와 동일시하는데, 그 부모는 자녀와 동성일 필요가 없다. 모든 경우에, 아이에게는 이성 부모와의 동일시 능력이 있고, 그 결과 아이의 환상의 삶 전체 안에는 아이의 실제 성과는 상관없이, 관계의 전체 범위가 포함되어 있다. 당연히 같은 성을 가진 부모와의 주된 동일시가 이루어지는 것이 편리하지만, 아이에 대한 정신의학적 진단에서 아이가 주로 이성 부모처럼 되고 싶어 한다는 것을 발견할 때, 곧바로 비정상이라는 진단으로 건너뛰는 것은 잘못된 것이다. 그것은 특별한 상황에 대한 아이의 자연스러운 적응일 수 있다. 물론 어떤 경우에 이러한 교차-동일시는 나중에 비정상적인 특질을 지닌 동성애적 경향의 기초가 될 수도 있다. 첫 번째 성적 시기와 청소년기 사이에 있는 '잠재'기 동안에, 양쪽 부모 모두와의 교차-동일시는 특별한 중요성을 갖는다.

이 서술에서 당연한 것으로 여겨지는 그리고 의도적으로 공식화될 필요가 있는, 하나의 원리가 있다. 그것은 성적 건강의 기초는 아동기에, 그리고 사춘기 동안에 초기 아동기 발달을 반복하는 것에 놓여있다는 것이다. 성인의 삶의 성적 일탈과 비정상성 역시 초기 아동기에 그 기초가 놓여있다는 추론 역시 사실이며,

더 나아가 정신건강 전체의 기초가 초기 아동기와 유아기에 놓여있다고 말할 수 있다.

일반적으로 아이의 놀이는 성적 아이디어나 성적 상징에 의해 크게 풍부해지며, 만약 강한 성적-금지가 있다면, 놀이-억제가 따라올 수 있다. 여기에는 성적 놀이에 대한 명확한 정의의 결여에서 발생하는 혼동이 있을 수 있다. 성적 흥분과 성적 환상의 행동화는 서로 다른 것이다. 신체적 흥분을 수반하는 성적 놀이는 특별한 경우에 해당되는데, 아동기에 그런 일이 있을 때 그것은 어려움을 야기할 수 있다. 아동기 동안에 사정을 하고 발기된 성기가 다시 줄어드는 경험을 하는 것은 종종 사춘기 이후의 좀 더 나이든 개인에 의해 획득될 수 있는, 본능적 긴장의 진정한 해소라기보다는, 좌절에 따른 공격적인 폭발 현상으로 보인다. 잠을 자는 동안 꿈 생활은 때로 흥분된 상태에 도달하고, 절정에서 신체는 흔히 야뇨, 악몽과 함께 잠에서 깨기와 같은 완전한 성적 오르가즘의 대체물을 발견한다. 어린 소년에게 성적 오르가즘은 사춘기 이후에 사정(射精)과 함께 도달할 수 있는 것만큼 만족스러운 것이 되지 못한다; 아마도 성숙과정에서 삽입을 제외하고는 추가할 것이 없는 어린 소녀가 오르가즘을 더 쉽게 획득할 수 있을 것이다. 아동기에 이러한 반복되는 본능적인 긴장의 시기들은 예상될 수 있는 것으로서, 그들에게는 절정의 대체물들이 제공되어야 한다. 그러한 대체물들은 주로 간식이지만, 또한 파티나 외출과 같은 특별한 순간들도 있다.

부모들은 종종 심지어 아이의 눈에서 눈물이 날 정도로 따귀를 때리는 것으로 힘을 보여주는 것을 통해서 절정을 유도해야 한다는 것을 잘 알고 있다. 다행히도 아이들은 결국 지쳐서 잠이 든다. 그러나 그렇다고 해도, 지체된 절정은 아이가 악몽으로 잠에서 깸으로써 밤의 고요함을 방해할 수 있는데, 그때 아이는 외부 현실과의 관계를 회복하기 위해서, 그리고 현실 세계 안에 있는 확고한 것에 대한 인식에서 오는 안도감을 되찾기 위해서, 즉시 엄마와 아빠를 필요로 할 수도 있다.

모든 신체적인 흥분은 관념들을 수반하거나, 반대편에서 보면, 아이디어들 그 자체가 신체적인 경험들에 수반되는 것이다. 정신적인 쾌락은, 만족과 긴장으로부터의 해방과 마찬가지로, 신체적인 흥분과는 동떨어진 환상의 행동화인, 아동기의 놀이에서 온다. 아동기의 정상적이고 건강한 놀이의 대부분은 성적 아이디어들 및 성적 상징주의와 관련되어 있다; 이것은 놀이를 하는 아이들이 항상 성적으로 흥분되어 있다는 말이 아니다. 아이들은 놀이를 할 때, 일반적인 방식으로 흥분할 수 있고, 그 흥분은 신체의 특정 부위에 초점이 맞춰질 수 있으며, 따라서 명백히 성적, 또는 소변적, 또는 탐욕적, 또는 흥분 조직의 능력에 기초한 어떤 것이 될 수 있다. 흥분은 절정을 부른다. 아이가 그것에서 나오는 명백한 방식은 절정이 있는 게임인데, 그 게임에서 흥분은 '상대방의 머리를 자르는 데 사용하는 칼', 몰수, 상금, 누군가가 잡히거나 죽임을 당하는 것에 대한 전리품, 또는 누군가가 이기는 것 등과 관련된다.

성적 환상의 행동화에 대한 예들은 수없이 많이 있지만, 그것이 반드시 신체적 흥분을 수반하는 것은 아니다. 높은 비율의 어린 여자아이와 얼마의 어린 남자아이들이 인형을 갖고 놀면서, 엄마가 아기에게 하듯이 인형에게 하는 것을 좋아한다는 사실은 잘 알려져 있다. 그들은 엄마가 하는 것처럼 함으로써, 엄마를 칭찬할 뿐만 아니라, 엄마가 해야 하는 것을 함으로써 엄마를 꾸짖기도 한다. 엄마와의 동일시는 완전하고 꼼꼼한 것일 수 있다. 이 모든 일들에서 그렇듯이, 거기에는 행동화되는 환상과 나란히 경험의 신체적 측면이 있으며, 엄마 놀이로 인해 배가 아프거나 병이 날 수도 있다. 남자아이들도 여자아이들처럼 임산부 흉내를 내면서 재미로 배를 불쑥 내미는데, 아이의 배가 불룩하다는 이유로 의사에게 데려오는 경우도 드물지 않다; 그것은 자신이 임신했다는 것을 알아차려서는 안 되는 상황에 있는 임산부를 아이가 비밀스럽게 모방할 때 나타나는 현상이다. 사실 아이들은 항상 배가 불러오는 것을 찾고 있고, 성에 대한 정보가 아무리 성공적으로 차단된다고 해도, 그들이 임신의 징후를 놓칠 가능성은 많지 않다. 하지만 그들은 부모의 조신함이나 죄책감 때문에, 그 정보를 동화되지 않은 마음의 영역에 간직하고 있을 수 있다.

전 세계의 아이들은 무수히 많은 상상적 재료에 의해 풍부해지는 '엄마아빠 놀이'라고 불리는 놀이를 하는데, 각 지역의 아이들 집단이 보여주는 패턴은 아이들에 관해, 그리고 특별히 그 집단을 지배하는 사람에 관해 많은 것을 말해준다.

아이들은 종종 서로의 관계 안에서 성인 유형의 성적 관계를 행동화하지만, 보통은 비밀스럽게 행하기 때문에 의도적으로 관찰하는 사람에게는 주목되지 않는다. 자연스럽게, 아이들은 그런 놀이를 하면서 쉽게 죄책감을 느끼고, 그 놀이가 사회적으로 금지되어 있다는 사실에 의해 영향을 받을 수밖에 없다. 이러한 성적 사건들이 해로운 것이라고 말할 수는 없지만, 만약 그것들이 심각한 죄책감을 수반하고, 그것이 다시 억압된다면, 아이의 의식에 접근할 수 없는 것이 되는데, 그때 그것은 해로운 것이 된다. 이 손상은 그 사건에 대한 기억을 회복하는 것을 통해서 복구될수 있고, 때로 사람들은 그와 같이 쉽게 기억되는 사건이 미성숙에서 성숙으로 가는 길고 힘든 여정에서 디딤돌로서의 가치를 갖는다고 말하기도 한다.

성적 놀이 중에는 성적 환상과 덜 직접적으로 관련된 것들도 많다. 아이들이 오직 성만을 생각한다고 주장할 수는 없다. 하지만 성이 금지된 아이는, 성이 금지된 성인과 마찬가지로, 볼품없고 황폐한 동반자이다.

아동기 성이라는 주제는 그것이 성적 기관의 흥분과 그런 흥분에 속한 환상에 엄격하게 제한되는 것을 허용하지 않는다. 아동기 성에 대한 연구에서, 우리는 온갖 종류의 신체적 흥분들로부터 좀 더 특정한 흥분이 생겨나면서, 좀 더 성숙한 감정들로 그리고 쉽게 성적인 것으로 인식되는 아이디어들을 향해 발달해 나가는 방식을 볼 수 있다; 더 원시적인 것에서 더 성숙한 것으로, 식인적인 본능적 충동에서 성적인 것으로.

성적 흥분의 능력은 성별과 상관없이 출생 시부터 존재하지만, 흥분할 수 있는 신체 부위의 일차적 능력은 아이의 인격이 통합되고, 그래서 특정한 방식으로 흥분하는 사람이 전체 인간으로서의 아이라고 말할 수 있을 때까지는 제한된 중요성만을 갖는다. 유아가 성장하면서, 성적인 종류의 흥분은 점점 다른 종류의 흥분(배뇨기관, 항문, 피부, 구강 등과 관련된)에 비해 더 중요해지고, 건강하게 성장했을 경우, 3~5세경(그리고 또한 사춘기 동안)에 적절한 상황에서 다른 기능들보다 지배적인 위치를 차지한다.

이것은 성인의 행동에서 성에 수반되는 수없이 많은 것들이 초기 아동기에서 유래한 것이라고 말하는 또 다른 방식이다. 만약 성인이 성적 놀이에서 유아적이거나 '전성기기적인' 모든 기술들을 자연스럽고 당연한 것으로 사용할 수 없다면, 그것은 비정상적이고 황폐한 삶을 결과로 가져올 것이다. 그럼에도 불구하고, 성 경험에서 성기적 기법 대신 전성기적 기법을 사용하고자 하는 강박은 성도착을 구성하고, 그것의 기원은 초기 아동기의 정서적 발달의 지체에 있다. 성도착 사례의 분석에서, 우리는 성숙한 성으로의 발달을 향해 전진하는 것에 대한 두려움과, 더 원시적인 방법으로 만족을 얻는 특별한 능력, 두 가지 모두를 볼 수 있다. 때로는 아이를 유아적인 종류의 경험으로 퇴행하도록 유혹하는 실제 경험들이 발생하기도 한다(아이가 좌약이 주입될 때 느끼는 흥분이나, 보모에 의해 꽉 조이게 붙들릴 때 느끼는 흥분이 그것이다.).

미성숙한 유아에서 성숙한 아이로 성장해가는 이야기는 길고 복잡하며, 그것은 또한 성인의 심리를 이해하는 데에도 결정적으로 중요하다. 자연스럽게 발달하기 위해서, 유아와 아이는 비교적 안정된 환경을 필요로 한다.

여성의 성의 뿌리. 어린 여자아이의 성의 뿌리는 엄마와의 관계 안에 있는 초기의 탐욕적인 느낌으로 거슬러 올라간다. 거기에는 엄마의 신체에 대한 굶주린 공격에서 엄마처럼 되고 싶은 성숙한 소망으로 옮겨가는 점진적인 변화가 있다. 엄마가 아빠를 사랑하는 것은 그가 실제로 그녀를 사랑하는 것에 근거해서, 엄마가 아빠를 아이 자신에게서 훔쳐간 것으로 간주된다. 아빠가 유아기 동안에 집을 떠나 있어서 아빠를 실제로 알지 못하는 여자아이가 아빠를 사랑의 대상으로서 선택하는 것은 전적으로 그가 엄마의 남자라는 사실 때문이다. 이런 이유로, 훔치는 것과 성적 욕망, 그리고 아이를 갖고 싶은 소망 사이에는 밀접한 연관성이 있다.

이에 따른 결과로서, 여성이 임신을 하고 아이를 가질 때, 그녀는 그 아기가 엄마의 몸 안에서 도둑맞았던 아기라는, 자신 안의 어딘가에 숨어 있던 감정을 다룰 수 있어야만 한다. 만약 그녀가 이 감정을 느낄 수 없고, 그 사실을 알 수 없다면, 그녀는 임신이 가져다줄 수 있는 감사의 느낌을 상실하고, 그녀의 엄마에게 손

주를 안겨주는 특별한 기쁨의 많은 부분을 상실할 것이다. 도둑질에 대한 이 아이디어는 임신 이후에 죄책감을 야기할 수 있고, 유산의 원인이 될 수도 있다.

출산 직후 관리에 대한 실질적인 문제와 관련해서, 죄책감의 잠재력에 대해 아는 것이 특히 중요하다. 그 시기에 엄마는 자신과 그녀의 아기를 담당하는 여성이 어떤 사람인지에 매우 민감하다. 그녀는 도움을 필요로 하지만, 초기 아동기에서 유래한 이러한 아이디어들 때문에 매우 다정하거나 매우 적대적인 자신의 엄마만을 믿을 수 있다; 그리고 첫 아이를 가진 엄마는 건강한 마음을 갖고 있음에도 불구하고, 자신이 보모에 의해 박해받는다고 느끼기 쉽다. 엄마의 마음 상태가 이런 특징을 갖는 이유는 여성성(womanliness)을 엄마의 신체에서 떼어내는 것을 통해서 얻고자 하는 어린 여아의 원시적 소망을 포함해서, 엄마와 갖는 그녀의 관계에서 그 뿌리를 찾아야만 한다.

공식화할만한 가치가 있는 또 하나의 원리가 있다: 그것은 정신의학의 영역 안에 있는 모든 비정상성은 정서적 발달의 장애라는 것이다. 치료는 환자의 정서적 발달이 멈춘 곳에서 앞으로 나아가는 것을 통해서 이루어진다. 그 정체 지점에 도달하기 위해서, 환자는 항상 초기 아동기나 유아기로 되돌아가야 하며, 이 사실은 소아과 의사에게 극히 중요한 것일 수밖에 없다.

심리신체적 장애. 아동기 성이 소아과 의사에게 직접적으로 중요해지는 한 가지 방식이 있다: 그것은 성적 흥분을 증상들로, 증상들을 닮은 생리적 변화들로, 그리고 생리적 질병에 의한 변화들로 변형시키는 것이다. 심리신체적인 질병으로 불리는 이러한 증상들은 모든 의학 분야에서 공통적으로 발견되는 것이고, 이

분야는 일반의사들이 신체적 질병의 전문가들의 도움을 얻기 위해 질병에 관한 교과서들을 뒤지는 영역이기도 하다.

이러한 심리신체적 질병들은 유행성이거나 전염성이 아니다; 그것들은 어떤 한 아이 안에서, 비록 불규칙하지만, 주기성을 보인다. 이 주기성은 기저에 있는 반복되는 본능적 긴장을 보여주는 지표이다.

부분적으로는 내적인 이유 때문에, 그리고 부분적으로는 흥분시키는 환경적 요인들 때문에, 아이는 가끔씩 흥분할 수 있는 존재가 된다. '옷을 잘 차려입었는데, 갈 곳이 없다' 라는 말은 이러한 상태를 묘사하기 위해 고안된 것일지도 모른다. 이 흥분이 어떻게 되는지에 대한 연구는 거의 아동기 전체에 대한 연구이고, 아동의 문제 전반에 대한 연구이다: 그것은 만족스러운 절정의 결여를 통해 너무 많은 고통스러운 좌절을 경험하지 않으면서, 어떻게 열정적일 수 있고 흥분할 수 있는 능력을 유지할 것인가의 문제이다. 아이들이 이 어려움에 대처하는 주된 방법들은 다음과 같다:

(a) 열정적일 수 있는 능력의 상실; 이것은 신체에 대한 느낌의 상실과, 많은 불리한 것들을 수반한다.

(b) 먹기, 마시기, 자위, 흥분되는 배뇨나 배변, 짜증, 싸움 등과 같은, 믿을 만한 종류의 절정을 사용하기.

(c) 신체 기능의 성도착은 어떤 면에서 도달해야 하는 거짓된 절정을 가능하게 한다. 거짓된 절정에 도달하기 위한 방식으로서, 신체 기능들을 도착적으로 사용하기—구토와 설사, 호전적인 공격, 과장된 감염, 눈에 띄지 않는 통증과 고통에 대한 호소.

(d) 이 모든 것들의 혼합물은 아마도 두통과 식욕상실 같은 불

편을 느끼는 시기, 일반적인 짜증스러움, 또는 특정 조직이 염증을 일으키는 시기를 갖는다. (예를 들면, 오늘날의 진단명으로 "알레르기성"이라는 용어가 붙는 모든 현상들이 그것이다.)

(e) 흥분을 만성적인 '과민'으로 조직화하기. 그 결과 그것은 오랜 기간 동안 변하지 않고 유지될 수 있다(아마도 아동기의 가장 흔한 질병인, '일반적인 불안 초조').

정서적 상태 및 정서 발달의 장애와 관련된 신체적 증상들과 변화들은 소아과 의사에게 있어서 크고 중요한 관심 주제이다.

아동기 성에 대한 서술에서 자위에 대한 언급이 빠질 수는 없다. 그러나 이것은 다시금 방대한 연구주제이다. 자위는 정상적이거나 건강한 것일 수도 있고, 정서적 발달장애의 증상일 수도 있다. 강박적인 자위는 강박적인 허벅지 문지르기, 손톱 깨물기, 몸 흔들기, 머리-부딪치기, 머리 흔들기, 또는 바닥에 뒹굴기, 손가락 빨기 등과 같이 다양한 종류의 불안의 징표이다. 가장 심각한 강박증은 아이가 인격이 해체되는 것에 대한 공포, 또는 신체에 대한 느낌을 상실하는 것에 대한 공포, 또는 외부 현실과의 접촉을 상실하는 것에 대한 공포 등과 같은, 더 원시적이고 정신증적인 종류의 불안을 견뎌내기 위한 시도로서 사용되고 있는 것이다.

아마도 자위의 가장 흔한 질병은 그것의 억제되는 것, 또는 감당할 수 없는 불안, 또는 박탈감이나 상실감에 대한 방어 목록에서 그것이 사라지는 것이다. 유아는 입을 사용해서 주먹을 빠는 능력과 함께 삶을 시작하며, 실제로 자신을 달래는 데 이 능력을 필요로 한다. 그는 그에게 가장 좋은 것, 즉 배가 고플 때 엄마의 젖가슴을 가질 권리를 갖고 있을 때조차도, 그의 손을 입에 넣을 필요가 있다. 그가 불안하지 않을 때에도, 그는 그것을 필요로 한다. 유아기 전체에 걸쳐서, 그는 자신의 신체에서 오는 것, 즉 주 먹을 빠는 것, 소변을 보는 것, 배변, 페니스를 손에 쥐는 것 등에 서 얻을 수 있는 모든 만족을 필요로 한다. 그리고 어린 여자아 이도 그와 상응하는 만족감을 필요로 한다.

보통의 자위는 좌절과 그에 따른 분노, 증오, 두려움에 대한 보 증으로서의 만족감을 얻기 위한 자연스러운 원천을 사용하는 것 일 뿐이다. 강박적인 자위는 다루어야할 근저의 불안이 과도하다 는 것을 암시한다. 아마도 유아는 더 짧은 주기의 수유가 필요하 거나, 엄마의 돌봄을 더 많이 필요할 것이다; 또는 누군가가 항상 가까이에 있다는 것을 알 필요가 있거나, 엄마가 불안해하지 말 고 아기가 유모차에서 좀 더 조용히 누워있을 수 있도록 접촉을 덜 하는 것을 필요로 할 것이다. 자위가 증상이라면 근저의 불안 을 다루려고 시도하는 것이 논리적이지만, 자위를 멈추게 하려고 시도하는 것은 비논리적이다. 하지만 강박적인 자위가 계속되고 지치게 만드는 드문 경우에, 아이에게 증상으로부터 얼마간의 쉼 을 주기 위해 억압적인 수단을 사용해야 할 때도 있다는 것을 알 필요가 있다. 이런 식으로 자위에서 벗어날 경우, 사춘기 동안 에 새로운 어려움들이 나타날 것이지만, 즉각적인 해결의 필요성 이 너무 강한 나머지 몇 년 후의 문제들은 상대적으로 덜 중요 해 보일 수 있다.

모든 것이 순조로울 때, 성적 아이디어들을 수반하는 자위는 별로 눈에 띄지 않게 발생하며, 아이의 숨소리의 변화나 머리에 흘리는 땀을 통해서만 알 수 있다. 하지만 자위 강박이 성적인 느낌의 억압과 결합될 때, 그것은 문제가 된다. 이런 경우 아이는 그가 쉽게 얻을 수 없는 만족과 절정을 산출하기 위한 시도에서 지치게 된다. 포기하는 것은 현실감의 상실, 또는 가치감의 상실 을 포함한다. 하지만 그것을 계속하는 것은 결국 신체 쇠약으로 인도하고, 갈등을 나타내는, 그리고 흔히 자위 그 자체에 책임이 전가되는, 눈 밑의 고리를 발생시킨다. 때로는 아빠의 엄격함이 아이를 이런 곤경에서 꺼내주는 데 도움을 줄 수 있다.

  아동에 대한 정신분석학적 연구는(성인도 마찬가지로), 비록 많은 아이들이 페니스에 대한 관심을 드러내놓고 보여주는 것이 사실이지만, 남성의 성기가 직접적인 관찰에서 드러나는 것보다 무의식 안에서 더 높은 가치를 갖는다는 것을 보여준다. 어린 소년들은 그들이 발가락이나 신체의 다른 부분들과 마찬가지로 자신의 성기를 소중히 여기지만, 성적 흥분을 경험하는 것과 관련해서 페니스가 특별한 중요성을 갖는다는 것을 알고 있다. 사랑의 감정과 연관된 발기는 거세 불안을 불러일으킨다. 남자 유아의 페니스 흥분은 환상 안에 그것의 등가물을 갖고 있으며, 초기 발기에 동반되는 환상의 유형에 많은 것들이 달려있다.

  성기적 흥분이 시작되는 시기는 다양하다. 초기 유아기 동안에는 성기적 흥분이 없을 수도 있고, 반대로, 발기가 출생부터 거의 지속적으로 일어날 수도 있다. 당연히, 인위적으로 페니스 흥분을 자극하는 것은 좋을 것이 없다. 포경수술 후에 행해지는 의료적 처치는 종종 발기를 자극하고 불필요하게 발기를 고통과 연관시키는 원인으로서 작용하는데, 이것이 (종교적인 이유를 제외하고), 포경수술을 해서는 안 된다는 이유들 중의 하나로 제시되고 있다. 신체의 다른 부분들이 그것들 자체의 중요성을 갖고 있는 것으로서 확립되기 전에, 성기적 흥분이 두드러진 특징으로 드러나지 않는 것은 부모들을 편하게 해줄 것이지만, 유아의 성기에 인위적인 자극을 주는 것은 확실히 문제를 복잡하게 만들 것이다; 아동의 정서적 발달은 원래 충분히 복잡한 것이다.

  어린 소녀에게 있어서, 눈으로 볼 수 있고 만질 수 있는 소년의 성기(음낭을 포함해서)는 시기심의 대상이 되기 쉽지만, 특히 남자와의 동일시 과정과 함께 발달하는, 그녀가 엄마와 갖는 애착과 관련해서 더욱 그렇다. 하지만 문제는 그렇게 단순하지 않다. 많은 어린 소녀들은 의심의 여지없이 자신의 성기가 더 많이 숨겨져 있음에도 불구하고, 똑같이 중요한 것이라는 사실에 만족하고, 더 상처 입기 쉬운 소년의 성기를 용납해준다. 시간이 지나면서 소녀는 젖가슴의 가치를 평가하는 것을 배운다. 이것은 그녀에게 소년에게 페니스가 중요한 만큼이나 중요한 것이 되고, 소녀는 자신에게 소년에게는 없는, 아기를 낳을 수 있을 뿐만 아니라 아기를 먹일 수 있는 능력이 있다는 것을 알게 되면서, 시기할 것이 아무것도 없다는 것을 알게 된다. 그럼에도 불구하고, 만약 그녀가 불안 때문에 보통의 이성애적 발달로부터 엄마나 엄마 인물에 대한 고착으로 불리는 것으로 퇴행하도록 내몰린다면, 그래서 남자처럼 되어야 할 필요를 갖는다면, 그녀는 소년을 시기할 수밖에 없을 것이다. 자연히, 만약 어린 소녀가 자신의 성기가 자신의 신체에서 흥분을 담당하는 중요한 부위라는 것을 아는 것이 허용되지 않거나, 스스로 허용하지 않는다면, 그리고 그것을 언급하는 것이 허용되지 않는다면, 페니스를 시기하는 그녀의 경향성은 증가할 것이다.

음핵의 흥분은 비뇨기 성애와 밀접하게 관련되어 있는데, 이것은 남성과의 동일시에 수반되는 환상의 종류에 사용된다. 음핵 성애를 통해서 소녀는 페니스 성애를 갖는 소년이 되는 것이 어떤 느낌인지를 안다. 유사하게, 소년은 회음부의 피부 느낌 안에서 소녀의 음문에 속한 것과 상응하는 느낌을 경험할 수 있다.

이것은 어느 성에서나 정상적인 특징인 항문 성애와는 구분되는 것이며, 구강, 요도, 근육, 그리고 피부 성애와 함께, 성의 초기 뿌리를 제공한다.

원시부족들의 사회학과 민요 그리고 신화와 전설들 안에는 상징적인 형태로 숭배되고 거대한 영향력을 행사하는 아버지의 또는 조상의 페니스에 대한 증거가 넘쳐난다. 현대 가정에서 이러한 것들은, 비록 숨어 있지만, 여전히 중요하다; 그것들의 중요성은 아이의 가정이 깨질 때 드러나고, 그때 그는 갑자기 그가 의지해왔던 상징들을 상실하고, 그 결과 나침판 없이 바다를 표류하는 것 같은 고통에 처하게 된다.

아이는 성 그 이상이다. 동일한 방식으로, 당신이 좋아하는 꽃은 수분(水分) 그 이상이다; 하지만 식물학자가 식물을 묘사할 때 식물의 주된 구성분인 수분을 언급하는 것을 잊는다면, 그는 중요한 점에서 실패하는 것이다. 오십 년 전만해도 심리학에서 아동기 성에 대한 금기 때문에, 아동의 삶의 성적 부분이 제외되었다.

아동기 동안에 성적 본능의 모든 구성요소들은 고도로 복잡한 방식으로 한데 모아지고, 건강한 아이의 전체 삶을 풍요롭게 하고 복잡하게 하는 역할을 한다. 아동기 공포의 많은 부분은 성적 아이디어와 흥분, 그리고 그에 따른 의식적이고 무의식적인 정신적 갈등들과 관련되어 있다. 아이의 성적 삶의 어려움들은 많은 심리신체적 장애들, 특히 반복되는 유형의 장애들의 원인으로서 작용한다.

사춘기와 성인과 성의 기초는 아동기 동안에 놓여지고, 모든 성도착들과 성적 어려움들의 뿌리 역시 그 시기에 놓여진다.

정신적 및 심리신체적 질병의 순수하게 유전적인 측면들을 제외한 모든 질병들의 예방이 그렇듯이, 성인의 성적 장애의 예방은 유아들과 아이들을 돌보는 사람들의 손에 달려있다.

제 24 장
훔치기와 거짓말

　여러 명의 건강한 아이를 가진 엄마라면 아이가 특히 2~4세 때 이따금씩 민감한 문제를 일으킨다는 것을 알고 있을 것이다. 한 아이는 매우 심하게 밤중에 비명을 지르는 바람에 이웃들이 아기 학대를 의심하는 기간을 가졌고, 다른 아이는 청결훈련을 완강히 거부했으며, 또 다른 아이는 너무 깨끗하고 착해서, 엄마는 아이가 자발성과 개인적 모험정신을 완전히 결여했을까봐 걱정했다. 그리고 또 다른 아이는 심하게 짜증을 폭발시켜서 엄마가 거의 마비될 때까지 머리를 박거나, 숨을 쉬지 않아 얼굴이 파래질 정도로 발작을 했다. 가족의 삶의 여정에서 이런 종류의 긴 목록들이 만들어지는 것은 당연한 것이다. 이러한 불편한 일들 중에서 특별한 어려움을 야기하는 한 가지 문제는 아이가 습관적으로 훔치는 것이다.

　어린 아이들은 상당히 정기적으로 엄마의 핸드백에서 동전을 훔친다. 보통은 아무런 문제가 없다. 엄마는 아이가 핸드백의 내용물을 꺼내가고, 그 안에 있는 물건들을 뒤죽박죽으로 만드는 것을 잘 참아낸다. 그녀는 그런 문제를 발견할 때, 오히려 재미있다고 느낀다. 심지어 두 개의 가방을, 즉 하나는 아이가 다가갈 수 없는 가방과, 다른 하나는 일상적으로 아이가 탐구해볼 수 있는 가방을 마련할 수도 있다. 차츰 아이는 이것에서 벗어나고, 그것은 더 이상 생각할 필요가 없게 된다. 엄마는 이것이 건강한 것이고, 자신에 대한 아이의 최초 관계의 일부이며, 따라서 일반적인 사람들과의 최초 관계의 일부라고 느끼는데, 이것은 상당히 옳은 생각이다.

우리는 엄마가 가끔씩 어린 아이가 그녀의 것을 가져다가 숨길 때 정말로 걱정하게 되는 이유를 잘 알고 있다. 엄마는 다른 쪽 극단에서, 좀 더 나이든 아이가 도둑질을 할 수 있다는 것을 알고 있기 때문이다. 도둑질을 하는 좀 더 나이든 아이(또는 성인)의 존재만큼 가정의 행복을 방해하는 것은 없다. 그런 아이와의 관계에서는 모든 사람에 대한 일반적인 신뢰, 그리고 아무 데나 물건을 두는 자유롭고 편한 방식 대신에, 돈, 초콜릿, 사탕 등과 같은 중요한 소지품을 보호하기 위해 고안된 특별한 기술이 발달하게 된다. 그 아이는 병든 아이이다. 많은 사람들은 이것에 대해 생각할 때, 심한 불쾌감을 느낀다. 그들은 자위라는 단어를 언급할 때 그런 것처럼, 도둑질의 문제와 직면할 때 마음이 불편해진다. 사람들은 도둑을 만나는 것과는 별도로, 도둑질에 대한 생각만으로도 화가 날 수 있는데, 그것은 그들 자신들이 그들의 아동기 동안에 도둑질하고 싶은 충동과 싸웠던 전투에 대한 무의식적인 기억 때문이다. 어린 아이가 엄마의 핸드백에서 훔치는 상당히 정상적인 경향에 대해 때로는 엄마가 불필요하게 걱정을 하는 이유는 도둑질에 대한 이러한 불편한 느낌 때문이다.

조금만 생각해보면, 사람들은 평범한 가정에서 그것이 도둑질이라고 불리지 않을 뿐이지, 상당히 많은 훔치는 행동이 일어나고 있다는 것과, 그럼에도 불구하고 그 가정에 도둑이라고 불릴 만큼 병든 사람은 없다는 것을 알 수 있을 것이다. 아이는 부엌에서 빵을 한두 개 가져가거나 선반에서 설탕 한 덩이를 가져간다. 좋은 가정에서는 그 누구도 이런 아이를 도둑이라고 부르지 않는다. (하지만 양육시설에 있는 아이는 그곳에서의 규율에 따라 처벌을 받거나 낙인이 찍힐 수도 있다.) 부모들은 가정에서의 삶을 유지하기 위해 규율을 만들 필요가 있다. 그들은 아이들이 아무 때나 빵이나 케이크를 먹을 수 있지만, 어떤 특별한 종류의 케이크나 설탕은 먹어서는 안 된다는 규율을 만들어야 한다. 이러한 일에는 항상 어느 정도 찬성과 반대가 있게 마련이고, 가정에서의 삶은 어떤 점에서 이것들과 관련해서 부모와 자녀 사이의 관계를 조정하는 것으로 구성되어 있다.

그러나 만약 정기적으로 사과를 훔쳐다가 그것들을 자신이 즐기지 못하고 남에게 줘버리는 아이가 있다면, 그는 강박 충동에 의해 그렇게 하고 있는 것이고, 아픈 아이이다. 그는 도둑이라고 불릴 수 있다. 그 아이는 자신이 왜 그런 행동을 하는지 모를 것이다. 그리고 그 이유가 억압된다면, 그는 거짓말쟁이가 될 것이다. 중요한 것은, 이 소년 또는 소녀가 무엇을 하고 있는지를 묻는 것이다. 그 도둑은 자신이 취하는 대상을 추구하는 것이 아니다. 그는 사람을 찾고 있다. 그는 자신의 엄마를 찾고 있지만, 그 사실을 알지 못한다. 그 도둑에게 만족을 줄 수 있는 것은 백화점의 만년필이나, 이웃의 난간에 있는 자전거나, 과수원의 사과가 아니다. 이런 방식으로 아픈 아이는 훔친 물건을 갖는 것을 즐기지 못한다. 그는 자신의 원시적 사랑 충동에 속한 환상을 행동화하고 있을 뿐이고, 그가 할 수 있는 최선의 것은 행동화, 그리고 숙달된 기술을 즐기는 것이다. 문제는 그가 어떤 의미에서든 엄마와의 접촉을 상실했다는 데 있다. 엄마는 아직 거기에 있을 수도 있고, 없을 수도 있다. 그녀는 거기에 있으면서 얼마든지 사랑을 줄 수 있는 완벽한 엄마일 수 있다. 하지만 아이의 관점에서 볼 때, 거기에는 무언가가 빠져있다. 아이는 엄마를 좋아하고 엄마와의 사랑에 빠졌을 수도 있지만, 좀 더 원시적인 의미에서 그리고 어떤 이유에서든, 아이에게 엄마는 잃어버린 존재이다. 도둑질하는 아이는 엄마를, 또는 그가 훔칠 수 있는 권리를 가진 사람을 찾고 있는 것이다; 사실상 그는 한두 살 먹은 유아가 단순히 자신의 엄마였기 때문에, 그리고 자신이 권리를 행사할 수 있는 사람이기 때문에 엄마에게서 물건을 가져가는 것처럼, 그 사람에게서 무언가를 훔칠 수 있는 사람을 찾고 있는 것이다.

여기에는 또 한 가지 고려사항이 있는데, 그것은 엄마가 아이의 소유물인 이유가 바로 아이가 엄마를 창조했기 때문이라는 사실이다. 엄마에 대한 생각은 사랑할 수 있는 아이의 능력으로부터 서서히 생겨난다. 여섯 명의 자녀를 둔 한 부인이 새 아이를 낳아 자니라는 이름을 지어주었고, 그에게 젖을 먹이고 돌봐주었다. 그런 그녀에게 또 다른 아이가 생겼다. 하지만 자니의 관점에서 보면, 그가 태어났을 때 이 여성은 자신이 창조한 존재였다; 그녀는 아이의 필요에 적극적으로 적응해줌으로써, 아이가 창조한 것이 실제로 거기에 있는 것임을 보여주었다. 엄마가 자신을 아이에게 준 것은 아이에 의해 생각되어야 했고(to be conceived of), 객관성이 의미 있는 것이 되기 전에 먼저 아이에게 주관적인 것이 되어야만 했다. 궁극적으로 도둑질의 근원지점으로 내려가 보면, 거기에서 우리는 항상 도둑이 한 사람을 다시 찾는 것을 통해서 세상과의 그의 관계를 재확립하고자 하는 욕구를 갖고 있다는 사실을 발견한다. 이때 그 한 사람은 아이를 헌신적으로 사랑하기 때문에 그를 이해하고, 그의 욕구에 기꺼이 적극적으로 적응해주는 엄마이다; 사실상 세상이 그가 생각해내는 것을 담고 있고, 그가 불러내는 것을 위치시킬 수 있다는 환상을 그에게 제공해줄 수 있는 존재는, 외부의 '공유된' 현실 안에서 실제로 헌신해주는 사람으로서의 엄마이다.

이것은 실제로 어떻게 적용되는가? 요점은 우리 각자 안에 있는 건강한 유아는 처음에 창조한 엄마를 오직 서서히 객관적으로 지각할 수 있게 된다는 것이다. 이 고통스러운 과정이 환멸이라고 불리는 것인데, 여기에서 어린 아이에게 일부러 환멸을 줄 필요는 없다; 보통의 좋은 엄마는 아이가 환멸을 겪지 않도록 막아주고, 유아가 감당할 수 있고 직면할 수 있다고 느끼는 한에서만 환멸을 허용해준다.

엄마의 핸드백에서 동전을 훔치는 두 살짜리 아이는 자신이 엄마를 창조했다고 생각하고 있고, 엄마와 엄마의 내용물들에 대한 권리가 있다고 믿고 있는, 배고픈 유아가 되는 놀이를 하고 있다. 환멸은 너무 빨리 올 수 있다. 예컨대, 새로운 아기의 탄생은 설령 아이가 아기의 출현에 대해 준비가 되어 있고 그 아기에 대해 좋은 감정을 갖고 있다고 해도, 아이에게 엄청난 충격일 수 있다. 자신이 엄마를 창조했다는 어린 아이의 느낌과 관련해서, 새로운 아기의 탄생이 야기할 수 있는 갑작스러운 환멸 경험은 강박적으로 훔치는 행동의 시작으로 이끌기 쉽다. 아이가 엄마에 대해 전적인 권리를 주장하기보다는 강박적으로 물건을, 특히 달콤한 것들을 취하고 감추지만, 그것을 갖는 것에서 실제로 만족을 얻지는 못한다는 것을 발견하게 된다. 만약 부모들이 좀 더 강박적인 유형의 훔치기 국면이 무엇을 의미하는지를 이해한다면, 아이들은 좀 더 분별 있게 행동할 것이다. 그들은 그런 행동을 견뎌낼 것이고, 무언가를 상실했다고 느끼는 아이가 날마다 특정한 순간에 엄마의 특별한 개인적인 관심을 받는 것에 의존할 수 있을지를 확인해볼 것이다; 그리고 매주 용돈을 줄 때가 되었을 수 있다. 그 무엇보다도, 이러한 상황을 이해하는 부모는 아이에게 불같이 화를 내거나 자백을 요구하지 않을 것이다. 그들은, 만약 그렇게 한다면 아이가 분명히 도둑질뿐만 아니라 거짓말을 하기 시작할 것이고, 그럴 경우 그것은 전적으로 그들의 잘못이라는 것을 알 것이다.

이것들은 보통의 건강한 가정에서 흔히 일어나는 문제들이고, 대부분의 경우 모든 일들은 분별력 있게 처리되고, 일시적으로 물건을 훔치는 강박에 사로잡혔던 아이는 회복된다.

하지만 여기에는 부모들이 지혜롭지 못한 행동을 피하기 위해 일어나는 일들을 충분히 이해하는지, 아니면 나중에 아이가 확실하게 도둑이 되는 것을 막기 위해서 도둑질 행동을 초기 단계에서 '치료' 해야 된다고 느끼는지에 따라 커다란 차이가 있다. 설령 마침내 모든 일들이 잘 풀린다고 해도, 이런 세부사항들을 잘못 관리하게 될 때 아이들이 겪는 불필요한 고통의 양은 엄청나다. 사실 꼭 필요한 고통은 이미 충분하다. 그것은 도둑질과 관련해서만이 아니다. 온갖 종류의 방식으로, 너무 크거나 갑작스럽게 환멸을 겪었던 아이들은 이유를 알지 못한 채, 무언가를 하게 되고, 망치고, 적절한 순간에 배변하는 것을 거부하고, 정원에서 식물을 꺾어야 하는 강박에 사로잡혀 있는 자신들을 발견한다.

이러한 행동의 밑바닥에 도달해야 한다는 생각 때문에 아이에게 왜 그렇게 했는지를 설명하라고 요구하는 부모들은 이미 충분히 강렬한 아이의 어려움을 대폭 증가시킨다. 아이는 진짜 이유를, 그가 모르기 때문에, 대지 못하는데, 그 결과 아이는 오해받고 비난받는 데 따른 참을 수 없는 죄책감을 느끼는 대신에, 인격이 분열된 사람이 될 것이다; 하나는 엄격하게 도덕적인 부분이고, 다른 하나는 악한 충동에 사로잡힌 부분. 그때 아이는 더 이상 죄책감을 느끼지 않고, 대신에 사람들이 거짓말쟁이라고 부르는 존재로 변형된다.

자신의 자전거를 도둑맞는 충격은 그 도둑이 무의식적으로 엄마를 찾고 있다는 것에 대한 지식에 의해서 완화되지 않는다. 이것은 전적으로 또 다른 문제이다. 희생자가 갖는 보복 감정은 분명코 무시될 수 없는 것이고, 비행 아동에 대한 어떤 감상적인 시도도 범죄자를 향한 일반적인 반감의 긴장을 높이는 것을 통해서 그 자체의 목표 달성에 실패하고 만다. 청소년 법원의 판사는 도둑이 아픈 사람이라고 생각할 수만은 없고, 반사회적인 성질의 그런 행동을 무시할 수 없으며, 그것이 사회의 한 부분에서 발생시키는 성가신 측면을 간과할 수는 없을 것이다. 실제로 우리는 처벌보다는 치료를 처방해줄 수 있게 하기 위해, 도둑이 아픈 사람이라는 사실을 인정해줄 것을 법원에 요청함으로써, 사회에 엄청난 스트레스를 주고 있다.

물론 훔치는 행동의 많은 경우들은 보통의 좋은 부모들에 의해 아이의 가정에서 만족스럽게 다루어지기 때문에 결코 법원까지 갈 필요가 없다. 우리는 아이가 엄마에게서 무언가를 훔칠 때, 그것을 훔치는 것이라고 상상한 적이 없기 때문에, 그리고 그런 아이의 행동을 사랑의 표현이라고 쉽게 인식하기 때문에 엄마가 아무런 스트레스를 받지 않는다고 말할 수 있다. 네다섯 살 아이, 또는 어느 정도 강박적인 훔치기가 행해지는 단계를 거치고 있는 아이를 관리할 때, 부모가 그것을 견디는 것은 물론 상당히 힘든 일이다. 우리는 아이들이 사회적 적응에 도달하게 하려고 애쓰는 부모들을 돕기 위해 그러한 과정을 이해하는 방식으로 우리가 줄 수 있는 모든 것을 부모들에게 제공해야 한다. 이러한 이유로 나는 나 자신의 개인적인 견해를, 좋은 부모 또는 교사가 이해할 수 있도록 의도적으로 단순한 형태로 제시하고 있다.

제 25 장
독립을 위한 첫 번째 실험

심리학은 피상적이고 쉽든지, 깊이 있고 어려울 수 있다. 유아의 첫 활동들에 대한 연구와, 유아들이 잠이 들거나 불안할 때 사용하는 물건들에 대한 연구에서 흥미로운 점은 그런 물건들이 피상적인 것과 깊이 있는 것 사이, 그리고 명백한 사실에 대한 단순한 검토와 무의식의 모호한 영역들에 대한 탐색 사이에 존재하는 것처럼 보인다는 것이다. 이러한 이유로 나는 유아가 일반적으로 흔한 물건을 사용하는 방법에 주의를 끌고, 흔히 행해지는 관찰들로부터, 그리고 항상 펼쳐지는 사실들로부터 배울 수 있는 것이 매우 많다는 점을 보여주고자 한다.

나는 보통의 정상적인 아이의 곰 인형에 대해 말해보겠다. 아이를 돌보는 모든 사람들은 다른 행동 패턴들과 마찬가지로 각각의 아이들에게 특징을 부여하는, 그리고 어느 것도 결코 동일하지 않은 특성을 갖고 있는, 흥미로운 물건들을 갖고 있다는 것을 알고 있다.

처음에, 모두가 알고 있듯이, 유아는 자신의 주먹을 입속으로 밀어 넣고, 곧바로 하나의 패턴을 발달시키는데, 그것은 아마도 다른 한 손으로 엄마의 어떤 부위나, 침대시트, 담요, 털실, 또는 자신의 머리카락을 만지작거리는 동안 한두 개의 손가락이나 주

먹을 빠는 현상으로 드러날 것이다. 여기에는 두 가지 일이 발생한다; 첫째, 입속에 있는 손의 어떤 부위에서 분명히 수유와 관련된 흥분이 일어나고; 둘째는 흥분으로부터 더 많이 전치된, 다정함에 더 가까운 느낌이 일어난다. 이 다정한 어루만지는 활동으로부터 주변에 있는 어떤 대상에 대한 애착관계가 발달할 수 있는데, 이 대상은 유아에게 매우 중요한 것이 될 수 있다. 어떤 점에서, 이것은 첫 번째 소유물, 즉 세상에서 유아에게 속한 최초의 것이면서도, 엄지손가락이나 손가락들, 또는 입과 같이 유아의 일부가 아닌 것이다. 그러므로 이것이 얼마나 중요한 것일 수 있는지는 이제 막 시작되는 세상과의 관계가 어떤 것인지를 보여주는 증거이다.

이것들은 안전감의 시작, 그리고 유아가 한 사람과 맺는 관계의 시작과 나란히 발달한다. 그것들은 아이의 정서적 발달에서 모든 일들이 순조롭게 진행되었고, 관계에 대한 기억들이 형성되기 시작했다는 증거이다. 이것들은 내가 중간대상이라고 부르기를 좋아하는, 대상과의 새로운 관계 안에서 다시 사용될 수 있다. 물론 그것은 대상 그 자체가 아니라 중간적인 대상이다; 그것은 유아가 엄마와 융합되어 있는 상태로부터 분리된 외부의 존재로서의 엄마와 관계를 맺는 상태로 이동하고 있음을 보여주는 현상이다.

비록 나는 이러한 현상들 안에 건강이 함축되어 있다는 점을 강조하고 싶지만, 유아가 내가 서술하는 것에 아무런 흥미를 보이지 않는다고 해서, 무언가가 잘못되었다는 인상을 주고 싶지는 않다. 보통의 유아들이, 엄마가 배경에 있다면, 소위 중간대상이라고 부르기에 충분한 또는 심지어 완벽한 것을 발견하는 반면에, 어떤 유아들은 엄마 자체를 가져야 하고, 실제로 엄마를 필요로 한다. 하지만 유아가 곧 이름을 지어주는 어떤 대상에게 특별한 애착을 갖게 되는 것은 흔히 있는 일이다; 그것에 붙여진 이름의 기원을 찾아보는 것은 재미있는 일인데, 그것은 종종 유아가 말을 할 수 있기 오래 전에 들었던 단어들에서 유래한 것으로 드러난다. 물론 부모들은 지체 없이 동물이나 아기처럼 생긴 부드러운 장난감들을 유아에게 줄 것이다(아마도 어른들 자신들을 위해서). 유아의 관점에서 볼 때, 그것들의 형태는 그다지 중요하지 않다. 촉감과 냄새가 더 큰 중요성을 갖는데, 냄새는 특별한 중요성을 갖는다. 따라서 부모들은 이 물건이 아이의 허락을 받지 않고서는 세탁될 수 있는 것이 아님을 배우게 된다. 보통 때는 위생을 중시하는 부모들이 아이와의 평화를 위해 꾹 참고서 불결하고 냄새나는 물건을 들고 다니는 경우가 드물지 않다. 이제 조금 더 자란 유아는 이것을 사용할 수 있어야 한다; 그것은 유아용 침대와 유모차에서 반복해서 던져질 것이지만, 그때마다 다시 가져다주어야만 한다; 유아는 그것에서 조금씩 벗어날 수 있어야 하고, 그것을 조금씩 떠나보낼 수 있어야만 한다. 사실, 이것에게 일어날 수 없는 일은 아무것도 없고, 그것은 사랑의 매우 원시적인 형태, 즉 애정이 깃든 애무와 파괴적인 공격의 혼합물의 형태를 취한다. 시간이 지나면서 다른 대상들이 추가되는데, 그것들은 점점 더 적절하게 동물들과 아기들을 닮은 것이 된다. 게다가, 시간이 지나면서 부모들은 아이가 '타'(ta)라고 말하는 것을 듣게 되는데, 이것은 그 인형이나 곰 인형이 유아의 상상에서 생겨난 것이 아니라, 세상으로부터 온 것이라는 사실을 아이가 인식한다는 것을 의미한다.

유아의 첫 번째 중간대상을 살펴보면, 그것은 해링턴 스퀘어와 같은 어떤 장소일 수도 있고, 특정한 울 스카프, 또는 엄마의 손수건일 수 있다. 내 생각에 우리는, 유아의 관점에서 볼 때, 우리가 유아에게 그 대상을 가리키면서 '타'라는 단어를 말하도록 요청하는 것은, 그리고 그 대상이 세상으로부터 온 것이라고 인정하라고 요청하는 것은 부적절한 것이라는 점을 알고 있어야 한다. 유아의 관점에서 보면, 이 첫 대상은 실제로 그의 상상력으로부터 창조된 것이기 때문에 그것에 대한 이름을 지어줄 권리가 유아 자신에게 있다. 그것은 유아의 세계 창조의 시작이고, 우리는 모든 유아에게 있어서 세상은 새로 창조되는 것임을 인정해야 할 것이다. 발견된 것일 뿐만 아니라 창조된 것이 아닌, 그것 자체로서 제시되는 세상은 새롭게 발달하는 인간 존재에게 아무런 의미가 없는 것이다.

유아가 스트레스를 받을 때, 특히 잠이 들려고 할 때 사용하는 물건들과 기법들의 엄청난 다양성을 정당하게 취급하는 것은 거의 불가능하다.

한 어린 여자 아이는 엄지손가락을 빠는 동안에 엄마의 긴 머리카락을 손으로 어루만지는 대상으로 사용했다. 그녀 자신의 머리카락이 충분히 길어졌을 때, 그녀는 잠이 들 때 엄마의 머리카락 대신 자신의 머리카락을 얼굴 위로 잡아당겨 그 냄새를 맡았다. 이것은 그녀가 충분히 나이가 들어 남자 아이처럼 되기 위해 머리카락을 자르고 싶어 할 때까지 계속되었다. 물론 그녀가 극도로 불안할 때는 잠이 들 때까지 그 행동을 즐겼다. 다행히도 부모들은 그녀가 머리를 기르는 것을 허용했고, 엄마의 머리카락의 임무를 그녀 자신의 머리카락이 물려받는 것을 가능케 했다. 즉시 그녀는 보통의 방식으로 얼굴을 머리카락으로 덮고는 냄새를 맡으면서 행복하게 잠이 들곤 했다.

일찍부터 색깔 있는 양모 담요에 관심을 보였던 한 남자 아기는, 한 살이 되기 전에 그가 색깔별로 뽑아낸 털실을 분류하는 데 관심을 갖게 되었다. 털실의 촉감과 색깔에 대한 그의 관심은 지속되었고, 결코 그를 떠나지 않았는데, 나중에 그는 성장해서 섬유공장에서 일하는 색상 전문가가 되었다.

제시된 예시들은 스트레스와 분리의 순간에 건강한 유아들에 의해 사용되는 넓은 범위의 현상들과 기법들을 보여주기 위한 것이다. 아이들을 돌보는 사람은 거의 누구나 그런 예들을 제공할 수 있고, 무엇보다도 각각의 세부사항이 중요하고 의미 있는 것임을 인정한다면, 그것들 각각은 연구해볼 만한 매력이 있는 것일 수 있다. 때때로 우리는 유아들이 물건들 대신에 흥얼거림, 미풍에 살며시 움직이는 두 커튼 사이에서 어른거리는 빛들을 연결하기, 경계들이 겹치는 부분, 유아의 머리 움직임에 따라 서로의 관계 안에서 변화하는 두 대상들에 대한 탐구 등과 같은, 좀 더 숨겨진 활동들을 사용하는 기법을 발견하기도 한다. 때로는 사고가 눈에 보이는 활동의 자리를 차지하기도 한다.

이러한 현상들이 정상적인 것임을 강조하기 위해서, 나는 분리가 그것들에게 영향을 미치는 방식에 주의를 환기시키고 싶다. 대략적으로 말해서, 유아가 믿을 수 있는 엄마 또는 다른 사람이 없을 때, 일정 시간 동안 유아의 마음속에 살아 있을 수 있는 엄마의 이미지 덕택에, 즉시 변화가 발생하지는 않는다. 만약 엄마가 일정 시간 이상으로 그곳에 없다면, 그녀의 내적 이미지는 희미해진다; 동시에 모든 중간현상들은 의미가 없는 것이 되고, 사용할 수 없는 것이 된다. 우리는 이제 돌봄이나 먹을 것을 공급받아야 하는 유아를 보게 되는데, 이때 홀로 남겨진 유아는 감각적 만족을 주는 흥분케 하는 활동에 몰두하는 경향이 있다. 여기에서 애정이 담긴 접촉의 중간 영역 전체가 상실된다. 엄마가 다시 돌아올 때, 떨어져 있던 기간이 너무 길지 않았다면, 시간이 지나면서 우선 엄마에 대한 내적 이미지가 새롭게 건설된다. 엄마에 대한 믿음을 성공적으로 재확립하는 것은 유아가 다시 중간 활동들을 사용하는 것에서 볼 수 있다. 이런 모습은 좀 더 후에 아이가 버림받았다고 느끼고, 놀 수 없게 되며, 다정하거나 다정함을 수용할 수 없게 될 때, 보다 명백하게 심각한 것이 된다. 이것과 나란히, 강박적인 성애적 활동들이 시작될 수도 있다. 회복 중에 있는 박탈된 아이들이 보이는 훔치는 행동은 엄마의 내적 이미지의 죽음이나 희미해짐과 함께 상실했던 중간대상을 되찾고자 하는 활동의 일부라고 말할 수 있다.

한 여자 아기는 항상 엄지손가락에 거친 모직 천을 감아서 입에 넣고 빨았다. 세 살이 되었을 때, 그녀의 엄지손가락 빨기는 그 모직 천을 벗겨내는 것을 통해서 해결되었지만, 나중에 그녀는 잠이 들 때 강박적인 독서와 함께 심각한 강박적 손톱-깨물기를 발달시켰다.

그 손톱-깨물기는 열한 살 때 그녀가 도움을 받아 그 모직 천과 그것의 문양을 그리고 그것에 대한 그녀의 사랑을 기억해낼 수 있었을 때 멈추었다.

건강한 경우에, 중간 현상으로부터 대상들의 사용으로, 그리고 아이의 놀이 능력 전체로 옮겨가는 진화가 발생한다. 놀이는 모든 아이들에게 결정적인 중요성을 갖고 있고, 놀이 능력은 건강한 정서적 발달의 징표라는 것을 아는 것은 어렵지 않다. 나는 놀이 능력의 초기 형태가 유아가 첫 번째 대상과 갖는 관계라는 사실을 강조하고 있다. 내 희망은 부모들이 이 중간대상들이 정상적인 것이고, 실제로 건강한 성장의 표시라는 것을 이해하게 됨으로써, 그들이 아이들과 함께 여행을 할 때마다 이상한 물건들을 가지고 다니는 것을 부끄러워하지 않게 되는 것이다. 그들은 분명히 그것들을 경멸하지 않을 것이고, 그것들을 잃어버리지 않기 위해 가능한 모든 일을 할 것이다. 마치 노병처럼, 그 대상들은 죽지 않고 다만 사라질 것이다. 달리 말해서, 그것들은 아이들의 놀이 전체 영역으로, 그리고 문화적 활동들과 관심들—외부 세계의 삶과 꿈꾸기 사이에 있는 광범위한 중간 영역—로 확장됨으로써 집단적인 현상들이 될 것이다.

꿈으로부터 외부 현상을 분류해내는 과제는 명백히 힘든 것이다. 그것은 우리 모두가 성취할 수 있기를 희망하는 과제이고, 우리가 정신적으로 건강하다고 주장할 수 있는 근거가 되는 과제이다. 그럼에도 불구하고, 우리는 이 분류작업으로부터 쉴 수 있는 장소를 필요로 하는데, 그것은 우리의 문화적 관심들과 활동들에서 발견된다. 왜냐하면 우리는 어린 아이에게, 상상력이 지배적인 역할을 하는 영역과 관련해서 우리 자신들에게 허용하는 것보다 더 넓은 영역을 허용해주기 때문이다; 따라서 세상을 사용하면서도 꿈이 지닌 모든 강렬함을 여전히 갖고 있는 놀이는 아이들의 삶의 특징으로 간주된다. 성인의 정신건강을 성취해야 하는 끔찍한 과제를 이제 막 시작한 유아를 위해, 우리는 특히 깨어 있는 것과 잠들어 있는 것 사이의 시간 동안에 중간적인 삶을 허용한다; 그리고 내가 말하는 현상들과 사용되는 대상들은 처음에, 즉 현실로부터 꿈을 구별할 필요가 거의 없는 시기 동안에 우리가 유아에게 주는 쉼의 장소에 속한 것이다.

소아과 의사로서 아이들과 접촉하고, 그들이 그리는 그림들을 보고, 그들 자신들과 꿈들에 관해 이야기하는 것을 듣는 과정에서, 나는 그들이 이 아주 초기의 대상들을 쉽게 기억한다는 사실을 발견하면서 놀라움을 금치 못한다. 종종 그들은 부모들이 까맣게 잊어버린 천조각과 이상한 물건을 기억하는 것을 통해서, 그들의 부모들을 놀라게 한다. 만약 그 물건이 아직도 있다면, 그것이 어디에 있는지를 아는 사람은 바로 아이이다; 그것은 반쯤 잊혀진 장소에, 아마도 서랍장의 밑바닥 뒤쪽이나, 찬장의 꼭대기

선반 위에 조용히 놓여 있을 것이다. 가끔 발생하듯이, 그 물건을 잃어버리거나, 그것의 의미를 알지 못하는 일부 부모들이 그것을 다른 아기에게 주어버릴 때, 아이는 고통을 받는다. 어떤 부모들은 이런 물건들에 대한 아이디어에 너무 친숙한 나머지, 아기가 태어나자마자 가족의 중간대상을 가져다가 아기에게 주면서, 그것이 지난번 아기에게 미쳤던 것과 똑같은 영향을 미칠 것이라고 기대한다. 당연히 그들은 실망할 수 있을 것이다. 왜냐하면 이런 식으로 등장한 대상은 새로운 유아에게 의미 있는 것이 될 수도 있고, 되지 못할 수도 있기 때문이다. 그것은 모두 유아에게 달려 있다. 대상을 이런 식으로 제시하는 것은 위험을 수반하는 것인데, 그 이유는 어떤 점에서 그것은 새 아기에게서 창조할 수 있는 기회를 훔치는 행동이기 때문이다. 아이가 가정에서 얼마의 물건을, 즉 이름이 주어질 수 있는 어떤 것을, 그리고 종종 거의 가족의 일부가 되어 있는 것을 사용할 수 있다면, 그것은 확실히 종종 매우 유용할 것이다. 이것에 대한 유아의 관심으로부터 인형들, 다른 장난감들, 그리고 동물들에 대한 그의 최종적인 몰두가 발달해 나온다.

　이 전체 주제는 부모들이 연구해볼 만한 매력적인 것이다. 부모들이 그들의 유아들 각자에게 고유한 이 중간 영역에서 발생하는 애착들과 기술들의 발달 노선을 지켜보고 기록하는 것은 매우 유익한 일이며, 이 일을 하기 위해 꼭 심리학자들이 될 필요는 없다.

제 26 장
정상적인 부모들을 위한 지원

당신은 지금쯤 내가 긍정적인 어떤 것을 말하려고 한다는 것을 알아차렸을 것이다. 나는 어려움들을 어떻게 극복할 수 있는지, 아이가 불안의 신호를 보일 때, 또는 부모가 아이 앞에서 말다툼을 할 때, 무엇을 해야 되는지를 보여주는 대신에, 보통의 건강한 아이들을 가진 가족을 이루고 유지하는, 정상적인 부모들의 건전한 본능들을 조금이나마 지원하려고 노력해왔다. 이것에 대해 많은 것들을 말할 수 있겠지만, 나는 이런 것들을 말해보겠다.

이런 질문이 제기될 수 있을 것이다: 잘하고 있는 사람들에게 구태여 무슨 이야기를 하려고 하는가? 분명히 어려움들을 겪고 있는 부모들이 그것을 더 필요로 하지 않겠는가? 사실 나는 내가 살고 있는 나라에, 도시에, 그리고 내가 일하는 병원이 소재한 지역에도 의심의 여지없이 많은 고통들이 존재한다는 사실에 압도되지 않으려고 노력하고 있다. 나는 그런 고통에 대해, 그리고 만연해 있는 불안과 우울에 대해 너무 잘 알고 있다. 그러나 나의 희망은 내 주변에서 건설되고 있는, 그리고 앞으로 수십 년간 우리 사회의 안정을 지켜줄 유일한 토대인, 안정되고 건강한 가정에 있다.

다음과 같은 질문도 제기될 수 있다: 당신이 존재한다고 말하고 있고, 당신이 희망을 두고 있는 건강한 가정들에 대해 왜 걱정을 하는가? 그 가정들은 스스로 잘해 나갈 수 없는가? 사실 내가 여기에서 그들을 적극적으로 지원하는 좋은 이유는 그들 안에 이 좋은 것들을 파괴하려는 경향성들이 존재한다는 것이다. 좋은 것은 공격으로부터 안전하다고 간주하는 것은 결코 지혜롭지 못하다; 오히려 최상의 것은 그것이 발견되었을 때 살아남기 위해서 항상 보호될 필요가 있다. 좋은 것은 항상 사람들에게서 주로 무의식적으로, 개입들, 사소한 규정들, 법적 규제들, 그리고 온갖 방식의 어리석음의 형태들로 드러나는, 증오와 두려움을 자극해낸다.

이 진술은 부모들이 공식적인 정책에 의해 어떤 명령을 받는다거나 속박을 당한다는 말이 아니다. 국가는 부모들이 자유롭게 선택할 수 있고, 국가가 제공하는 것을 받아들이거나 거부할 수 있는 자유를 주기 위해 힘들게 노력한다. 물론, 출생과 사망이 신고 되어야 하고, 특정 전염병들이 통보되어야 하며, 5세부터 15세까지의 자녀들은 학교에 다녀야 하는 등, 국민은 나라가 정한 법을 지켜야 한다. 그리고 나라의 법을 어긴 소년 소녀들은, 그들의 부모들과 함께 어떤 형태의 강제적인 구속을 받는 대상이 된다. 하지만 국가는 부모들이 활용할 수도 있고, 피할 수도 있는 수많은 서비스들을 제공한다. 그 중 몇 가지를 언급하자면, 유치원, 천연두나 디프테리아와 같은 질병들의 예방 및 면역접종, 출산 직전 임산부와 유아를 위한 서비스, 간유와 과일주스의 제공, 치과 진료, 아기와 어린이를 위한 우유 제공 등등이 그것들이다. 이 모든 것들은 이용이 가능하지만, 강제적인 것은 아니다.

문제는, 이미 제안했듯이, 공공 서비스를 실제로 운영하는 사람들 중에는 자신의 아이를 그 누구보다 더 잘 이해할 수 있는 엄마의 능력에 대해 신뢰하지 않는 사람들이 있다는 데 있다. 의사들과 간호사들은 종종 일부 다른 사람들의 지혜를 허용하는 데 실패하는, 부모들의 무지와 우둔함에 인상을 받는다. 또는 아마도 매우 자주 눈에 띄는 엄마들의 자신감 부족이, 신체의 질병과 건강에 대한 전문지식은 갖고 있지만 부모들의 전체 과제를 제대로 이해하지 못하는 의사들과 간호사들이 행하는 이런저런 교육의 산물일 수도 있다. 그들은 엄마가 그들의 전문적인 조언을 구할 때, 실제로는 그녀가 아기의 젖을 떼면서 자신에게서 떨어져서 병원으로 보내지는 것이 아기에게 해로울 것임을 알기 때문에, 또는 아기가 포경수술을 받기 위해 병원에 가기 전에 상황이 어떤 것인지를 좀 더 이해할 필요가 있다는 느낌 때문에, 또는 병원이 극도로 불안한 상태에서 시술하는 주사나 접종이 자신의 여자 아기에게는 실제로 맞는 유형이 아니라는 느낌 때문에(실제로 전염병이 돌고 있지 않다면) 그런 조언을 구한다는 사실을 알지 못한 채, 그 엄마가 완고하기 때문에 그런 생각을 한다고 가정하기가 아주 쉽다.

아이의 편도선을 제거해야 된다는 의사의 결정에 안심이 안 된다면, 엄마는 무엇을 해야 하는가? 의사는 분명히 편도선에 대해 알고 있지만, 수술에 대해 설명해줄 수 없을 정도로 어린 아이를 수술한다는 것이 얼마나 심각한 일인지를, 그가 정말로 이해하고 있다는 인상을 아이의 엄마에게 주는 데는 종종 실패한다. 그 엄마는 가능하다면 그런 일이 일어나는 것을 막아야 한다는 믿음에 매달릴 것이고, 만약 그녀가 유아의 발달하는 인격에 대해 교육을 받은 덕택에 그녀 자신의 본능을 정말로 믿는다면, 그녀는 자신의 관점을 의사에게 전달할 수 있을 것이고, 따라서 결정을 내리는 과정에서 자신의 역할을 감당할 수 있을 것이다. 부모의 전문적인 지식을 존중하는 의사는 자신의 전문적인 지식에 대해 존중받는 데에도 큰 어려움이 없을 것이다.

부모들은 그들의 어린 자녀들이 단순한 환경을 제공받을 필요가 있다는 것을 알고 있다; 아이들은 복잡함의 중요성에 대해 이해할 수 있을 때까지는, 그리고 그것을 허용할 수 있을 때까지는, 이러한 단순한 환경을 필요로 한다. 실제로 자녀의 편도선을 제거해야 될 때가 올 수도 있다; 실제로 그것을 제거해야 한다면, 인격발달에 해를 끼치지 않고서, 그것을 행하는 것이 중요하다. 오히려 아이는 병원에서의 경험에 대해 흥미와 즐거움을 발견할 수도 있고, 이를테면, 한계를 넘어 전진하는 발걸음을 내딛을 수도 있다. 그러나 그 시기는 나이뿐만 아니라, 그 아이가 어떤 아이인가에 달려있다; 그것은 그의 엄마처럼 아이를 친밀하게 알고 있는 사람만이 판단할 수 있으며, 이때 의사는 확실히 그녀가 충분히 생각할 수 있도록 도울 수 있어야 한다.

국가는 부모 교육과 관련된 정책을 세울 때 강요하지 않는 지혜를 필요로 하고, 공공 서비스를 제공하는 자들을 위한 교육을 실시할 필요가 있으며, 자신의 자녀들에 대한 보통의 엄마들의 느낌과 본능적인 지식을 존중하는 법을 가르쳐야 할 것이다. 엄마는 자신의 자녀에 대해서는 전문가이다. 만약 그녀가 당국의 목소리에 별다른 존경을 보이지 않는다면, 그것은 그녀가 관리의 문제에 있어서 어떤 것이 좋고 어떤 것이 나쁜지를 이미 알고 있기 때문일 것이다.

부모들이 책임이 있는 사람이라는 아이디어를 분명하게 지지해 주지 않는 정책은 결국은 사회에 해로운 것으로 드러날 것이다.

중요한 것은 계속해서 존재하고, 스스로 이런저런 문제들—세상의 축소판으로서의—에 대처할 수 있다고 간주하는 가족 안에서, 유아에서 아이로 그리고 청소년으로 성장해가는 개인의 경험이다. 물론 가족은 세상의 축소판이지만, 감정의 강도나 경험의 풍부함에 있어서는 결코 세상보다 더 작지 않은 곳이고, 다만 상대적으로 덜 중요한 문제인, 복잡성과 관련해서만 덜한 곳이다.

만약 나의 글이 내가 지금 여기서 하고 있는 것을 더 잘 하도록 다른 사람들을 자극하고, 보통 사람들을 지원하며, 그들의 훌륭한 직관적인 느낌에 대한 실제적이고 올바른 이유를 제시한다면, 나는 만족할 것이다. 의사들과 간호사들로서, 우리는 몸과 마음이 아픈 사람들을 위해 우리가 할 수 있는 모든 것들을 하고, 국가는 이런저런 이유로 길을 잃고, 돌봄과 보호를 필요로 하는 사람들에게 국가로서 할 수 있는 일들을 하게 하자. 우리는 또한, 다행히도 사회의 보통 사람들 중에는, 특히 덜 세련된 사람들 중에는 감정을 두려워하지 않는 그리고 우리가 그들의 감정들을 두려워하지 않아도 되는, 정상적인 남자들과 여자들이 있다는 것을 기억하자. 부모들에게서 최상의 것을 끌어내기 위해, 우리는 그들이 자신들의 일이라고 믿고 있는, 그들의 가족을 돌보는 일에 대해 전적인 책임을 지도록 허용해야 할 것이다.

제3부

외부 세계

제27장
5세 미만의 아이들이 필요로 하는 것들

유아와 어린 아이들이 필요로 하는 것들은 개인에 따라 크게 다르지 않다; 그것들은 타고난 것들이고 바뀌지 않는다.

발달하는 아이에 대해서는 항상 생각하는 것이 필요하다. 이것은 언제나 유용한 접근법이며, 특히 5세 미만의 아이들에게 그렇다. 그 이유는 4살 된 아이는 세 살, 두 살, 한 살 된 아이이기도 하고, 젖을 뗀 유아, 갓 태어난 신생아, 심지어 자궁 속에 있는 태아이기도 하기 때문이다. 아이들의 정서적인 나이는 신축성이 있다.

인격의 성장과 정서의 성장이라는 측면에서 보면, 신생아에서 5세 아이까지의 간격은 매우 큰 것이다. 이 간격은 특정한 조건들을 제공하는 것 외에는, 다른 어떤 것으로도 채워질 수 없다. 이 조건들이 완벽한 것일 필요는 없다. 왜냐하면 아이의 지능이 차츰 사전 준비를 통해서 실패를 허용하고 좌절을 다룰 수 있게 되기 때문이다. 잘 알려져 있듯이, 아이의 개인적 성장에 필요한 조건들은 그것들 자체로서 정적이거나 고정적이지 않으며, 유아나 아이의 연령과 변화하는 필요에 따라 질적 및 양적으로 변한다.

네 살 된 건강한 남아 또는 여아를 자세히 살펴보자. 하루를 지내는 동안 아이는 성인 수준의 세상에 대한 인식을 드러내는 순간이 있다. 남자아이는 아빠와 동일시할 수 있고, 여자아이는 엄마와 동일시할 수 있으며, 교차-동일시도 일어날 수 있다. 이 동일시 능력은 실제 행동에서; 제한적인 시간 동안 제한된 영역에 대해 책임을 지는 모습에서; 결혼생활의 기쁨, 부모됨, 교육의 과제들이 있는 그대로 펼쳐지는 놀이에서; 그 연령대의 특징을 구성하는 격렬한 사랑과 질투에서; 낮 동안에는 환상에서, 그리고 잠들어 있는 동안에는, 특별히 그리고 근본적으로, 꿈들에서 드러난다.

네 살 된 건강한 아이에게는 본능, 즉 특별한 연쇄를 보여주는 흥분의 생물학적 토대에서 유래하는 삶의 강렬함을 고려할 때, 얼마의 성숙한 요소들이 있다; 다시 말해서 증가하는 긴장, 절정, 그리고 일종의 만족에 따라오는 어느 정도의 이완을 준비하는 능력이 있다.

5세 직전의 시기에 해당하는 성숙을 특징짓는 잔인한 꿈에서, 아이는 삼각형으로 된 인간관계의 한 꼭짓점에 있다. 이 잔인한 꿈에서 우리가 본능이라고 부르는 생물학적 욕동이 수용되고 아이가 생물학적 성장을 따라가는 것은, 그리고 그럼으로써 꿈에서와 깨어있는 삶 배후에 있는 환상에서 아이의 신체적 기능들이 사랑 또는 증오로, 그리고 내재된 갈등들로 느껴지는 강렬한 종류의 관계에 참여하는 것은 결코 보잘것없는 성취라고 볼 수 없다.

이것은 성(性)의 전체 범위가, 신체적 미성숙에 속한 한계가 있는 경우를 제외하고는, 건강한 아이에게 해당된다는 것을 의미한다. 상징적인 형태와 꿈과 놀이에서, 성적 관계들의 세부사항들은 아동기 경험에 속해 있다.

잘 발달한 네 살 된 아이가 필요로 하는 것은 동일시할 부모를 갖는 것이다. 이 중요한 나이에 도덕을 심어주고 문화적인 패턴을 주입하는 것은 좋지 않다. 작동 요인은 부모, 부모의 행동 그리고 아이에 의해 지각된 부모의 상호-관계이다. 그것이 바로 아이가 받아들이고, 모방하거나 반발하는 것이며, 또한 아이가 자기-성장의 개인적 과정 안에서 수백 가지 방식으로 사용하는 것이다.

더욱이, 부모 사이의 관계를 토대로 삼고 있는 가정은 존재하고 살아남는 것에 의해서 수행해야할 기능을 갖고 있다; 아이에 의해 표현된 증오와, 꿈속의 파국에서 드러나는 증오를 아이가 견딜 수 있는 것은, 최악의 상황에도 불구하고, 그리고 최선의 어떤 것 덕택에, 가정이 계속해서 기능하기 때문이다.

그러나 네 살 반 된 놀라울 정도로 성숙한 아이는 위로를 필요로 하거나 손가락을 베거나 넘어질 때, 갑자기 두 살짜리 아이가 되고, 잠이 드는 순간에는 완전히 유아처럼 된다. 나이와 상관없이 아이는 다정하게 안아주는 것을 필요로 하며, 엄마가 자궁 속에서 그리고 품안에 안아주었을 때 자연스럽게 주었던, 신체적 형태의 사랑을 필요로 한다.

실제로, 유아는 처음부터 다른 사람과 동일시할 수 있는 존재가 아니다. 거기에는 하나의 전체 또는 단위로서의 자기를 세워나가는 점진적인 과정이 있고, 외부 세계와 내부 세계가 서로 관련된 것이라고 느끼는 능력과, 그러한 세계들이 개인적이고, 고유하며, 어떤 두 아이도 결코 동일하지 않은, 자기 자신과는 다른 존재임을 아는 능력이 발달하는 점진적인 과정이 있다.

먼저 세 살에서 다섯 살 사이의 아이가 적절한 성숙을 성취하는 것이 강조된다. 건강한 유아들과 아이들은 항상 개인의 전체 미래의 발달에 결정적으로 중요한, 바로 이 성숙을 세워나가고 있다. 동시에 5세 미만의 아이의 성숙은 보통 온갖 종류와 정도의 미성숙과 양립할 수 있다. 미성숙은 이전까지의 모든 성장단계들의 특징인, 건강한 의존 상태의 잔여물이다. 네 살 된 아이의 복잡한 그림을 그리려고 시도하기보다는, 발달의 다양한 단계들에서 취합한 견해들을 제시하는 것이 더 단순할 것이다.

진술이 압축될 수 있겠지만, 그런 경우에도 우리는 다음의 요소들을 구별할 수 있을 것이다:

(1) 삼각관계(가족에 의해 유지되는).

(2) 두-사람 관계(세상을 아기에게 소개하는 엄마).

(3) 비통합된 상태에 있는 유아를 안아주는 엄마(유아가 전체를 느끼기 전에 전체 인간으로 바라봐주는).

(4)신체를 다뤄주는 것에서 표현되는 엄마의 사랑(모성적 기법).

(1) 삼각관계. 아이는 삼각관계를 구성하고 있는 전체 인간들 사이에 있는 전체 인간으로 발달한다. 근저의 또는 무의식적인 꿈에서, 아이는 한쪽 부모와 사랑에 빠지고 다른 쪽 부모를 증오한다. 증오는 어느 정도 직접적인 형태로 표현되는데, 그것은 아이가 운 좋게도 이전 단계들의 모든 잠재된 공격적 잔여물을 이 증오에 사용하기 위해 끌어모을 수 있었기 때문이며, 이것은 그 증오가 원시적인 사랑에 기초해 있는 것이라는 점에서, 수용될 수 있는 것이다. 하지만 이 증오는 어느 정도 꿈속에서의 경쟁자와 동일시하는 아이의 능력으로 흡수된다. 여기에서 아이와 아이의 꿈을 담는 것은 가족 상황이다. 그 삼각관계는 현실적인 형태를 갖고 있고, 온전한 상태로 남아 있다. 그것은 또한 중심적인 주제로부터 시작해서 확산되고 있고, 실제 상황에서 감당할 수 있는 것이 될 때까지 점진적인 긴장의 감소를 허용하는, 모든 종류의 가까운 관계 안에서도 발견된다. 놀이는 여기에서 특별히 중요한데, 그 이유는 그것이 현실과 꿈 모두이기 때문이다. 그러나 비록 놀이 경험들이 그렇지 않았더라면 기억할 수 없는 꿈속에 갇혀 있었을 온갖 종류의 엄청난 감정들을 허용함에도 불구

하고, 결국 놀이는 멈추고, 놀이하던 사람들은 함께 차를 마시거나, 목욕을 하거나, 아이가 잠들기 전에 들려줄 이야기를 준비하기 위해 그곳을 떠날 것이다. 게다가 놀이에는(우리가 고려하고 있는 시기 동안에) 항상 간접적으로 참여하고 있는, 그리고 언제라도 상황을 통제할 준비가 되어 있는, 성인이 있다.

두 명의 어린 아이들의 놀이에 대한 연구는, 가정에서의 엄마의 일과 직장에서의 아빠의 일에 대한 모방에 기초한 특정한 게임들과 마찬가지로, 이 주제에 대해 잘 알지 못하는 아빠들과 엄마들 그리고 의사들과 간호사들에게 좋은 길잡이가 될 수 있다. 아이들의 꿈에 대한 연구는 특별한 기술을 요하는 것이기는 하지만, 우리들을 자연스럽게 아이들의 놀이에 대한 관찰보다는 무의식의 영역 안으로 데려다주는 이점이 있다.

(2) 두-사람 관계. 더 이른 단계에서, 우리는 삼각관계 대신에 유아 또는 어린 아이와 엄마 사이의 보다 직접적인 관계를 발견한다. 극도로 미묘한 방식으로 엄마는 우발적인 침범들을 막아주고, 필요로 하는 것을 올바른 시점에 올바른 방식으로 제공하는 것을 통해서, 제한된 범위 안에서 아기에게 세상을 소개해준다. 이 두-몸 관계 안에는 아이가 어색한 순간들을 개인적으로 관리하는 데 필요한 공간이 삼각관계 안에서보다 훨씬 더 적다는 것을 알 수 있다; 다른 말로, 두-사람 관계 안에는 더 큰 의존이 있다. 그럼에도 불구하고 거기에는 서로 밀접하게 연관된, 그리고 상호의존적인 두 명의 전체로서의 인간 존재가 있다. 만약 엄마 자신이 불안하거나 우울하거나 혼동 상태에 있거나 철수되어 있지 않고 건강하다면, 그때 유아-엄마 관계에서 전개되는 일상의 풍요로움 안에는 인격의 성장을 위한 넓은 전망이 열릴 것이다.

(3) 아직 통합되지 않은 상태의 유아를 안아주는 엄마. 물론 이것보다 더 앞선 단계에서는 더 큰 정도의 의존이 있다. 엄마는

날마다 유아의 공격성에서 살아남아야 하고, 유아의 삶을 구성하
지만 유아가 담아낼 수는 없는 다양한 느낌들, 감각들, 흥분들, 분
노들, 슬픔들 등을 통합해낼 수 있어야 한다. 유아는 아직 하나의
단위가 아니다. 엄마는 유아를 안아주고 있고, 인간 존재는 만들
어지고 있다. 엄마는, 필요하다면, 그날 있었던 일들이 유아에게
무엇을 의미했는지를 마음속에서 돌이켜볼 수 있고, 이해할 수
있으며, 유아가 통합된 느낌을 가질 수 없는 순간에 그녀의 유아
를 인간으로서 바라볼 수 있다.

(4) 신체를 다뤄주는 것에서 표현되는 엄마의 사랑. 초기에 엄
마는 아기를 안아주는데, 무엇보다도 신체적으로 안아준다. 신체
적 돌봄의 모든 세부사항들은 유아에게 있어서 심리적인 문제들
이다. 엄마는 유아의 욕구에 적극적으로 적응해주는데, 처음에 이
적응은 놀라울 정도로 완벽한 것일 수 있다. 사람들이 말하듯이,
엄마는 본능적으로 어떤 욕구가 긴급해질 것인지를 안다. 그녀는
출현하는 욕구를 충족시켜줌으로써, 혼돈을 불러내지 않는 방식
으로 유아에게 세상을 소개한다. 또한 그녀는 신체적 돌봄을 통
해서 유아에 대한 사랑을 표현하고, 신체적 만족을 주는 것을 통
해서 유아의 정신이 유아의 신체 안에서의 삶을 시작할 수 있게
해준다. 그녀는 유아 돌봄의 기술을 통해서 유아에 대한 그녀의
느낌을 표현하고, 발달하는 개인에 의해 인식될 수 있는 사람으
로서 그녀 자신을 세워나간다.

욕구에 대한 이러한 진술은 가족 패턴 안에서 관찰되는 다양
한 변화들이 아이에게 미치는 충격에 대한 논의를 위한 기초로
서 제시되었다. 그러한 욕구들은 그것들의 질적 변화를 고려할
때, 그것들 각각의 방식에서 완전한 것이다. 그러한 욕구를 충족
시키지 못하는 실패는 아이의 개인적 발달의 왜곡을 가져오고,
"욕구가 더 원시적인 유형일수록 환경에 대한 개인의 의존은 더

크고, 그런 욕구를 충족시키지 못하는 실패는 더 재앙적인 결과를 가져온다"는 말은 하나의 금언으로 간주될 수 있다. 초기에 유아를 돌보는 일은 의식적 사고와 고의적 의도를 넘어서는 문제이다. 그것은 오직 사랑을 통해서만 가능해지는 것이다. 우리는 때로 유아가 사랑을 필요로 한다고 말하는데, 그 말의 의미는 유아를 사랑하는 사람만이 그 욕구에 대해 필요한 적응을 해줄 수 있고, 유아를 사랑하는 사람만이 아이의 능력의 성장을 따라가기 위해 적응의 실패를 끝낼 수 있으며, 그 실패를 긍정적으로 사용할 수 있다는 것이다.

5세 미만 아이들의 필수적 욕구들은 그들을 돌보는 개인들의 문제이고, 기본적 원리들은 바뀌지 않는다. 이 진실은 세계 어느 곳에서든, 그리고 어떤 문화에서든, 과거, 현재 그리고 미래의 인간 존재들에게 적용될 수 있다.

부모들 그리고 그들의 부모역할에 대한 감각

오늘의 젊은 부모들이 갖는 부모역할에 대한 감각은 새로운 것처럼 보인다; 이것은 통계학적 조사에서 드러나지 않는 많은 중요한 것들 중의 하나이다. 현대 부모들은 늦게 아이를 낳는다; 그들은 육아계획을 세우고, 육아에 관한 책을 읽는다. 그들은 자신들이 오직 두세 명의 아이들에게만 제대로 된 관심을 가져줄 수 있을 것이라고 알고 있고, 따라서 가능한 최상의 방식으로 그들의 한계 안에서 부모역할을 시작하려고 한다; 그들은 스스로 그 일을 한다. 모든 일이 순조로울 때, 거기에는 놀라울 정도로 강렬하고 풍부한 직접적인 관계들이 있다. 하지만 여기에는 보모들과 도우미들과 일을 분담하지 않는 데서 발생하는 특별한 어려움들이 있을 수 있다. 그리고 부모들과 아이의 삼각관계는 실제로 현실이 된다.

자녀들이 정신건강으로 가는 여정에서 좋은 출발을 보장해주기 위해 매우 의도적으로 부모역할을 시작하는 부모들은 개인주의자들이라는 것을 알 수 있다. 그들 자신들이 나중에 추후의 성장을 위해 필요로 하는 것이 바로 이 개인주의의 한 부분이다. 현대 사회 안에서는 보모나 유모 같은 가짜 부모들이 줄어들고 있다.

이 부모들은 그들이 유아와 어린 아이를 위해 풍요로운 환경을 제공하고 있다고 느낀다. 게다가, 실제로 도움을 받을 수 있다면, 그들은 그런 도움을 받는다. 그러나 이 도움은 부모들의 책임감을 잠식시키지 않는 것이어야만 한다.

새로운 아기의 탄생은 손위의 아이들에게 귀중한 경험일 수도 있고, 커다란 문제일 수도 있지만, 기꺼이 숙고할 시간을 갖는 부모들은 대부분의 실수들을 피할 수 있다. 하지만 그 일이 우리가 사랑, 증오, 그리고 충성심의 갈등을 막는 것을 통해서 가능할 것이라고 기대해서는 안 된다. 삶은 힘든 것이지만, 그 누구도 세 살에서 다섯 살 된 정상적으로 건강한 아이보다 더 힘들지는 않다. 다행스럽게도, 삶은 또한 보상을 준다; 이 초기 시기에 안전한 가정이 제공된다면, 그리고 그 가정 안에서 아이가 부모의 상호관계 안에 있는 행복과 만족감을 얻는다면, 삶은 그에게 행복한 미래를 약속한다.

좋은 부모가 되기로 작정한 부모들은 확실히 커다란 과제를 짊어지고 있고, 거기에는 항상 보상이 따르지 않을 수도 있는 위험이 따른다. 신체적 질병과 같은 많은 우발적인 사건들이 부모에게서 성공을 훔쳐갈 수 있지만, 다행스럽게도 지금부터 이십년 전보다는 신체적 질병의 위험이 훨씬 적어졌다. 부모들은 그들의 자녀들에 대해서 배우고 싶어 하는데, 이것이 도움이 된다; 하지만 만약 부모들 사이의 일들이 잘못된다면, 그들은 자녀들이 부모들의 안정된 관계를 필요로 한다는 이유 때문에 서로를 사랑할 수는 없다는 사실을 기억해야만 한다.

사회와 그것의 책임감

유아와 아이 돌봄에 대한 사회의 태도는 최근에 엄청난 변화를 겪었다. 이제 사람들은 정신건강의 기초가, 그리고 궁극적으로 자존감을 상실하지 않은 채 사회와 동일시할 수 있는 성인이 된다는 의미에서의 성숙을 위한 토대가, 유아기와 아동기에 형성된다는 사실을 알고 있다.

이번 세기의 전반부 동안에 소아의학에서 이루어진 커다란 진보들은 주로 신체적 측면에서 이루어졌다. 만약 아이의 신체적 질병이 예방되거나 치료될 수 있다면, 아이의 심리는 저절로 해결될 수 있다는 생각이 확산되었다. 하지만 소아과 의사들은 이런 생각에 갇혀서는 안 되고, 신체적 돌봄의 끈을 놓지 않은 채 심리를 돌보는 방법을 찾아야만 할 것이다. 엄마로부터의 분리가 어린 아이에게 미치는 나쁜 영향에 대해 연구한 존 볼비(John Bowlby)의 작업은 지난 몇 년 사이에 많은 변화를 산출했으며. 이제 엄마들은 병원에 있는 그들의 자녀들을 방문함으로써, 가능하다면 분리를 피하려고 노력하게 되었다. 더욱이, 박탈된 아이들의 관리에 대한 정책의 변화가 있었고, 그에 따라 보육원이 실질적으로 폐지되고 입양가족의 사용이 증가하게 되었다. 그러나 이런 문제들의 협력자인 소아과 의사들과 간호사들은 여전히 어린 아이가 엄마 아빠와의 관계의 연속성을 필요로 하는 배경적 이유를 진정으로 이해하지는 못하고 있다. 하지만 불필요한 분리를 피하는 것을 통해 많은 정신적 불건강이 예방될 수 있다는 사실이 인식된다면, 그것은 중요한 진전이다. 여전히 필요한 것은 정상적인 가족환경 안에서 아이의 정신건강이 건설되는 방식을 더 잘 이해하는 것이다.

다시금, 의사들과 간호사들은 임신과 탄생의 신체적 측면에 대해, 그리고 생후 첫 몇 달 동안의 유아의 신체적 건강에 대해 많은 것을 알고 있다. 하지만 그들은 첫 수유 시에 엄마와 아기를 조율하는 일에 대해서는 알지 못한다. 왜냐하면 그것은 규칙들 너머에 있는 미묘한 문제이고, 오직 엄마 자신만이 아는 것이기 때문이다. 처음에 엄마가 그녀의 아기와 함께 자신의 방식을 찾고 있을 때, 소위 전문가들에 의해 보편적으로 야기되는 스트레스는 매우 큰 것일 수 있다.

우리는 이 분야에서 훈련받은 전문가들(산부인과 간호사, 방문 담당 보건소 직원, 간호학교 교사 등)이 아빠 또는 엄마에 비해 덜 성숙한 사람일 수 있고, 특정한 문제에 대한 부모들의 판단이 그들의 판단보다 더 건전한 것일 수 있다는 사실을 알 필요가 있다. 이 생각의 요지가 이해된다면, 그러한 필요성이 어려움을 야기하지는 않을 것이다. 훈련받은 전문가들은 그들의 특수한 지식과 기술 때문에 필요한 사람들이다.

이 모든 일에서 부모들이 필요로 하는 것은 충고나 절차에 대한 지시가 아니라, 근저의 원인들에 대해 깨닫는 것이다. 부모들은 또한 실험하고 실수할 수 있는 여지를 필요로 하고, 그런 실험과 실수를 통해서 배울 수 있어야만 한다.

사회적 사례연구가 심리적 영역 안으로 확산되는 현상은 광범위한 관리의 원칙들의 수용을 통해서 예방적 측면에서 그것의 가치를 즉각적으로 증명할 수 있었지만, 그럼에도 불구하고 정상적인 또는 건강한 가족의 삶을 크게 위협하고 있다. 국가의 건강이 정서적으로 성숙한 개인들로서의 부모가 있는, 건강한 가족 단위들에 달려있다는 것을 기억하는 것이 지혜로울 것이다. 그러므로 이 건강한 가족들은 그것들이 가진 가치에 대한 진정한 이해 없이 함부로 들어가서는 안 되는 성스러운 영역이다. 그럼에도 불구하고, 건강한 가족 단위들은 더 큰 단위들로부터 오는 도움을 필요로 한다. 부모들은 내내 자신들의 상호관계 안에 참여하고 있고, 그들 자신들의 행복과 사회적 통합은 사회에 달려있다.

형제자매의 상대적 부족

가족 패턴 안에서 발생한 하나의 중요한 변화는 형제자매들뿐만 아니라 사촌들 역시 상대적으로 부족해진 것이다. 놀이친구를 공급하는 것을 통해서 사촌들을 대체할 수 있다는 생각은 맞지 않다. 혈연관계는 아이가 두-몸 관계에서 세-몸 관계로 옮겨가는데, 즉 엄마에게서 벗어나 엄마와 아빠에게로, 그리고 더 넓은 사회로 나아가는 데 극히 중요하다. 현대 사회에서 아이는 종종 대가족 시절에 공급받았던 종류의 도움을 받을 수 없다. 아이가 함께 지낼 사촌이 없는 경우가 허다한데, 외동아이일 경우에 이것은 심각한 문제가 된다. 그럼에도 불구하고, 만약 이 원리가 수용된다면, 우리는 현대 핵가족에게 제공될 수 있는 주된 도움은 관계와 기회의 범위가 확장된 것에 있다고 말할 수 있을 것이다. 유아원, 유치원, 그리고 데이케어 등은 너무 크지만 않다면 그리고 교사인력이 충분하다면, 많은 것을 할 수 있다. 나는 교사인력의 수만이 아니라, 유아와 아동의 심리에 대한 교육의 중요성도 말하고 있다. 부모들은 쉬는 시간을 얻기 위해 유아원을 사용할 수 있다; 그것은 유아의 관계의 범위를 다른 어른들과 다른 아이들 모두를 포함하는 것으로 넓혀주고, 놀이의 범위를 확장시켜줄 수 있다.

많은 정상적이거나 정상에 가까운 부모들은 그들의 아이들을 밤낮없이 돌보는 일에 지쳐있다. 만약 그들이 얼마의 여유시간을 갖는다면, 아이들과 보내는 나머지 시간 동안 더 잘 할 수 있을 것이다. 나는 이 점을 특별히 강조하는데, 그것은 내가 현장에서 엄마들이 그들 자신들의 건강과 평정상태를 유지하기 위해 시간제 일자리를 찾을 때, 그들을 도울 필요를 항상 만나기 때문이다. 이것에 대해서는 논의의 여지가 있겠지만, 건강한 가족과 관련해서 부모들은 종일 유아원에 보낼 것인지, 아니면 데이케어 센터에 보낼 것인지를 결정하는 일에 참여할 수 있을 것이다.

영국에서 유아원 교육은 매우 높은 수준에 도달했다. 우리의 유아원들은 부분적으로 마가렛 맥밀란(Margaret McMillan)과 지금은 고인이 된 나의 친구 수잔 아이작스(Susan Isaacs)의 영향을 통해서 전 세계를 선도하고 있다. 더욱이 유아원 교사들을 위한 교육은 더 나이든 연령 집단의 아이들에 대한 교육태도 전체에 영향을 끼쳤다. 건강한 가족을 돕는 데 실제로 적합한 것이 아닌 종류의 유아원이 기승을 부리는 모습을 보는 것은 실로 비극이 아닐 수 없다. 대조적으로, 데이케어 센터는 일차적으로 유아를 위해 기획된 것이 아니며, 그것을 지지하는 당국은 그 교육을 담당하는 교사들이나 장비들에 대해 적절한 관심을 갖고 있는지 의심스럽다. 데이케어 센터는 의료당국의 감독 하에 있는 유아원과 다를 바가 없고, 그들은, 내가 의사이기 때문에 이렇게 말하는 것이 어색하지만, 신체의 성장과 신체적 질병으로부터의 해방이 전부라고 생각하는 것처럼 보인다. 그럼에도 불구하고, 데이케어 센터는 적절한 교사들과 장비를 갖춘 유아원이 수행하도록 기획된, 그리고 무엇보다도 지쳐있고 걱정하는 엄마들이 잠시 쉴 수 있음으로 해서 다시금 충분히 좋은 엄마들이 될 수 있도록 돕기 위해 기획된, 과제의 일부를 담당할 수 있다.

데이케어 센터는 고통을 겪고 있는 사회를 위해 그것이 갖는 좀 더 명백한 가치로 인해 계속해서 공적인 지원을 받을 것이다; 그것은 제대로 된 교사진과 장비를 갖추어야 한다. 그렇지 않으면 그것은 건강한 아이들과 건강한 가족들에게 해가 될 것이다. 유아원의 좋은 점은 기껏해야 오늘날의 좋은 가족이 외로운 어린 아이들의 관심 범위를 확장시켜주기 위해 그것을 사용할 수 있다는 데 있다; 그리고 좋은 유아원은 건강한 가족을 지원하기 때문에, 공동체를 위해, 비록 무형의 것이기는 하지만, 매우 특별한 비통계적인 가치를 갖는다. 만약 현재가 진지하게 취급된다면, 그리고 건강한 가족으로부터 미래가 오는 것이라면, 우리의 사회는 미래를 갖게 될 것이다.

제28장
엄마, 교사, 그리고 아이의 욕구*

　　유아원의 기능은 부재한 엄마의 대체물이 되어서는 안 되고, 아이의 초기 시절에 엄마 혼자서 담당하는 역할을 보충해주고 확장하는 것이 되어야 한다. 유아원은 모름지기 초등학교의 '하향적' 확장이라기보다 가족의 '상향적' 확장으로 간주되어야만 할 것이다. 그러므로 유아원과 유아원 교사의 역할을 상세하게 논의하기 전에, 유아가 엄마에게서 필요로 하는 것이 무엇이고, 아이의 초기 시절에 건강한 심리적 발달을 촉진시키는 데 엄마가 담당하는 역할의 본성이 무엇인지를 개괄하는 것이 바람직해 보인다. 유아원이 엄마의 일을 이어받는 방식에 대한 진정한 이해를 얻을 수 있는 것은 오직 엄마의 역할과 아이의 필요라는 관점에서뿐이다.

　　유아기와 유아원 연령기 동안의 아이의 욕구에 대한 어떤 진술도, 만약 그것이 간략한 것이라면, 그 주제를 정당하게 취급하지 못하고 있는 것이다. 그럼에도 불구하고, 비록 우리 지식의 현상태에서 충분히 동의된 상세한 진술을 기대하는 것은 어렵겠지만, 아래에서 제시되고 있는 대략적인 윤곽에 대한 설명은 유아

---

* 유네스코 보고서에서 추출한 내용임. 저자는 이 보고서를 작성한 전문가 팀의 일원이었고, 그런 점에서 이 장의 내용은 공동 작품에 해당한다.

기의 심리적 발달에 대한 임상적 연구에 관심을 갖고 있는 전문가 집단의 구성원들과 그 분야의 다른 연구자들에 의해 일반적으로 수용되고 있다.

엄마, 유아원 교사, 그리고 더 나이든 아이들의 교사 각자의 역할에 대한 약간의 예비적 언급이 필요하다.

엄마는 본질적으로 그녀 자신의 아기에 대한 생물학적 준비에 의해 엄마 역할에 최적화되어 있기 때문에, 그녀가 하는 일에 대해 지적 이해를 필요로 하지 않는다. 유아 양육의 초기 단계 동안에 그녀를 충분히 성공적인 엄마로 만들어주는 것은 그녀가 알고 있는 지식이라기보다는 그녀 자신의 아기에 대한 헌신이다.

젊은 유아원 교사는 엄마 인물과의 동일시를 통해서 간접적으로만 연결되어 있을 뿐 어떤 아이와도 생물학적인 연결을 갖고 있지 않다. 따라서 그녀에게는 특별한 환경적 조건에 대한 필요와 함께, 유아의 성장과 적응에 관한 복잡한 심리가 존재한다는 것을 차츰 아는 것이 필요하다. 그녀가 돌보고 있는 아이들에 대한 논의가 그녀로 하여금 정상적인 정서적 성장에 포함된 역동적 본성을 인식할 수 있게 해줄 것이다.

나이든 교사는 이 성장과 적응의 문제의 본성을 지적으로 좀 더 잘 이해할 수 있다. 다행히도, 그녀는 모든 것을 알 필요는 없고, 다만 기질적으로 성장과정의 역동적 본성과 그 주제의 복잡성을 수용하기에 적합해야 하고, 객관적인 관찰과 계획적인 연구를 통해서 세부사항에 대한 그녀의 지식을 증가시키고자 하는 열의를 필요로 한다. 그녀는 아동심리학자들, 정신과의사들, 그리고 정신분석가들과 함께 이론을 논의하는 기회를 가짐으로써, 그리고 물론 독서를 통해서 크게 도움을 받을 수 있다.

아빠의 역할은 처음에는 그의 아내를 위한 물질적 및 정서적 지원을 통해서, 그리고 그 다음에는 차츰 유아와의 직접적인 관계를 통해서 수행되며, 이는 결정적으로 중요하다. 유아원에 들어갈 나이가 되면, 아빠는 아이에게 엄마보다 더 중요한 사람일 수 있다. 그럼에도 불구하고, 다음에 이어지는 진술에서 아빠의 역할을 공정하게 취급하는 것은 거의 불가능하다.

유아원 시절은 아이가 한 단계에서 다른 단계로 옮겨가는 시기이다. 두 살에서 다섯 살 사이의 아이는 몇 가지 중요한 방식들과 몇몇 순간들에서 청소년의 것과 비슷한 성숙에 도달하고, 다른 방식들과 다른 순간들에서 동일한 아이는 또한 (정상적으로) 미성숙하고 유아적이다. 유아원 교사들이 예비-학교 교육에 준하는 엄마 기능을 제공할 수 있는 것은 오직 엄마의 초기 돌봄이 성공적이었던 것 외에도, 부모들이 환경적 필수 요소들을 계속해서 제공해줄 때뿐이다.

실제에 있어서, 유아원의 모든 아이는 특정한 순간들에 특정한 방식으로 엄마의 돌봄(그리고 아빠의 돌봄)을 필요로 하는 유아이다. 많건 적건 거기에는 엄마의 실패가 있을 수 있고, 그때 유아원은 그 실패가 심각한 것이 아닌 한, 그 실패를 보완하고 교정할 수 있는 기회를 갖는다. 이런 이유들 때문에 젊은 교사는 엄마 돌봄에 대해 배울 필요가 있고, 그녀는 자신이 돌보는 아이들의 엄마들과 대화하고 그들을 관찰하는 것을 통해서 그것을 위한 기회를 갖는다.

아동기와 초기 유아기의 정상적인 심리학

두 살에서 다섯 살 또는 일곱 살 되는 시기에, 정상적인 유아는 감정들과 개인적 관계를 풍부하게 하는 강력한 본능적 성향에서 오는 강렬한 갈등들을 경험한다. 본능의 질은 초기 유아기의 것과 같지 않고 나중에 사춘기 동안에 성인의 성적 삶의 토대로서 인식되는 것에 더 가깝다. 아이의 의식적 및 무의식적 환상 생활은 엄마들과 아빠들, 아내들과 남편들과의 동일시를 가능케 하는 새로운 특질을 갖게 되고, 이러한 환상 경험들의 신체적 수반물은 정상적인 성인의 것과 같은 흥분을 포함하게 된다.

동시에, 관계들은 이제 겨우 전체 인간들 사이의 관계로서 확립된 상태이다. 더욱이, 이 나이에 어린 소년이나 소녀는 외부 현실을 지각하는 것을, 엄마가 그녀 자신의 삶을 가지고 있다는 것을, 그리고 엄마가 누군가에게 속해 있기 때문에 그녀를 실제로 소유할 수가 없다는 것을 배워야 한다.

이러한 발달의 결과, 사랑이라는 아이디어는 증오, 질투, 고통스러운 정서적 갈등, 그리고 개인의 고통이라는 아이디어를 수반한다; 그리고 갈등이 너무 클 때, 거기에는 완전한 능력의 상실, 금지, 억압 등이 뒤따라오고, 그 결과 증상을 형성해낸다. 감정의 표현은 부분적으로만 직접적인 것이 되는데, 아이의 발달이 이루어지면서 놀이와 언어를 통한 자기-표현에 의해 안도감을 얻는 것이 점점 더 가능해진다.

이런 문제들과 관련해서 유아원은 명백히 중요한 기능들을 갖는다. 그 기능들 중의 하나는 하루 중 몇 시간 동안 집안일로부터 자유로운 정서적 분위기를 제공하는 것이다. 이것은 아이에게 개인적 발달을 위해 필요한 숨 쉴 공간을 준다. 또한 집안에 있을 때보다 덜 강렬한 새로운 삼각관계가 형성될 수 있고, 아이들 사이에서 표현될 수 있는 기회를 준다.

가정을 대표하지만 대체할 수는 없는 학교는 아이의 부모 이외의 다른 누군가와의 깊은 개인적 관계를 가질 수 있는 기회를 아이에게 제공한다. 학교는 교직원들과 다른 아이들을 통해서, 그리고 아이들이 그 안에서 마음 놓고 경험할 수 있는 대체로 관용적이고 일관성 있는 틀을 통해서, 그런 기회를 제공한다.

하지만 거기에는 성숙과정 안에 있는 이러한 성취의 증거들이 있는 동시에, 다른 측면들 안에는 미성숙이 있다는 사실을 기억하는 것이 중요하다. 예컨대, 정확하게 지각할 수 있는 능력은 아직 완전히 발달하지 않았고, 따라서 우리는 어린 아이가 세상에 대한 객관적인 이해를 갖기보다는 주관적인 이해를 가질 것을 기대해야 하고, 특히 잠이 드는 순간이나 잠에서 깨는 순간에 그럴 것임을 알아야 한다. 불안이 위협할 때, 아이는 쉽게 유아기의 의존 상태로 되돌아가고, 그 결과 종종 좌절을 견디지 못하는 유아기의 무능과 함께, 유아기 변비를 다시 발생시킨다. 아이가 이처럼 미성숙하기 때문에 학교는 처음에 유아에게 확신을 주었던 엄마의 기능을 떠맡을 수 있어야만 한다.

유아원 시절의 아이가 동일한 사람에 대한 사랑과 미움을 유지할 수 있는 능력을 충분히 확립했다고 가정하기는 어렵다. 갈등에서 벗어나는 더 원시적인 방법은 좋은 것을 나쁜 것에서 떼어놓는 것이다. 불가피하게 아이에게서 사랑과 분노를 자극해내는 아이의 엄마는 계속해서 존재하고 자신으로서 머무는 것을 통해서, 아이로 하여금 엄마 안에 있는 좋은 것처럼 보이는 것과 나쁜 것처럼 보이는 것을 하나로 모으는 작업을 시작할 수 있게 해준다; 그 결과 아이는 죄책감을 갖기 시작하고, 엄마에 대한 사랑을 통해서 그리고 엄마의 부족함을 통해서 엄마에게로 향했던 자신의 공격성에 대해 관심을 갖기 시작한다.

죄책감과 관심의 발달에는 시간이라는 요인이 포함되어 있다. 순서는 이렇다: 사랑(공격적 요소들을 지닌), 미움, 그 둘을 정신적으로 소화해내는 시기, 죄책감을 느끼기, 직접적 표현이나 건설적 놀이를 통한 보상 행동. 만약 보상의 기회를 놓친다면, 그때 아이는 죄책감을 가질 수 있는 능력을, 그리고 궁극적으로 사랑의 능력을 상실하는 것으로 반응할 것이다. 유아원은 그곳의 직원들의 안정성과, 건설적인 놀이의 제공을 통해서 엄마의 역할을 계속해줌으로써, 아이 각자로 하여금 공격적이고 파괴적인 충동들에 수반되는 죄책감을 다루는 방식을 발견할 수 있게 해준다.

이미 엄마에 의해 수행된 매우 중요한 과제는 '젖떼기'라는 용어 하에 서술될 수 있다. 젖떼기는 엄마가 좋은 것을 주었고, 아이가 젖을 뗄 준비가 되었다는 신호를 줄 때까지 기다렸으며, 분노 반응들이 일어남에도 불구하고 이 과제를 완수해냈다는 것을 암시한다. 아이가 가정-돌봄에서 학교-돌봄으로 옮겨갈 때, 이 젖떼기 경험이 일부 재생된다는 점에서, 아이의 젖떼기 역사에 대해 알아보는 것은 젊은 교사들이 학교에서 발생하는 초기 어려움들을 이해하는 데 구체적으로 도움이 될 수 있다. 아이가 학교를 쉽게 받아들일 때, 교사는 이것이 젖떼기 과제에서의 엄마의 성공이 확장된 것임을 알 수 있다.

엄마는 여러 방식들을 사용해서 아이의 이후의 정신건강을 위한 기초를 놓는다. 예컨대, 그녀가 아이에게 외부 현실을 조심스럽게 제시해주지 않는다면, 아이는 세상과의 만족스러운 관계를 맺을 수가 없다.

유아원 교육에서, 꿈과 현실 사이의 중간 영역의 확립을 위한 지원이 제공된다; 잘 알려져 있듯이, 놀이가 긍정적인 방식으로 존중되고, 이야기와 그림그리기, 그리고 음악이 사용된다. 유아원은 특히 이 영역에서 아이에게 풍부함을 줄 수 있고, 아이로 하여금 자유로운 아이디어들과 집단이 허용하는 행동 사이에서 유용한 관계를 발견하도록 도움을 줄 수 있다.

엄마는 그녀의 유아에게서 끊임없이 인간 존재를 찾고 바라봄으로써, 유아가 점차 인격을 발달시키고, 내면에서 하나의 통합된 단위가 될 수 있게 한다. 이 과정은 유아원 시기에 완성되는 것이 아니지만, 이 시기 동안에 아이 각자의 이름을 불러주고, 아이의 느낌에 따라 옷을 입혀주고 취급해주는 것을 통해서, 아이가 개인적인 관계의 경험을 계속해나갈 필요가 있다. 바람직한 경우, 아이의 개성이 시간이 지나면서 견고해지고, 그 결과 아이는 집단 활동에 능동적으로 참여할 수 있게 된다.

탄생 이후(또는 이전)부터 계속되는 신체적 돌봄은 아이의 관점에서 보면, 심리적 과정이다. 엄마의 안아주기, 목욕시키기, 젖먹이기 기술과 그녀가 아기에게 해주는 모든 것들이 엄마에 대한 아기의 첫 아이디어에 더해지고, 여기에다가 차츰 그녀의 얼굴 모습과 그녀의 다른 신체적 속성들 그리고 그녀의 감정들이 더해진다.

자신의 신체가 정신이 살아갈 수 있는 장소라고 느끼는 아이의 능력은 아이의 신체를 다루어주는 일관된 기술 없이는 발달할 수 없고, 유아원이 계속해서 물리적 환경과 아이의 신체적 돌봄을 제공할 때, 그것은 정신건강을 위한 주된 과제를 수행하고 있는 것이다. 아이를 먹이는 것은 결코 단순히 음식을 주는 문제가 아니다; 그것은 유아원 교사가 엄마의 일을 계속하는 또 다른 방식이다. 유아원은, 엄마가 그렇듯이, 아이를 먹이는 것을 통해서 사랑을 보여주고, 엄마가 그렇듯이, 수용되거나(신뢰하거나), 거절된다(미워하고 의심한다). 유아원에는 기계적이거나 비인격적인 영역이 있어서는 안 된다. 왜냐하면 아이에게 이것은 적대감 또는 (더 나쁘게는) 무관심을 의미하기 때문이다.

이 장에서 제시된 엄마의 역할과 아이의 욕구에 대한 묘사는, 유아원 교사가 모성 기능과 연결되어 있을 필요가 있다는 것을 분명히 해주는데, 이것은 교사의 주된 과제가 초등학교의 교육적 기능과 연결되어 있다는 사실과 일치한다. 심리학 교사가 부족한 것은 사실이지만, 관심만 있다면, 유아원 교사가 사용할 수 있는 정보의 원천은 사방에 있다: 가족 세팅 안에서 엄마들과 아빠들에 의한 유아 관찰.

유아원 교사의 역할

유아원이 좋은 가정의 기능을 보충하고 확장한다는 가정 하에, 유아원 교사는 자연스럽게 그 기간 동안에 엄마의 속성들과 임무들의 일부를 떠맡는다. 하지만 그것은 그녀 자신의 모성적인 정서적 유대를 발달시킬 필요에 의해서 그렇게 하는 것은 아니다. 그녀의 임무는 아이가 가족과 맺고 있는 개인적 관계를 유지시키고, 강화하고, 풍부하게 하는 것이고, 동시에 사람들과 기회들의 더 큰 세계를 소개해주는 것이다. 따라서 아이가 학교에 발을 딛는 첫날부터 교사와 엄마 사이의 신실하고 정중한 관계는 교사가 엄마에 대한 확신과 아이에 대한 확실성의 느낌을 형성하는 데 기여할 것이다. 그런 관계의 확립은 교사로 하여금 가정 상황에서 발생하는 아이들의 장애들을 탐지하고 이해하도록 도울 것이고, 많은 경우 엄마들로 하여금 엄마로서의 자신감을 갖도록 도울 수 있는 기회를 제공할 것이다.

유아원에 들어가는 것은 아이가 가족 바깥의 사회적 경험을 시작하는 것이다. 그것은 아이에게 심리적 문제를 발생시키고, 유아원 교사에게 정신건강을 위한 첫 번째 기여를 할 수 있는 기회를 준다.

학교에 들어가는 것 역시 가정의 범위 너머로 발달할 수 있는 기회이다. 그러나 그러한 발달의 욕구가 아이에게서 자연스럽게 나오는 것이 아니라 그녀 자신의 부적절함에서 오는 것이라고 느끼는 엄마에게, 그것은 불안을 불러일으킬 수 있다.

아이가 유아원에 들어갈 때 발생하는 이 문제들은 그 아이가 유아원에 다니는 전체 기간 동안에 교사가 이중의 책임과 이중의 기회를 갖는다는 사실을 말해준다. 그녀는 엄마로 하여금 자신의 모성적 잠재력을 발견하도록 돕는 기회와, 인간 존재의 발달이 직면하는 피할 수 없는 심리적 문제들을 극복해나가도록 아이를 돕는 기회를 갖는다.

아이, 교사, 그리고 가족 사이의 굳건한 관계를 유지하는 데 있어서, 가정에 대한 충성심과 가족에 대한 존중은 근본적인 것이다.

교사는 아이들의 가정을 떠난 삶에서 대들보가 되어줄 뿐만 아니라, 그들에 대한 태도에서 단호하고 일관성 있는 사람이 됨으로써, 그리고 그들의 개인적인 기쁨과 슬픔을 분별하고, 그들의 일관성 없음을 관용해주며, 특별한 욕구의 순간에 그들을 도와줄 수 있음으로써, 가슴이 따스하고 동정심이 있는 친구의 역할을 수행한다. 교사의 기회는 아이, 엄마, 그리고 집단으로서의 모든 아이들과 갖는 그녀의 개인적 관계 안에 놓여 있다. 그녀는, 엄마와는 대조적으로, 그녀의 훈련을 통해 얻은 전문 지식을 갖고 있고, 그녀가 돌보고 있는 아이들에 대한 객관적 태도를 갖고 있다.

교사 그리고 교사가 개별적인 아이들, 그들의 엄마들, 그리고 집단으로서의 아이들과 맺는 관계와는 별도로, 전체로서의 유아원 세팅은 아이의 심리적 발달에 중요하게 기여한다. 유아원은 성인 사이즈의 커다란 가구들이 있고, 현대 주거공간의 소형화로 인해 공간이 비좁아지는 바람에 아이가 놀이—모든 아이들의 발달에 필수적인 창조적 활동인—를 통해서 새로운 능력을 발달시킬 수 있는 상황을 만들기보다는 원활한 집안 관리에 더 많은 관심을 가질 수밖에 없는 가정에 비해, 아이의 능력 수준에 더 적합한 물리적 환경을 제공한다.

유아원은 또한 아이에게 같은 연령대의 다른 아이들과의 동반자 관계를 제공한다. 그것은 또래 집단의 한 사람이 되는 첫 번째 경험이고, 따라서 아이는 그러한 집단 안에서 조화로운 관계를 유지할 수 있는 능력을 발달시켜야 할 필요에 직면한다.

초기 시절에, 아이들은 세 가지 심리적 과제들을 수행한다. 첫째, 그들은 그들이 인식하기 시작하는 현실과의 관계를 맺고 있는 '자기'로서의 그들 자신들에 대한 생각을 발달시킨다. 둘째, 그들은 엄마라는 한 사람과 관계를 맺는 능력을 발달시킨다. 엄마는 이 두 가지와 관련해서 아이가 유아원에 가기 전에 상당한 정도로 발달할 수 있게 해주었지만, 실제로 학교에 들어간다는 것은 처음에 엄마와의 개인적 관계에 충격을 주는 사건이다. 아이는 또 다른 능력을, 즉 엄마 외의 다른 사람과 개인적인 관계를 맺는 능력을 발달시킴으로써 이 충격을 다룬다. 유아원 교사가 아이에게 '일반적인' 사람이 아니고 '일반적인' 방식으로 행동할 수 없는 사람으로 인식되어야만 하는 이유는, 교사가 엄마와는 별도로, 이러한 개인적 관계의 대상이기 때문이다. 예컨대, 그녀는 아이가 오직 점진적으로만, 당황하지 않고 그녀를 공유할 수 있다는 아이디어를 받아들여야만 한다.

아이가 세 번째 유형의 발달을 성공적으로 해낼 때, 즉 여러 명의 사람들이 포함된 관계 능력을 성취할 때, 엄마를 공유할 수 있는 아이의 능력은 자랄 것이다. 유아원 시기에 아이가 이 이 세 가지 과제와 관련해서 얼마나 발달할 수 있을지는 대체로 아이가 이전에 엄마와 가졌던 경험의 본성에 달려있다. 이 세 가지 발달과정은 나란히 계속될 것이다.

계속되는 발달과정은 빈번히 유아원에서의 아이의 행동에서 드러나는 '정상적인' 문제들을 발생시킨다. 비록 그런 문제들의 발생이 정상적이고 빈번하지만, 여기에서의 실패는 평생 아이의 인격에 그것의 표시를 남길 수 있다는 점에서, 아이는 그것들을 해결하는 데 도움을 필요로 한다.

학령기 전 아이들이 그들 자신들의 강한 정서와 공격성의 희생자가 되기 쉽기 때문에, 교사는 때로 아이들을 그들 자신들로부터 보호해주어야 하고, 직접적인 상황에서 필요한 통제와 안내를 해주어야 하며, 이에 더해서, 아이들이 자신들의 공격성을 능률적인 기술을 습득하는 데 건설적으로 사용하도록 돕기 위해, 만족스러운 놀이 활동을 적절히 제공해주어야 한다.

이 시기 전체 동안에는 가정과 학교 사이에 양방향 통행이 있는데, 그 둘 중 한 군데서 발생하는 스트레스는 다른 곳에서의 문제로 나타난다. 아이의 행동이 가정에서 문제를 일으킬 때, 교사는 종종 학교에서 있었던 그 아이의 문제에 대한 자신의 경험을 바탕으로, 무슨 일이 일어나고 있는지를 이해하도록 엄마를 도울 수 있다.

정상적인 성장단계들에 대한 자신의 지식을 통해서, 교사는 또한 아이의 행동이 갑작스럽고 극적으로 변하는 것에 준비되어 있어야 하고, 가족 환경 내의 문제에서 발생하는 질투 감정을 견디는 법을 배워야 한다. 청결 훈련이 수포로 돌아가기, 먹이고 잠재우는 일에서의 어려움, 말하는 시기의 지체, 잘 걷지 못하는 문제, 그리고 다른 증상들이 성장에 따른 정상적인 문제들, 과장된 형태, 정상에서 벗어난 문제들로 모습을 드러낸다.

교사는 또한 아이가 학교생활 초기에 심한 의존과 독립 사이를 오가는 당혹케 하는 상황에 직면할 것이다; 또한 유아원 나이가 끝나갈 무렵에조차도 옳고 그른 것, 환상과 사실, 자신의 것과 다른 사람의 것 사이를 혼동하는 모습을 보게 될 것이다.

교사는 엄마가 유아원 안에서 드러나는 아이의 문제를 적절히 다루도록 안내해주기 위해, 그리고 유아원 밖에서 전문가를 의뢰해주기 위해 충분한 지식을 가질 필요가 있다.

아이의 정서적, 사회적, 지적, 그리고 신체적 잠재력을 완전히 꽃피우는 일은 유아원이라는 조직이 어떤 일을 하고, 어떤 활동들을 제공하는가에 달려있다. 교사는 아이들의 상징적 언어와 표현에 대한 감수성과 지식을 연결하는 것을 통해서, 그리고 집단 안에서 아이들이 갖는 특별한 욕구들에 대한 이해를 통해서, 이런 활동에서 필수적인 역할을 담당한다. 게다가 필요한 도구들을 제공하는 일에서 교사들의 창의성과 지략은 극적이고, 창조적이며, 자유롭고, 조직화되고, 건설적인 다양한 형태들의 놀이가 갖는 가치에 대한 이해와 결합되어야만 한다.

유아원 시절 동안에 놀이는 아이가 발달에 수반되는 정서적 문제들을 해결하는 주된 수단이다. 놀이는 또한 아이의 표현방법, 즉 말하고 질문하는 방식 중의 하나이다. 교사가 불가피하게 존재하는, 그리고 종종 어른들이 알지 못하는, 고통스러운 문제를 가진 아이를 돕기 위해서는, 놀이의 의미를 알고 있어야 하며, 놀이의 의미에 대한 인식을 발달시키고 학령기 이전 아이에게 사용하도록 돕는 훈련을 받을 필요가 있다.

유아원에서의 교육은 교사가 모든 아이들에게 공통된, 그러나 그들 자신들의 공동체 안에서 수용되지 않는, 그러면서도 동시에 그들의 창조성과 지능이 완전히 발달하는 데 필요한 도구들과 기회들을 제공해주는, 그리고 그들의 환상과 극적인 삶을 위한 표현 수단을 제공해주는, 그들의 충동들과 본능적 욕망들을 억제해주고 통제해줄 준비가 되어 있어야만 한다.

그리고 마지막으로, 아이들과의 작업과 뗄 수 없는 것으로서, 교사는 다른 스태프 멤버들과 조화롭게 일할 수 있어야만 하고, 자신의 남성적 또는 여성적 자질을 보존할 수 있어야만 한다.

제 29 장
영향을 주는 것과 영향을 받는 것에 대하여

의심의 여지없이, 인간사에 대한 과학적 탐구에서 엄청난 걸림돌은 무의식적인 감정의 존재와 중요성을 인정하는 것과 관련된 어려움이었다. 물론 사람들은 오래 전부터 무의식에 대해 알고 있다는 것을 보여주었다; 그들은 예컨대, 아이디어가 떠올랐다가 사라지는 것, 잊었던 기억을 되찾는 것, 또는 선한 것이든 악한 것이든, 영감을 불러일으키는 것이 어떤 느낌인지를 알고 있었다. 그러나 그러한 사실에 대한 순간적이고 직감적으로 아는 것과, 무의식이 세상사의 이치 안에서 차지하고 있는 자리를 지적으로 이해하는 것 사이에는 커다란 차이가 있다. 무의식적 감정, 즉 언제까지나 프로이트의 이름과 연결되게 될 이것을 발견하는 데는 커다란 용기가 필요했다.

용기가 필요했던 이유는, 일단 우리가 무의식을 수용하면 우리는 조만간 우리를 매우 고통스러운 어떤 것으로 데려다주는 길 위에 있는 것이기 때문이다. 우리가 악, 짐승 같음, 나쁜 영향력이 우리 바깥에 있고, 그것들이 우리를 침범한다고 믿기 위해 아무리 노력한다고 해도, 결국 우리는 사람들이 무엇을 하든지 그리고 어떤 영향력을 끼치든지, 그것들이 인간의 본성 자체 안에, 실제로 우리 자신들 안에 있다는 것을 발견한다. 세상에는 확실히 해로운 환경이라는 것이 있을 수 있지만, (우리가 좋은 출발을 했다면) 그러한 환경에 대처하는 과정에서 우리가 발견하는 어려움들은 주로 내면에 존재하는 본질적인 갈등들로부터 오는 것이다. 인간은 이것을 직관적 통찰을 통해서 오래 전부터 알고 있었다; 혹자는 자살을 한 첫 번째 인간 존재 이후부터라고 말할 것이다.

또한 인간은 좋은 영향력과 일들이 자신의 본성으로부터 오는 것임을 수용하는 것이 쉽지 않다는 것을 발견한다; 그는 그것들을 신의 속성으로 돌린다.

그럴 경우, 인간 본성에 대해 생각하는 우리의 힘은, 우리가 발견하는 것이 함축하고 있는 것에 대한 우리의 두려움에 의해 가로막힌다.

인간 본성에 대한 의식적 및 무의식적인 인식을 배경으로, 우리는 인간관계의 세부사항을 유익하게 연구할 수 있다. 이 거대한 주제의 한 측면은 영향을 주는 것과 영향을 받는 것으로 표현될 수 있다.

인간관계 안에 영향력이 차지하는 위치에 대한 연구는 교사에게 항상 커다란 중요성을 지닌 것이었고, 사회적 삶과 현대 정치학을 공부하는 학생들에게 특별한 관심사였다. 이 연구는 어느 정도 무의식적인 것인, 감정에 대한 고려를 포함한다.

인간관계의 한 종류에 대한 이해는 영향력의 문제를 어느 정도 해명하는 데 도움을 줄 것이다. 이러한 종류의 인간관계는 다른 인간 존재와의 주된 접촉이 먹을 때 이루어지는 시기인, 개인의 삶의 초기 시절에 뿌리를 두고 있다. 보통의 생리학적인 먹기와 나란히, 거기에는 아이의 환경 안에 있는 사물들, 사람들, 그리고 사건들을 마음 안으로 들이고, 소화하고, 보유하고, 내보내는 과정이 존재한다. 비록 아이가 성장하고 다른 종류의 관계들을 발달시킬 수 있게 되지만, 이 초기 관계는 크건 적건 평생 지속된다. 우리의 언어 안에서 우리는 음식과의 관계, 또는 사람들, 그리고 먹을 수 없는 것들과의 관계를 서술하는 데 사용될 수 있는 많은 단어나 어귀들을 발견한다. 이것을 염두에 두고서, 우리는 우리가 연구하고 있는 문제를 바라볼 수 있으며, 그럴 때 아마도 조금 더 멀리 그리고 조금 더 분명히 볼 수 있을 것이다.

명백히 만족을 모르는 아기들이 있을 수 있고, 또한 자신들이 주는 음식이 수용되기를 긴급하게 그리고 헛되게 소망하는 엄마들이 있을 수 있으며, 유사하게 다른 사람들과의 관계에서 만족하지 못하거나 좌절감을 느끼는 사람들이 있다.

예를 들면, 세상에는 공허하다고 느끼는 사람, 공허하다고 느끼는 것을 두려워하는 사람, 그리고 공허가 그의 식욕에 집어넣는 여분의 공격적 특질을 두려워하는 사람이 있다. 아마도 이 사람은 자신이 알고 있는 이유로 인해 공허할 것이다: 좋은 친구가 죽었거나, 가치 있는 어떤 것을 상실했거나, 또는 어떤 주관적인 이유로 우울한 상태일 것이다. 그런 사람은 공허를 채울 새로운 물건을, 잃어버린 사람의 자리를 채워줄 새로운 사람을, 또는 상실한 이상들을 대체할 새로운 아이디어나 철학을 필요로 할 것이다. 우리는 그런 사람이 특별히 영향을 받기 쉬운 상태에 있다는 것을 알 수 있다. 그가 이 우울, 슬픔, 희망 없음을 견디고, 자발적인 회복을 기다릴 수 있지 않는 한, 그는 새로운 영향력을 찾으러 떠나거나, 어떤 것이든 출현하는 강력한 영향력에 굴복할 것이다.

또한 우리는 자신의 것을 다른 사람들에게 주고, 그들을 채워주고, 그들이 정말로 원하는 것을 알아주며, 자신이 주는 것이 좋은 것임을 증명해야 하는 사람이 있다는 것을 알고 있다. 물론 정확히 이것에 관해서는 무의식적인 의심이 있다. 그런 사람은 다른 사람들에게 영향을 미치는 것을 통해서 자신의 방식을 받아들이게 하기 위해, 선전내용을 가르치고, 조직하고, 실시하고 있음이 분명하다. 엄마가 그런 사람이라면, 그녀는 아이에게 너무 많이 먹이거나, 명령조로 지시하기 쉬울 것이고, 거기에는 채워주고 싶은 불안한 열의와 내가 서술한 불안한 허기 사이의 관계가 있을 것이다. 거기에는 다른 사람들 안에 있는 불안한 허기에 대한 공포가 있다.

의심의 여지없이, 가르치고자 하는 정상적인 욕망은 바로 이 노선을 따른다. 우리 모두는 어느 정도 우리 자신의 정신건강을 위해 일을 필요로 하고, 교사도 이 점에서는 의사나 간호사보다 덜하지 않다. 우리의 욕망의 정상성이나 비정상성은 대체로 불안의 정도의 문제이다. 그러나 전체적으로 나는 교사들이 이런 가르쳐야만 하는 긴급한 욕구를, 즉 그들 자신의 개인적 어려움들을 감추기 위해 다른 사람을 가르쳐야 할 필요를 갖지 않는 것을, 학생들이 선호한다고 생각한다.

이러한 극단들이 만날 때, 즉 좌절한 주는 사람이 좌절한 받는 사람을 만날 때, 어떤 일이 일어날지는 쉽게 상상할 수 있다. 여기에 공허하고 새로운 영향력을 열심히 찾고 있는 사람이 있고, 누군가의 내면으로 들어가 영향력을 행사하고 싶어 하는 또 한 사람이 있다. 극단적인 경우, 한 사람이 다른 사람을 통째로 삼킬 때, 거기에는 우스꽝스러운 빙의된 인격이 생겨날 수 있다. 그처럼 한 사람이 다른 사람에 의해 함입되는 것은 우리가 종종 만나게 되는 위조된 성숙의 원인이며, 또한 그것은 어떻게 한 사람이 항상 연극하는 것으로 보일 수 있는지를 설명해준다. 어떤 영웅을 모방하는 아이는 좋은 것일 수 있지만, 그 좋음은 안정적이지 못한 것으로 보인다. 두려워하고 존경하는 악인을 흉내 내면서, 나쁘게 행동하는 또 다른 아이에 대해서 당신은 그 나쁨이 본래적인 것이 아니라 강박적인 것으로 보이고, 아이가 그 나쁨의 한 부분을 연기하고 있다고 느낄 수 있다. 한 아이의 질병이 최근에 죽었거나 정말로 사랑받았던 누군가의 질병을 모방하고 있는 것임을 발견하는 것은 흔히 있는 일이다.

영향을 끼치는 사람과 영향을 받는 사람 사이의 이 밀접한 관계는 일종의 사랑 관계이고, 특별히 그들 자신들에 의해 진정한 관계로 쉽게 오인될 수 있다.

이 두 극단들 사이에 대다수의 교사-학생 관계들이 있다. 이 관계들 안에서 교사는 가르치는 것을 좋아하고, 성공에 의해 보증을 받지만, 정신건강을 위해 성공이 필요한 것은 절대 아니다; 학생은 교사처럼 행동해야 한다는 불안에 의해 내몰리지 않고서, 교사가 가르치는 모든 것을 믿고, 그대로 간직하고, 따라가는 것을 즐길 수 있다. 교사는 엄마가 아이들의 변덕스럽고 까다로운 식성을 견디는 것처럼 의심받는 것을 견딜 수 있어야 하고, 학생은 좋다고 느껴지는 것을 즉시 그리고 확실하게 얻지 못하는 것을 견딜 수 있어야 한다.

이 점에서 가르치는 직업에서 가장 열심 있는 멤버들 중의 일부는 정확하게 그들의 열심 때문에 그들의 학생들과의 실제 작업에서 한계를 가질 수 있다. 왜냐하면 이 열심이 그들로 하여금 아이들이 제공된 것을 떠보고 시험하는 것을, 또는 일단 부정적으로 반응하거나 거절하는 것을 견딜 수 없게 만들기 때문이다. 실제로 이것은 곤란한 상황을 발생시키고, 권위의 개입을 통해서만 다루어질 수 있다.

동일한 고려들이 부모들이 아이들을 양육하는 방식에도 적용된다: 사실 그런 일이 아이의 삶에서 더 일찍 발생할수록, 영향을 끼치고 영향을 받는 관계 유형이 갖는 효과는, 그것이 사랑의 대체물로서 제시될 때, 더욱 심각할 수밖에 없다.

만약 한 여성이, 배변을 하고 싶다는 욕망을 느끼는 순간에 엉망을 만들고 싶어 하는 아이의 충동을 받아주는 일 없이 엄마가 되기를 기대한다면, 만약 그녀가 자신의 편리함과 아이의 자발성 사이의 충돌에서 발생하는 문제들을 결코 다룰 필요가 없기를 희망한다면, 우리는 아이에 대한 그녀의 사랑이 피상적이라고 생각할 것이다. 그녀는 아이의 욕망보다 자신의 편리함을 앞세울 수 있겠지만, 그것이 성공할 때 결과는 암울할 것이다; 이런 종류의 성공은 쉽게 실패로 드러난다. 왜냐하면 아이의 무의식적인 항거가 예상치 않게 완강한 변비의 형태로 나타날 수 있기 때문이다. 그것은 교육 영역 안에서도 비슷하지 않은가?

좋은 교육은 교사로 하여금 주거나 먹이는 것에서의 자신의 자발성에 대한 좌절, 즉 통렬하게 느껴질 수 있는 좌절을 견딜 것을 요구한다. 예의를 배우는 과정에서, 아이 또한 자연스레 심한 좌절을 느끼며, 예의바른 사람이 되는 과정에서 교사의 가르침보다는 가르치는 일에 내재된 좌절들을 견디는 교사 자신의 능력에 의해 더 많은 도움을 받는다.

교사의 좌절은 자신의 가르치는 방법이 항상 불완전한 것이고, 실수가 불가피하며, 때로는 어떤 교사라도 그렇듯이 자신이 옹졸하거나 불공정하게 행동하며, 실제로 나쁜 일들을 할 수 있다는 것을 인식하는 것에서 끝나지 않는다. 이 모든 것들을 견디는 것보다 더 나쁜 것은 교사의 가르침이 때로 거부되는 것이다. 아이들은 그들 자신의 정서발달의 왜곡의 일부이며 성격과 경험에 속한 것인, 의심과 의혹을 학교 상황에 가져올 것이다; 또한 아이들은 항상 그들이 학교에서 발견하는 것을 왜곡시키기 쉽다. 왜냐하면 그들은 학교에서, 재생된 것이든 아니면 반대 모습으로 나타난 것이든, 그들의 가정

환경을 발견할 것을 기대할 것이기 때문이다.

교사는 이 실망들을 견뎌야 하고, 아이는 교사의 무드와 성격적인 어려움들 및 억제들을 견뎌야 한다. 교사들도 어떤 아침에는 침대에서 잘못된 방향으로 일어나기 때문이다.

우리가 더 많이 바라볼수록 더 많이 알게 되는 것은, 만약 교사들과 학생들이 건강하게 살고 있다면, 그들은 자발성과 독립성의 상호적인 희생에 참여하고 있고, 이것은 정해진 과목들을 가르치고 배우는 것 못지않게 중요한 교육의 일부라는 사실이다. 어쨌든, 설령 과목들이 잘 가르쳐진다고 해도, 만약 이 교훈—상호성—이 빠져있다면, 또는 한 인격이 다른 인격을 지배하는 것을 통해서 무시된다면, 교육은 형편없는 것이 되고 만다.

이 모든 것에서 이끌어낼 수 있는 결론은 무엇인가?

교육에 대한 우리의 숙고는 단순히 학업 성취도의 성공이나 실패를 기준으로 교육적 방법을 평가하는 것은 그 어떤 것보다 우리를 잘못된 길로 인도한다는 결론에 도달한다. 그때 성공은 너무 쉽게, 아이가 특정한 교사, 또는 특정한 과목, 또는 전체로서의 교육을 다루는 가장 쉬운 방법이 맹목적으로 따라가는 것, 눈은 감은 채 입만 벌리거나, 비판적인 조사 없이 통째로 삼키는 것임을 발견하는 것에 지나지 않는 것일 수 있다. 이것은 거짓된 것이다. 왜냐하면 그것은 진정한 의심과 의혹에 대한 완전한 부정이 이루어지고 있다는 것을 의미하기 때문이다. 그런 상태는 개인의 발달이라는 측면에서는 만족스럽지 못하지만, 독재자의 눈에는 가장 바람직한 교육의 모습일 것이다.

영향력에 대한 그리고 교육에서 그것이 차지하는 자리에 대한 고려에서, 우리는 교육의 타락은 아이의 가장 성스러운 속성이라고 불릴 수 있는 것, 즉 자기에 대한 의심을 오용하는 것에 놓여 있다는 것을 알게 되었다. 독재자는 이 모든 것을 알고 있고, 의심으로부터 해방된 삶을 제공하는 것을 통해서, 힘을 휘두른다.
이 얼마나 끔찍스러운 일인가!

제 30 장
교육적 진단

　의사가 교사에게 해줄 수 있는 쓸모 있는 말이 무엇일까? 명백히 그는 가르치는 법을 말해줄 수 없을 것이고, 교사가 학생들에게 치료적 태도를 갖기를 바라는 사람은 아무도 없을 것이다. 학생들은 환자들이 아니다. 학생으로 있는 동안에 그들은 교사와의 관계에서 환자들이 아니다.

　의사가 교육의 영역에 대해 살펴볼 때, 그는 곧 이런 질문을 하게 된다: 의사가 하는 모든 일은 진단에 기초해 있는데, 교육에서 그러한 의학적 실천에 상응하는 것은 무엇일까?

　의사에게 진단은 매우 중요한 것이고, 한때는 그 점이 너무 강조된 나머지 치료라는 주제가 무시되거나 주변적인 것으로 좌천되기도 했다. 의학 교육에서 치료가 주요 과목으로 가르쳐지는 의학교육의 새로운 단계에 대해 열정적으로 이야기를 한 것은 아마도 삼사십 년 전쯤일 것이다. 우리는 지금 놀라운 치료법들을 갖고 있다: 페니실린, 안전한 수술, 디프테리아 예방접종 등등. 사람들은 이러한 의료적 실천에서의 개선이 정확한 진단이라는 좋은 의학의 토대를 위협한다는 것을 거의 알지 못한 채, 그러한 개선에 대해 잘못된 희망을 품고 있다. 한 사람이 아프고 고열이 나는 문제로 항생제를 처방받고 나왔을 때, 그는 자신이 좋은 의료적 돌봄을 받았다고 생각하지만, 그러나 사회학적으로 볼 때 그 사례는 비극적인 것이다. 왜냐하면 그 의사는 약물에 대한 환자의 반응이라는 사실에 근거해서 진단을 내려야 하는 필수사항을 건너뛴 채, 맹목적인 처방을 내렸기 때문이다. 과학적 근거 위에서 내려지는 진단은 의학적 유산에서 가장 소중한 부분이고, 의학이라는 전문직을 신앙 치유자들, 접골사들, 그리고 빠른 치료를 원할 때 우리가 찾는 모든 다른 사람들로부터 차별화하는 요소이다.

우리의 질문은, 사람들을 가르치는 전문직에서 이 진단의 문제에 상응하는 것이 무엇인가이다. 내 생각이 물론 틀린 것일 수도 있지만, 나는 가르치는 일에서 의사들의 신중한 진단과 진정으로 등가적일 것을 거의 찾아볼 수 없다고 말해야겠다. 가르치는 직업을 다루는 데 있어서, 나는 빈번히 아이들 전체가 먼저 진단되지 않은 채로 교육되어지는 방식으로 인해 마음이 불편해지곤 한다. 물론 명백한 예외들이 있다는 것을 알고 있지만, 나는 이 일반적인 진술이 사실이라고 생각한다. 어쨌든, 한 사람의 의사가 진단에 해당되는 것에서 얻을 수 있었던 그의 견해를 공유하는 것은, 만약 그것이 가르치는 세계 안에서 진지하게 받아들여진다면, 유용한 것일 수 있을 것이다.

우선, 이 방향에서 이미 행해진 것은 어떤 것인가? 진단이 모든 학교에서 적용될 수 있는 한 가지 방법이 있다; 만약 한 아이가 문제아이로 여겨진다면, 거기에는 그 아이를 축출하거나 간접적인 압력을 사용해서 학교에서 내보내려는 경향이 있게 된다. 이것은 학교를 위해서는 좋은 것일 수 있지만 그 아이에게는 나쁜 것이다. 그러나 대부분의 교사들은 학교 위원회나 교장 선생이 그 아이로 인해 "불행하게도 다른 아이를 받는 것이 불가능하다는 것을 발견할 때," 그 아이를 아예 내보내는 것이 최상의 방법이라는 데 동의할 것이다. 하지만 학교의 책임자의 입장에서 볼 때, 의심스러운 아이들의 입학을 거부하는 것을 통해서 특별히 흥미로운 아이들의 입학을 배제하는 것이 아닌지를 확신한다는 것은 극도로 어려운 일이다. 학생들을 선택하는 데 사용할 수 있는 과학적 방법이 있다면, 그것을 기꺼이 사용해야 할 것이다.

우리는 지능(I.Q.)을 측정하는 데 사용할 수 있는 과학적 방법은 가지고 있다. 다양한 검사들이 잘 알려져 있고, 비록 때로는 그것들이 본래 할 수 있는 범위 이상으로 사용되기는 하지만, 점점 더 광범위하게 사용되고 있다. I.Q.는 그 척도의 양쪽 끝 모두에서 가치 있는 것일 수 있다. 세심하게 마련된 이러한 검사들 덕택에 잘 하지 못하는 아이가 평균적인 성취에 도달했다는 것을 알 수 있게 되고, 따라서 실제로 가르치는 방법이 잘못된 것이 아니라면, 그의 발목을 잡고 있는 것이 정서적 어려움이라는 것을 보여줄 수 있다; 또한 그가 지적으로 평균에 크게 미치지 못하고, 좋은 두뇌를 가진 아이들을 위해 기획된 교육에서 유익을 얻을 수 없는 두뇌를 갖고 있음이 거의 확실하다는 것을 아는 것은 도움이 된다. 정신적 결함의 문제인 경우, 진단은 보통 검사가 행해지기 전에 상당히 명백하다. 지체된 학생들을 위한 특수학교와 그런 아이들을 위한 직업훈련소의 제공은 모든 교육적 정책에서 필수적인 부분이다.

여기까지는 문제될 것이 없다. 과학적 방법의 사용이 가능한 한, 진단이 이루어질 수 있다.

하지만 대부분의 교사들은 그들의 학급에 영리한 아이들과 덜 영리한 아이들이 모두 있는 것이 자연스러운 것이고, 학급이 개인별 지도를 하기에 너무 크지 않는 한, 학생들의 다양한 욕구에 자신들이 적응하는 것이 자연스러운 일이라고 느낀다. 교사들을 힘들게 하는 것은 아이들의 다양한 지적 능력보다는 그들의 다양한 정서적 욕구이다. 심지어 가르치는 문제에 있어서도, 어떤 아이들은 주입식 교육에 잘 적응하는 반면에, 다른 아이들은 오직 자신의 속도에 따라 그리고 자신의 방식대로 거의 드러나지 않게 배운다. 훈련과 관련해서 집단들 사이의 차이가 크고, 어디에나 통용되는 확고한 규칙은 없다. 친절함이 한 학교에서는 통하지만, 다른 학교에서는 실패한다: 자유, 친절함, 관용은, 엄격한 분위기가 그럴 수 있는 것처럼, 희생자들을 만들어낸다. 그리고 거기에는 다양한 종류의 아이들이 갖고 있는 정서적 필요들의 문제가 있다. 다시 말해서, 교사의 인격을 신뢰할 수 있는 정도와, 아이들 안에서 발달하는 교사에 대한 성숙한 감정들과 원시적인 감정들의 문제가 있다. 이 모든 것들이 서로 다르고, 비록 보통의 좋은 교사는 그것들을 분류해낼 수 있다. 하지만 종종 학교가 한두 학생의 특수한 필요에 적응하고자 할 때 어려움을 겪게 될 많은 다른 아이들 때문에, 소수의 아이들에게 명백하게 필요로 한 것이 거절되는 경우가 많다. 이것들은 교사들의 마음을 항상 차지하고 있는 커다란 문제들이며, 의사가 제안하는 것은 진단의 측면에서 현재 행해지고 있는 것보다 앞으로 그렇게 될 수 있는 것에 더 가깝다. 아마도 문제는 그러한 분류가 아직 적절히 이루어지지 않았다는 것일 수 있다. 다음의 제안들이 도움이 될지도 모르겠다.

모든 아이들 집단에는 만족스러운 가정을 가진 아이들과 만족스럽지 못한 가정을 가진 아이들이 있다. 전자의 경우, 아이들은 자연스럽게 정서적 발달을 위해 그들의 가정을 사용한다. 그들의 경우, 가장 중요한 시험과 행동화는 가정에서 이루어지고, 그런 아이들의 부모들은 책임을 질 수 있고, 기꺼이 책임을 진다. 그런 아이들은 그들의 삶에 도움이 되는 무언가를 얻기 위해 학교에 온다; 그들은 학과목들을 배우기를 원한다. 설령 학습이 힘들더라도, 그들은 시험에 통과하기 위해 많은 시간 동안 열심히 공부하고, 마침내 그들의 부모처럼 직업을 얻을 수 있게 된다. 그들은 가정에서는 할 수 없는, 학교에서 놀이를 조직하는 법을 배우는데, 하지만 놀이는 그 단어의 일반적인 의미에서 가정에 속한 것이고, 가정생활의 주변부를 이루고 있는 것이다. 대조적으로, 가정이 만족스럽지 못한 아이들은 또 다른 목적을 위해 학교에 온다. 그들은 학교가 그들의 가정이 제공하는 데 실패한 것을 제공할 수 있을지도 모른다는 아이디어를 가지고 학교에 온다. 그들은 배우기 위해 학교에 오는 것이 아니라, 가정을 발견하기 위해 학교에 온다. 이것은 그들이 그들 자신들의 정서적 취약성을 훈련할 수 있는, 안전한 정서적 상황을, 다시 말해서, 그들이 차츰 그것의 일부가 될 수 있는 집단, 즉 자신들의 공격성을 견디고 관용할 수 있는 능력을 시험해볼 수 있는, 집단을 찾고 있다는 것을 의미한다. 이 두 종류의 아이들이 같은 교실에 있다는 것은 얼마나 이상한 일인가! 확실히, 우연에 의해서가 아니라 계획에 의해서, 이 양쪽 극단의 집단에 맞춘 다른 유형의 학교를 갖는 것이 가능하다.

교사들은 자신들의 성격 유형이 이런저런 유형의 관리에 적합하다는 것을 발견한다. 첫 번째 집단의 아이들은 학문적인 강의에 강조점이 있는 본격적인 수업을 요구하고, 가장 만족스러운 수업이 이루어지는 것은 만족스러운 가정에서 살고 있는 아이들의 경우이다. 다른 한편, 만족스럽지 못한 가정에서 살고 있는 아이들의 집단의 경우, 그들에게는 교직원들의 적절한 배치, 정규적인 식사, 복장검사, 아이들의 기분, 그리고 아이들의 극단적인 순응과 비협조를 관리하는 것을 통해서, 학교생활을 조직화해줄 필요가 있다. 여기에서 강조점은 관리이다. 이런 유형의 일에서, 교사들은 수학을 가르칠 수 있는 그들의 능력보다는 성격의 안정성, 또는 그들 자신의 만족스러운 사생활에 기초해서 선발되어야 한다. 이것은 작은 집단에서만 가능하다; 만약 한 명의 교사가 너무 많은 아이들을 돌보아야만 한다면, 어떻게 아이들 각자를 개인적으로 알 수 있고, 날마다 바뀌는 변화에 맞추어 적합한 것을 제공해줄 수 있으며, 어떻게 보다 의식적인 권위에 대한 시험으로부터 무의식적으로 결정된 광적인 폭발을 구별할 수 있겠는가? 극단적인 사례들에서, 이런 아이들에게 호스텔의 형태를 띤 대안적인 가정을 제공해줄 수 있는데, 이것은 그 자체로서 학교에게 얼마의 실제적인 가르침을 줄 수 있는 기회를 제공한다. 작은 호스텔의 경우, 거기에는 집단이 작다는 사실에서 오는 엄청난 유익이 있다. 아이 각자는 오랜 기간 동안 소수의 일관성 있는 스태프에 의해 개인적인 방식으로 전적으로 관리될 수 있다. 스태프가 아이 각자의 가정생활의 잔여물과 갖는 관계는 그것 자체로서 까다롭고 시간을 뺏는 일로서, 그것이 이런 아이들을 관리하는 데 있어서 커다란 집단을 피해야할 필요성에 대한 추가적인 증거이다.

이런 흐름을 따른 분류는 사립학교의 선발과정에서 자연스럽게 발생한다. 왜냐하면 부모들은 온갖 종류의 학교들과 다양한 부류의 교장들이 존재한다는 것을 차츰 기관들과 정보들을 통해서 알게 되고, 그것들을 스스로 분류하게 되며, 결국 학생들 스스로가 적합한 학교들을 발견하게 되기 때문이다. 하지만, 국가가 운영하는 공부방이 제공되는 곳에서, 그것은 전혀 다른 문제이다. 국가는 상대적으로 맹목적인 방식으로 행동할 수밖에 없다. 아이들은 그들이 살고 있는 지역에서 공부방을 제공받아야 하는데, 이러한 아이들을 돌보기 위한 공부방을 각 지역마다 충분히 제공하는 것은 어려운 일이다. 국가는 정신적 결함을 가진 아이와 똑똑한 아이 사이의 차이를 이해할 수 있고, 반-사회적 행동에 대해 주목할 수 있지만, 충분히 좋은 가정을 가진 아이들과 그렇지 못한 아이들을 분류하는 것은 너무 미묘한 문제라서 그것을 하는 것은 극도로 어렵다. 만약 국가가 나쁜 가정으로부터 좋은 가정을 분류하려고 시도한다면, 엄청난 실수가 행해질 것이고, 이 실수는 불가피하게 주로 관습을 따르지 않고, 외양을 위해 따로 계획하지 않는 특별히 좋은 부모들을 방해하게 될 것이다.

이러한 어려움들에도 불구하고, 이런 종류의 사실에 주의를 환기시키는 것은 가치 있는 일로 보인다. 극단들은 때로 아이디어들을 예시하는 데 유용하다. 반-사회적인 그리고 이런 저런 이유로 실패한 가정을 가진 아이는 특별한 관리를 필요로 하며, 이것은 우리로 하여금 소위 '정상적인' 아이들이 이미 두 부류로 나뉜다는 것을 알도록 도울 수 있다; 한 부류는 적응적인 가정을 가진, 그래서 교육이 환영 받을 수 있는 아이들이고, 다른 한 부류는 그들의 학교로부터 그들의 가정이 결여하고 있는 필수적인 특질을 기대하는 아이들이다.

이 주제는 좋은 가정을 결여한 것으로 분류될 수 있는 일부 아이들이, 실제로는 그들 자신의 개인적인 어려움들로 인해 그들이 제대로 사용할 수 없는, 좋은 가정을 갖고 있는 아이라는 사실 때문에 더욱 복잡해진다. 여러 명의 자녀를 둔 가족들 중에는 집에서 관리가 되지 않는 아이를 갖고 있는 경우가 허다하다. 하지만, 그들에게 적응해줄 수 있는 좋은 가정을 가진 아이들과 그들에게 적응해줄 수 없는 가정을 가진 아이들 사이를 나누는 것은, 요점을 예시하기 위해 정당화될 수 있는 단순화일 뿐이다. 처음에는 좋은 출발을 했지만 그 후에 실패한 가정을 가진 아이들과 초기 유아기에서조차도, 만족스럽고 일관된 방식으로 세상을 소개받는 데 전적으로 실패한 가정을 가진 아이들 사이를 추가적으로 구별하기 위해서는, 이 주제를 좀 더 발전시키는 것이 필요할 것이다. 전자에 속한 아이들의 부모들은 수술, 오랜 기간의 입원, 질병 때문에 갑자기 아이를 떠나야 했던 엄마 등과 같은 방해물이 없었더라면, 그들에게 필요한 것을 줄 수 있었을 것이다.

간단히 말해서, 나는 교육은, 좋은 의료적 실천이 그렇듯이, 그 것의 기초를 진단 위에 확고히 세울 수 있다는 것을 보여주려고 시도했다. 나는 내가 말하는 것의 의미를 분명히 하기 위해 오직 한 종류의 분류만을 선택했다. 이것은 아이들을 분류하는 다른 또는 아마도 더 중요한 방식들이 존재하지 않는다는 것을 의미 하지 않는다. 연령 또는 성별에 따른 분류는 확실히 교사들 사이 에서 많이 논의되어왔다. 추가적인 분류는 정신의학적 유형에 따 라 유용하게 이루어질 수 있을 것이다. 철수해 있고 무드에 빠져 있는 아이들을 외향적이고 관심이 백화점 진열장에 가 있는 아 이들과 함께 가르친다는 것은 얼마나 이상한가? 우울한 국면에 있는 아이에게 준 가르침을 우울한 기분이 보다 호탕한 기분에 게 자리를 양보하는 국면에 있는 아이에게 똑같이 준다는 것은 얼마나 이상한가? 흥분을 조절하기 위해서 그리고 덧없고 불안 정한 반-우울적 변동을, 또는 의기양양한 기분을 관리하기 위해 서 한 가지 기법을 사용한다는 것은 얼마나 이상한 일인가!

물론, 교사들은 그들이 만나는 다양하고 변화하는 상황들에 그 들 자신들과 그들의 교육방법들을 맞춘다. 어떤 점에서 이 분류 와 진단이라는 아이디어는 이미 진부한 것이다. 하지만 여기에서 나는 교육은, 좋은 의료적 실천이 그렇듯이, 공식적으로 진단에 기초한 것이어야 하며, 특별한 재능을 가진 교사들 편에서의 직 관적인 이해는 전체로서의 전문직을 위한 것으로서는 충분치 못 하다고 제안한다. 이것은 항상 개인의 재능을 방해하는 경향이 있는, 그리고 수용된 이론과 실천의 양적 증가를 산출하는 경향 이 있는 국가 계획의 확장을 고려할 때, 특별히 중요하다.

제31장
아이들의 수줍음과 신경과민

의사가 해야 할 일 중에는 환자가 자문을 받기를 원하는 문제에 대해 최소한 잠깐이라도 주의를 기울이는 일이 포함되어 있다. 그런 점에서 의사는 교사들에게 말할 수 있는 적합한 위치에 있는 사람이 아니다. 왜냐하면 교사들은 실제로 그들의 주의를 한 번에 한 아이에게만 기울이는 기회를 가져본 적이 많지 않기 때문이다. 종종 그들은 한 아이에게 탁월하게 좋아 보이는 것을 하고 싶은 욕망을 느끼더라도, 그것이 전체 집단 안에서 장애를 야기할 수 있다는 두려움 때문에 그 욕망을 자제한다.

하지만 이것은 교사가 그가 돌보고 있는 아이들 각자를 연구하는 데 관심이 없다는 말이 아니다. 나는 단지 의사인 내가 할 수 있는 말이 교사로 하여금, 예컨대, 아이가 수줍어하거나 겁에 질려 있을 때, 무슨 일이 일어나고 있는지를 좀 더 분명하게 이해할 수 있게 해줄 수 있다는 제안을 하고 있을 뿐이다. 심지어 사소한 직접적인 충고가 제공될 때조차도, 이해의 증가는 불안의 감소와 더 나은 관리로 인도할 수 있다.

교사들에 의해서 행해지는 것보다 의사에 의해서 더 많이 행해지는 한 가지가 있다. 그것은 부모들로부터 아이의 과거의 삶과 현재 상태에 대해 가장 명료한 그림을 얻어내고, 아이가 드러내는 증상들을 아이의 인격과, 그리고 그의 외적 및 내적 경험들과 연결시키는 것이다. 교사는 이것을 할 수 있는 충분한 시간이나 기회가 없지만, 나는 설령 그에게 진단을 위한 기회가 주어진다고 해도 그것이 항상 사용되는 것은 아니라고 말할 것이다. 종종 교사는 아이의 부모들이 '말이 통하지 않거나', 수다스럽거나, 무책임할 때, 그들이 어떤 사람들인지를 알 수 있다; 따라서 가족 안에서 아이가 처한 자리를 알 수 있다. 그러나 거기에는 우리가 알아야 할 훨씬 더 많은 것들이 있다.

내적 발달을 고려에서 제외시키더라도, 좋아하는 형제자매, 이모나 조부모의 죽음, 또는 물론 부모 중의 한 사람의 상실과 같은 사건들에는 종종 많은 것들이 뒤따라온다. 나는 자신의 형이 교통사고로 죽기 전까지는 아주 정상적이던 아이가 그 사고가 있던 날 이후로 침울해지는 경향이 있고, 팔다리에 통증을 느끼고, 잠이 없고, 공부하는 것이 지루하고, 친구를 잘 사귀지 못하게 되는 것을 본 적이 있다. 나는 그 누구도 이런 사실들을 찾아내거나 함께 연결시키려고 애쓰지 않고 있고, 이 모든 사실들을 알고 있는 부모들은 그들 자신들의 슬픔을 다루어야 하는 과제 때문에, 결국 아이의 상태의 변화와 가족의 상실 사이의 연결은 무의식적인 상태로 머물기 쉽다는 것을 발견한다.

그러한 내력 조사의 결여로 인해 발생하는 결과는 실수들을 저지르는 것이고, 그것은 교사가 학교에 파견된 의사와 공동으로, 이해를 가져다줄 누군가를 갈망하는 아이를 혼동시킬 뿐이다.

물론, 대부분의 아이들의 신경과민과 수줍음의 원인은 이처럼 단순하지 않다; 훨씬 더 자주 거기에는 명백한 외적 촉발 요인이 없지만, 교사의 방법은, 만약 그러한 요인이 존재한다면, 그것을 놓치지 않는 것이어야만 한다.

나는 다음과 같은 종류의 매우 단순한 사례를 기억하는데, 그것은 학교에서 신경과민 상태가 되고 밤에는 오줌을 싸는 열두 살 된 영리한 소녀의 사례이다. 그녀가 자신이 좋아했던 남동생의 죽음으로 인한 슬픔과 씨름하고 있었다는 것을 알아차린 사람이 아무도 없었던 것 같다. 이 어린 남동생은 고열 때문에 한두 주간 입원할 예정으로 집을 떠났지만, 곧바로 결핵성으로 드러난 통증을 발달시키는 바람에 집으로 돌아오지 못했다. 그의 자매는 그가 좋은 결핵 병원에 입원하게 된 것을 나머지 가족들과 함께 기뻐했다. 시간이 지나면서 그의 통증은 더 심해졌고, 결국 결핵으로 죽었는데, 그때 그녀는 다시 기뻤다. 그들은 모두 그가 고통에서 해방되어 다행이라고 말했다.

사건들은 그녀가 결코 슬픔을 예리하게 느끼지 않는 방식으로 일어났지만, 슬픔은 인식되기를 기다리면서 거기에 있었다. 나는 '너는 그를 매우 좋아했지. 그렇지?' 라고 말했는데, 그것은 통제의 상실과 눈물의 홍수를 산출했다. 그 결과, 그녀는 학교에서 정상으로 돌아왔고, 야뇨증은 사라졌다.

그러한 직접적인 치료의 기회는 날마다 오는 것이 아니지만, 그 사례는 정확한 내력을 수집하는 법을 모르는 교사와 의사의 무기력함을 예시해준다.

때로 진단은 많은 조사가 이루어진 후에야 분명히 드러난다. 열 살 된 한 소녀가 많은 문제들이 개인적인 문제로 치부되고 있는 학교에 다니고 있었다. 그녀의 교사는 이렇게 말했다: '이 아이는 다른 많은 아이들과 마찬가지로 신경과민이고 수줍어해요. 나도 아이였을 때 지독하게 수줍어했기 때문에, 신경과민이 어떤 것인지 이해해요. 나는 내 교실에서 신경이 과민한 아이들을 보통 관리할 수 있고, 한두 주간 안에 그들의 수줍음의 상당 부분이 사라진다는 것을 발견하곤 해요. 그러나 이 아이는 내가 어떻게 할 수가 없네요: 그녀는 내가 무엇을 해도 전혀 변하지

않는 것 같아요; 그녀는 나아지지도 더 나빠지지도 않아요.'

이 아이는 정신분석 치료를 받게 되었는데, 그녀의 숨겨진 의심이 모습을 드러내고 분석되었을 때에야 그녀의 수줍음은 사라졌다: 즉 그녀에게는 분석을 통해서만 해결될 수 있는 심각한 정신증적 질병이 있었다. 교사는 이 수줍은 아이와 겉으로만 그녀와 비슷한 다른 아이들 사이의 차이를 옳게 지적했다. 이 아이에게 모든 친절함은 덫이었고, 모든 선물들은 독이 든 사과였다. 그녀는 아픈 아이였고, 그런 상태에 있는 동안 배울 수도 안전하게 느낄 수도 없었고, 두려움 때문에 최선을 다해 다른 아이들처럼 보이려고 노력해야 했으며, 그녀가 받거나 수용할 가망이 없는 도움에서 멀어지지 않으려고 애써야 했다. 이 아이가 일 년 정도 치료를 받고 난 후에, 그녀의 동일한 교사는 다른 아이들과 마찬가지로 그녀를 관리할 수 있게 되었고, 그녀는 마침내 학교에서 신뢰 받는 소녀가 되었다.

과도하게 민감한 많은 아이들은 박해를 기대하는 심리적 구조를 가지고 있는데, 이런 아이들을 다른 아이들로부터 구별할 수 있다면, 그것은 매우 유용할 것이다. 그런 아이들은 종종 박해를 받는다; 그들은 실제로 자신들을 괴롭혀줄 것을 요청한다. 우리는 때로 그들은 동료들 사이에서 괴롭히는 아이들을 산출한다고 말할 수 있다. 그들은 비록 공동의 적에 대한 동맹을 형성할 수는 있지만, 쉽게 친구들을 사귀지 못한다.

이런 아이들은 다양한 고통과 식욕장애의 문제로 나를 찾아오는데, 흥미로운 사실은 그들이 종종 그들의 교사가 그들을 때린다고 불평한다는 것이다.

다행히 우리는 이 불평의 목적이 신의 진실을 서술하는 것이 아님을 알고 있다. 그것의 목적은 훨씬 더 복잡한 문제로서, 그것은 종종 순수하고 단순한 망상이고, 때로는 미묘하게 빗나간 진술이며, 항상 고통의 신호, 즉 숨겨져 있고 그래서 아이에게 훨씬 더 공포스럽고 훨씬 더 나쁜 무의식적 박해 감정에 대한 신호이다. 물론, 세상에는 나쁜 교사들이 있고, 아이들을 악의적으로 때리는 교사들이 있지만, 실제로 그런 교사를 만나는 것은 매우 드문 일이다. 아이의 이러한 불평은 박해적 유형의 심리적 질병의 증상인 경우가 거의 대부분이다.

많은 아이들은 그들 자신의 박해-망상의 문제들을 계속해서 경미한 나쁜 행동을 함으로써, 그래서 끊임없이 벌을 주는, 실제로 박해하는 교사를 산출하는 것을 통해서 해결할 것이다. 교사는 그런 아이에 의해 엄격하도록 강요받고, 집단 안에 그런 아이가 있을 경우, 그는 전체 집단에 대한 엄격한 관리를 강요하는데, 그것은 실제로 오직 한 아이를 위해서만 '소용이 있는' 것이다. 때로는 그런 아이를 다른 동료 교사에게 넘겨줌으로써, 다른 건강한 아이들을 건강하게 취급할 수 있는 가능성을 보존하는 것이 유용할 수 있다.

물론 신경과민과 수줍음이 건강하고 정상적인 측면을 갖고 있다는 것을 기억하는 것이 현명하다. 소아과에서 나는 정상적인 수줍음의 부재로 인한 심리적 장애의 유형을 볼 수 있다. 그런 아이는 내가 다른 환자를 진찰하고 있는 동안 내 주위를 어슬렁거릴 것이고, 처음 보는 나에게 곧바로 다가와서, 내 무릎 위로 기어오를 것이다. 더 정상적인 아이들이 두려워하는 상황에서 그들은 안심하는 기법을 사용해서 나를 힘들게 한다. 그들은 심지어 드러내놓고 내가 그들의 아빠였으면 좋겠다는 말을 하기도 한다.

이러한 정상적인 신경과민은 걸음마 아이에게서 좀 더 명백하게 드러난다. 런던 거리에서 전혀 겁을 먹지 않거나, 심지어 천둥소리에도 두려워할 수 없는 어린 아이가 있다면, 그는 병든 아이이다. 그런 아이의 내면에는, 다른 아이들의 내면과 마찬가지로, 두려운 것들이 있지만, 그는 외부에서 그것들을 발견하는 위험을 감당할 수 없고, 그의 상상력이 통제에서 벗어나는 것을 허용할 수 없다. 현실로의 도피를, 만질 수 없고, 기괴하며, 환상적인 것들에 대한 주된 방어로 사용하는 부모들과 교사들은 때때로 '개들, 의사들, 그리고 흑인들'을 무서워하지 않는 아이가 용감하기 때문이라는 생각으로 자신들을 속인다. 그러나 어린 아이는 두려워할 수 있어야 하고, 외부의 사람들, 사물들, 그리고 상황들에서 나쁨을 봄으로써, 내면의 나쁨으로부터 안도감을 얻을 수 있어야만 한다. 현실-검증은 오직 점진적으로만 내적 두려움을 완화할 수 있으며, 그 누구도 이 과정에서 완벽할 수는 없다. 단순하게 말해서, 두려워하지 않는 아이는 그런 척하고 있거나, 용기를 과장하고 있거나, 아니면 병들어 있는 아이이다. 만약 그가 병이 들었다면, 그리고 두려움으로 가득하다면, 그는 또한 자신 안에 있는 선함을 자신 바깥에서 볼 수 있는 그의 능력에 의해 안도감을 얻을 수 있을 것이다.

따라서 수줍음과 신경과민은 진단의 문제이고, 아이의 연령과 관련된 고려사항이다. 정상적인 아이들은 가르칠 수 있지만, 병든 아이들은 교사들의 에너지와 시간을 낭비한다는 원리를 고려할 때, 각 개인의 증상들이 지닌 정상성 또는 비정상성에 관해 결론에 도달할 수 있는 것이 중요하다; 나는 이 과정에서 내력 수집의 적절한 사용이 아이의 정서발달의 기제에 대한 지식과 결합될 때, 교육에 유용할 수 있다고 제안했다.

제 32 장
학교에서의 성교육

아이들은 무더기로 분류되거나 서술될 수 없다. 그들의 필요는 가정의 영향, 타고난 본성, 그들의 건강에 따라 다르다. 하지만 성교육이라는 주제에 대한 간략한 진술에서 일반적인 방식으로 말하고, 주요 쟁점을 개인적인 요건들에 맞추지 않는 것이 편리할 것 같다.

아이들은 다음의 세 가지를 동시에 필요로 한다:

(1) 그들은 마음을 털어놓을 수 있는 보통의 인간관계 능력을 지닌 신뢰할 만한 사람들을 주변에 갖고 있을 필요가 있다.

(2) 그들은 다른 과목들과 함께, 생명, 성장, 번식, 그리고 살아있는 유기체와 환경의 관계를 의미하는 것으로 가정되는 생물학을 공부할 필요가 있다.

(3) 그들은 자기(self) 안에서 성이 분출하는 자신만의 방식을, 그리고 그것이 인간관계를 바꾸고, 풍부하게 하고, 복잡하게 하며, 시작하게 하는 방식을 발견하기 위해서, 일관되고 지속적인 정서적 환경을 필요로 한다.

사람들이 학교를 방문해서 성에 대한 강의를 하고 가버리는 것은 전혀 다른 문제이다. 아이들에게 성교육을 해야 한다는 충동을 갖고 있는 사람들은 자제할 필요가 있어보인다. 그것 외에도, 학교 스태프가 할 수 없는 것은 다른 외부 사람들에 의해서도 행해질 수 없는 것이다. 성에 관한 지식을 전달해주는 것보다 더 좋은 것이 있는데, 그것은 개인이 성을 발견하는 것이다.

기숙학교의 경우, 학교 주변에 성장하는 가족들을 가진 결혼한 스태프들의 존재는 자연스럽고 바람직한 방식으로 많은 외부 강사들보다 더 많은 자극과 가르침을 준다. 학교에서 아이들은 성장하는 가족 관계들 및 이웃들과 접촉할 수 있다.

강사들에 관한 문제는 그들이 아이에게 축적된 필요에 의해서가 아니라, 우연히 선택된 순간에 어렵고 친밀한 것을 아이들의 삶 안으로 가져온다는 것이다.

성에 대한 강의의 또 다른 문제는 그들이 성에 대한 진정되고 완전한 그림을 제공하는 일이 드물다는 것이다. 예를 들면, 강사는 여성주의, 여성은 수동적이고 남성은 능동적이라는 아이디어, 성적 놀이에서 성숙한 성기적 섹스로의 도피, 견실한 특징들을 배제하고 오직 감상주의만 남아있는 거짓된 엄마-사랑에 대한 이론 등과 같은 일부 편견들을 갖고 있기 쉽다.

심지어 최고의 성 강의조차도 실험과 경험을 통해 내면으로부터 접근한다면, 무한히 풍부한 잠재력을 가졌을 이 주제를 황량한 불모지로 만들고 있다. 그러나 건강한 청소년들이 신체와 영혼의 연합에 대한 갈망을 자신들 안에서 발견할 수 있는 곳은 오직 성인들의 성숙성에 의해 창조된 분위기 안에서 뿐이다. 이러한 중요한 고려사항들에도 불구하고, 거기에는 성적 기능과 그런 종류의 지식을 전파하는 방법을 특별히 연구하는 진정한 전문가를 위한 자리가 있는 것이 분명해 보인다. 전문가들을 초청해서 학교 스태프들에게 강의를 하고, 교사들에 의해 조직화된 방식으로 그 주제에 관한 논의를 발달시키는 것이 바람직한 해결책이 아닐까? 그때 스태프들은 아이들과의 그들의 접촉에서 그들 자신들의 개인적인 방식을 따라 자유롭게 행동할 것이지만, 더 견고한 사실적인 지식의 기반을 갖고서 그렇게 할 것이다.

자위는 모든 아이들에게 커다란 중요성을 갖고 있는 성적 부산물이다. 자위에 대한 어떤 말도 그 주제를 다 다룰 수는 없다. 왜냐하면 자위는 항상 너무 사적이고 개인적인 것이어서, 오직 가까운 친구와의 사적인 이야기만이 가치 있는 것이기 때문이다. 집단에서 아이들에게 자위는 해로운 것이 아니라고 말하는 것은 아무 소용이 없다. 왜냐하면 아마도 그 집단 구성원들 중의 한 사람에게는 자위가 해롭고, 강박적이고, 커다란 골칫거리이고, 사실상 정신의학적 질병의 증거일 것이기 때문이다. 다른 아이들에게 그것은 해롭지 않은 것일 수 있고, 심지어 전혀 문제가 되지 않을 수 있다고 하는데, 실제로는 그것이 해로울 수도 있다는 제안과 함께 의사에게 의뢰될 때 상황은 복잡해진다. 하지만 아이들은 이 모든 것들에 관해 누군가에게 말할 수 있게 되는 것을 가치 있게 여긴다. 그리고 아이가 생각할 수 있는 그 어떤 것에 대해서도 완전히 자유롭게 의논할 수 있는 사람은 바로 엄마일 것이다. 만약 엄마가 이것을 할 수 없다면, 다른 누군가가 그것을 해줄 수 있어야 하고, 어쩌면 정신과 면담을 신청해야 할지도 모른다; 그러나 그 어려움들은 교실에서의 성 교육을 통해 해결되지는 않는다. 더욱이, 성 교육은 시(詩)를 겁주어 쫓아내고, 성 기능과 성적 부위들을 고조되고, 건조하고, 진부한 상태에 남겨둔다.

아이디어들과 상상력의 도피가 아이디어들뿐만 아니라 신체적 수반물들을 갖는다는 것과, 이것들이 역전될 필요가 있고, 돌보아져야 한다는 것은 예술을 공부하는 교실에서 지적하는 것이 더 논리적일 것이다.

청소년들을 돌보는 사람들에게는 한 가지 명백한 어려움이 있다. 만약 아이들이 성적으로 서로를 발견하도록 허용해야 한다고 말하는 사람들이 그런 소녀들 중의 일부가 임신할 수 있는 가능성이 있다는 것을 보지 못한다면, 그들이 무슨 말을 한다고 해도 그것은 소용이 없을 것이다. 이 문제는 확실히 실제적인 것이고, 직면되어야만 하는 것이다. 왜냐하면 사생아의 위치는 불행한 것이고, 그가 인정을 받고 마침내 사회적 존재가 되기 위해서는 보통의 아이보다 훨씬 더 많은 과제를 수행해야 하기 때문이다; 사실 이른 시기에 입양되지 않는 한, 사생아는 흉터 없이 살아남을 수 없고, 아마도 그 흉터는 추한 것일 것이다. 청소년을 관리하는 사람이라면 누구나 자신의 신념에 따라 이 문제에 대처해야만 하지만, 그것에 대한 공적인 견해는 최상의 관리 유형 안에서 모험들이 행해지고 사건들이 발생한다는 사실을 고려한 것이어야 한다. 실질적으로 섹스에 대한 아무런 금지가 없는 자유학교에서, 사생아는 놀라울 정도로 드물고, 임신이 발생할 때 그 파트너들 중의 최소한 한 명은 정신과 환자인 것으로 드러나는 것이 보통이다. 예를 들면, 성적 놀이를 무의식적으로 두려워하고 그것으로부터 도망치는 아이가 곧바로 거짓된 성적 성숙으로 건너뛰는 경우가 그것이다. 자신들의 엄마들과 만족스러운 유아기 관계를 갖지 못했던 많은 아이들은 성적 관계 안에서 처음으로 대인관계에 도달하며, 그런 이유로 그것은 미성숙에서 점진적으로 발달해 나온 것이 아니라는 점에서, 방관자가 보기에는 불안전한 성숙임에도 불구하고 그들에게는 극히 중요한 것이다. 집단 안에 그런 아이들이 많은 비율을 차지한다면, 성적 감독은 명백히 엄격해야 할 것이다. 왜냐하면 사회는 사생아의 숫자가 일정 범위를 넘어서는 것을 용납할 수 없기 때문이다. 다른 한편, 대부분의 청소년 집단들에서 대다수는 비교적 건강한데, 그런 경우에는 다음과 같은 질문이 제기되어야만 한다: 그들의 관리는 건강한 아이들의 필요에 기초해야 할 것인가? 아니면 소수의 반사회적이거나 병든 구성원들에게 일어날 수 있는 것에 대한 사회의 두려움에 기초해야 할 것인가?

성인들은 아이들이 보통 매우 강한 사회적 감각을 갖고 있다고 생각하는 것을 싫어한다. 같은 방식으로 성인들은 어린 아이들이 초기 죄책감을 갖고 있다고 생각하는 것을 싫어하며, 상당히 자주 부모들은 도덕성을 주입하는 것을 통해서 자연스러운 도덕성이 발달할 수 있는 기회를 박탈하고, 그 결과 도덕성이 안정적이고 친-사회적인 세력이 되는 것을 방해한다.

보통의 청소년들은 사생아를 만들어내는 것을 원치 않으며, 그런 일이 일어나지 않게 하기 위해 필요한 조치를 취한다. 기회가 주어진다면, 그들은 성적 놀이와 성적 관계 안에 있는 모든 것들이 아기를 갖는 상황으로 인도한다는 것을 인식하는 지점에까지 성숙한다. 이것은 여러 해가 걸릴 수 있다. 그러나 보통 이러한 발달은 이루어지고, 그때 이러한 인간 사회의 새로운 멤버들은 결혼이라는 것에 대해, 그리고 새로운 아기들과 아이들이 있을 수 있는 틀을 만드는 것에 대해 생각하기 시작한다.

성 교육은 청소년 각자가 스스로 이룩해가야 하는 자연스러운 발달과는 거의 관련성이 없다. 성숙하고 불안하지 않은 그리고 도덕성을 강요하지 않는 환경이 청소년에게 필수적이라고 말할 수 있다. 또한 부모들과 교사들은 청소년들이 성인들을 향해, 특히 성장을 위한 결정적인 시기에 도움을 주고 싶어 하는 사람들을 향해 발달시킬 수 있는, 엄청난 적대감을 견딜 수 있어야만 한다.

부모들이 청소년들이 필요로 하는 것을 줄 수 없을 때, 학교 스태프나 학교 자체가 이 부족을 메꿔주기 위해 많은 것을 할 수 있지만, 그것은 조직화된 성 교육을 통해서가 아니라, 개인적인 성실성과 정직성 그리고 헌신에 대한 모범을 보여주고, 현장에서 질문에 답해주는 것을 통해서 이루어진다.

더 어린 아이들에게 있어서 그 대답은 생물학, 즉 자연에 대한 삭제되지 않은 객관적인 설명이다. 처음에 대부분의 어린 아이들은 애완동물을 갖고 싶어 하고, 그것에 대해 배우고 싶어 하며, 꽃들과 곤충들을 수집하고 그것들을 이해하고 싶어 한다. 청소년기 이전의 어느 한 시기에 그들은 동물들이 환경에 적응하는 방식들과, 환경을 그들 자신들에게 적응시키는 그들의 능력에 관한 강의를 즐길 수 있다. 이 모든 것 안에는 종의 번식, 해부학, 교미와 임신의 생리학 등이 나온다. 아이들이 좋아하는 생물학 교사는 동물 부모들 사이의 관계가 지닌 역동적 측면들과, 진화과정 안에서 발달하는 가족생활의 방식에 대한 설명을 빠뜨리지 않을 것이다. 이런 식으로 배운 인간사에 대한 지식을 의식적으로 적용할 필요는 거의 없다. 왜냐하면 그것은 너무 명백한 것이기 때문이다. 아이들은 소위 동물의 본능적 과정들을 인간이라는 종의 삶에 맹목적으로 적용하기보다는, 자신들의 주관적인 정교화를 통한 인간의 감정들과 환상들을 동물의 삶에서 발견할 가능성이 더 높다. 생물학 교사는, 다른 과목들의 교사들과 마찬가지로, 그 과목이 어떤 아이들에게는 매우 고통스러운 것이 될 수 있다는 것을 예상하면서, 학생들의 관심을 객관성과 과학적 접근으로 향하게 해야 할 것이다.

생물학 수업은 가장 즐거운 시간들 중의 하나가 될 수 있고, 심지어 교사에게 가장 흥분되는 과제일 수 있는데, 그것은 주로 많은 아이들이 생명에 관한 연구를 소개받는 것을 좋아하기 때문이다. (물론 다른 아이들은 역사, 또는 고전문학, 또는 그들의 종교적 경험들을 통해서 삶의 의미를 더 잘 발견할 수 있을 것이다.) 그러나 생물학을 개인적 삶과 아이 각자의 감정에 적용하는 것은 전혀 다른 문제이다. 일반적인 것을 특수한 것에 연결시키는 것은 섬세한 질문에 대해 섬세하게 대답하는 것을 통해서이다. 결국, 인간 존재는 단순히 동물이 아니다; 그들은 동물성 외에도 풍부한 환상, 정신, 영혼, 또는 내면세계의 잠재력 등을 갖고 있다. 그리고 어떤 아이들은 신체를 통해서 영혼에게 오고, 어떤 아이들은 영혼을 통해서 신체에게 온다. 모든 아이 돌봄과 교육에 적용되는 표어는 적극적 적응이다.

요약하면, 성에 대한 완전하고 솔직한 정보가 아이들에게 제공되어야 하지만, 아이들이 알고 있고 신뢰하는 사람들과 맺는 관계의 일부로서가 아니라, 그것 자체로서 제공되어서는 안 된다. 교육은 개인적인 탐구와 실현의 대체물이 아니다. 진정한 억제들은 교육에 대한 저항이며, 심리치료를 사용할 수 없는 평균적인 사례에서, 이 억제들은 친구의 이해를 통해서 가장 잘 다루어진다.

제 33 장
병원에 입원한 아이들을 방문하는 문제*

　모든 아이들은 탄생에서 시작하는 생명줄을 갖고 있고, 그것이 끊기지 않도록 살피는 것이 우리의 일이다. 거기에는 또한 유아나 어린 아이의 돌봄이 지속적으로 이루어질 때에만 지속적인 진전을 이룰 수 있는, 계속되는 내면의 발달과정이 있다. 한 사람으로서의 유아가 사람들과의 관계를 맺기 시작한 직후부터 이 관계들은 매우 강렬한 것이 되고, 위험 없이는 건드릴 수 없는 것이 된다. 어쩌면 이것은 구태여 설명하기 위해 애쓸 필요가 없는 것일지도 모른다. 왜냐하면 엄마들이 자연스럽게 아이들이 분리를 경험할 준비가 될 때까지는, 그들이 자신들에게서 떠나가는 것을 싫어하기 때문이다. 그리고 물론 그들은 아이들이 집에서 떠나갈 때가 되었는지를 알아보기 위해, 열심히 그들을 살펴볼 것이다.

---

*지난 십여 년 동안 병원 내의 관습에 커다란 변화가 있었다. 많은 병원들에서 부모들은 자유롭게 방문하고, 아이들이 입원할 필요가 있을 때, 그들은 아이들과 함께 있게 되었다. 그 변화는 일반적으로 아이들과 부모들 그리고 심지어 많은 병원 스태프들에게도 좋은 것으로 인식되었다. 그럼에도 불구하고 나는 이 장의 내용을 바꾸지 않고 1951년에 쓴 원본 그대로 이 책에 싣기로 결정했다. 그 이유는 그런 변화가 모든 병원에 미치지 않았고, 그러한 현대적 방법에도 어려움들이 내재되어 있기 때문이며, 또한 그 어려움들이 인식될 필요가 있기 때문이다.

요즘 병동을 방문하는 것이 열광적인 유행이 되고 있다. 이러한 유행이 갖고 있는 문제는 그것이 실제 어려움들을 감추고 있다는 것인데, 그럴 경우 거기에는 조만간 부작용이 뒤따르게 된다. 유일하게 의미 있는 것은 병문안을 해야 하는 이유와 해서는 안 되는 이유를 사람들에게 이해시키는 것이다. 그리고 거기에는 간호하는 사람의 관점에서 볼 때, 실제로 얼마의 커다란 어려움들이 있다.

간호사는 왜 이 일을 하는가? 아마도 처음에 간호사라는 직업은 먹고살기 위한 많은 방법들 중에 하나일 뿐이었을 것이다; 그러나 그녀는 간호사로서의 일에 매료되었고, 열의를 갖게 되었으며, 모든 매우 복잡한 기술들을 배우기 위해 많은 수고를 했다; 마침내 그녀는 책임 간호사가 되었다. 책임 간호사로서 그녀는 오랜 시간을 일하는데, 좋은 책임 간호사가 항상 부족하고 그 일이 다른 사람들이 도울 수 있는 종류가 아니라는 점에서, 그런 상황은 쉽게 바뀌지 않을 것이다.

책임 간호사는 자신의 자식들이 아닌 스무 명에서 서른 명 사이의 아이들에 대한 절대적인 책임을 진다. 이 아이들 중 다수는 병이 깊은 아이이고 숙련된 취급을 요한다. 그녀는 그들에게 행해지는 모든 것들에 책임을 지고 있고, 심지어 그녀가 보지 않을 때 보조 간호사들이 하는 것에 대해서도 책임을 지고 있다. 그녀는 아이가 나아지기를 간절히 바라게 되는데, 이것은 의사가 정해준 확실한 선을 따라가는 것을 의미한다. 이 모든 것 외에도, 그녀는 마찬가지로 인간 존재들인 의사들과 의과대학 학생들을 다루어야 한다,

방문객들이 없을 때, 책임 간호사는 아이를 돌보고, 최선을 다해서 그렇게 한다. 그녀는 매우 자주 비번인 날에도 당번인 것처럼 지내는데, 그것은 그녀가 자신의 병동에서 무슨 일이 일어나

는지 늘 알고 싶어 하기 때문이다. 어떤 아이들은 그녀에게 매우 의존하는 바람에, 그녀가 작별인사 없이 비번이 되는 것을 견디지 못한다. 그들은 그녀가 정확히 언제 돌아오는지 알고 싶어 한다. 그 모든 것이 인간의 본성 안에 있는 최상의 것과 공명을 일으킨다.

부모들이 아이의 병동을 방문할 때, 어떤 일이 일어나는가? 그것은 즉각적인 차이를 발생시킬 수 있다. 이제부터 아이에 대한 책임은 결코 전적으로 책임 간호사에게 있지 않다. 이것은 훌륭하게 이루어질 수 있고, 책임 간호사는 기쁘게 책임을 공유할 수 있다; 그러나 만약 그녀가 매우 바쁘다면, 그리고 병동에 힘들게 하는 아이들이 있다면, 그리고 힘들게 하는 엄마들이 왔다면, 돌보는 책임을 공유하는 것보다 모든 과제를 혼자 하는 것이 훨씬 더 간단할 것이다.

만약 내가 사람들이 병문안을 하는 동안에 일어나는 일에 대해 말한다면, 독자들은 놀랄 것이다. 부모들이 병문안을 마치고 돌아간 후에 아이들은 자주 병이 나는데, 그것을 통해 부모들이 왔을 때 무엇을 했는지에 대한 비밀이 드러난다. 아마도 병원을 다녀간 후에 병을 앓는 작은 사건들은 크게 문제시 되지 않겠지만, 아이들이 아이스크림이나 당근을 먹고, 특히 다이어트 중인 아이가 과자를 먹은 것으로 드러날 때, 이것은 미래의 치료가 그것에 달려있는 전체적인 조사를 완전히 흔들어 놓는 문제이다.

문제는 병원 방문시간 동안에 책임 간호사는 상황에 대한 통제를 내려놓아야 한다는 것이다. 나는 그녀가 때로 그 시간 동안에 무슨 일이 일어나는지 아무것도 알지 못한다고 생각한다. 그리고 여기에는 우회로가 없다. 그리고 무분별한 음식의 반입과는 별도로, 거기에는 감염의 위험이 있다.

매우 훌륭한 병동의 책임 간호사가 나에게 들려준 또 하나의 어려움은 날마다 병원을 방문하는 것이 허용된 이후로 엄마들은 그들의 아이들이 병원에서 항상 울고 있다고 생각한다는 것인데, 이것은 물론 사실이 아니다. 만약 당신이 당신의 아이를 방문한 다면, 그 방문이 종종 고통을 야기할 수 있는 것은 사실이다. 당신이 병동에 갈 때마다 당신은 아이가 당신에 대해 갖고 있는 기억을 상기시킬 것이다. 당신은 집에 가고 싶은 소망을 되살려내고, 그래서 종종 울고 있는 아이와 헤어져야 할 것이다. 그러나 이런 종류의 고통은 그것이 무관심으로 바뀌는 것만큼이나 아이에게 해로운 것은 아니다. 만약 당신이 아이를 너무 오랫동안 혼자 남겨두는 바람에 아이에게 잊혀진 존재가 된다면, 아이는 하루나 이틀 후에 고통을 느끼는 것을 중지하고, 간호사들과 다른 아이들을 받아들일 것이고, 새로운 삶을 발달시킬 것이다. 이런 경우 당신은 잊혀지고, 나중에 다시금 기억되어야 할 것이다.

　만약 엄마들이 병실에 들어가 잠깐 동안 아이들을 보고 나서 다시 헤어지는 데 만족한다면, 그것은 그렇게 나쁘지 않을 것이다; 그러나 엄마들은 당연히 그렇게 하고 싶어 하지 않는다. 예상할 수 있듯이, 그들은 병동에 들어가 허용된 모든 시간을 사용한다. 일부는 그들의 아이와 사랑을 나누는 것처럼 보인다; 그들은 온갖 종류의 선물을 가져오고, 특히 음식을 가져오며, 아이에게서 애정이 담긴 반응을 요구한다; 그런 다음에 그들은 아이가 작별인사를 하느라 완전히 지칠 때까지, 문 앞에 서서 손을 흔들면서 긴 시간을 소비한다. 그리고 엄마들은 돌아가는 길에 책임 간호사실에 들려서, 아이가 충분히 따뜻하게 입지 않았다느니, 먹는 음식이 변변치 않았다는 등의 말을 늘어놓곤 한다. 적은 수의 엄마들만이 떠나기 전에 잠시 책임 간호사에게 그녀가 하고 있는 일에 대해 감사를 표하는 기회를 갖는다.

누군가가 당신의 아이를 당신 자신이 할 수 있는 것만큼 돌봐주고 있다는 것을 인정하는 것은 매우 어려운 일이다.

만약 부모들이 돌아간 직후에 책임 간호사에게, '간호사님, 만약 당신이 독재자라면, 병원 방문을 어떻게 하시겠어요?'라고 묻는다면, 그녀는 '나는 그것을 폐기할 거예요'라고 대답할 가능성이 높다. 그러면서도 그녀는 좀 더 바람직한 때가 오면, 병원 방문은 자연스럽고 좋은 것이라는 생각에 동의할 것이다. 의사들과 간호사들은 그들이 견딜 수 있는 한, 그리고 만약 부모들에게 협력을 요청할 수 있다면, 그것을 허용하는 것이 가치 있는 일임을 알 수 있을 것이다.

나는 아이의 삶을 조각내는 모든 것은 해로운 것이라고 말하고 있다. 엄마들은 이것을 알고 있고, 병원의 돌봄이 필요한 불행한 시기 동안에 그들의 아이들과의 접촉을 유지하는 것을 가능케 해주는 병원 방문을 환영한다.

아이들이 아프다고 느낄 때에는 모든 문제가 훨씬 쉬운 것처럼 보인다; 모두가 무엇을 해야 할지를 안다. 우리가 어린 아이에게 말하고 있을 때, 말은 소용이 없어 보이고, 아이가 많이 아프다고 느낄 때, 말은 불필요해 보인다. 아이는 단지 도움이 될 무언가가 준비되었다고 느끼는데, 만약 그것이 병원에 남는 것을 포함한다면, 눈물을 머금고라도 그것을 수용한다. 그러나 아이가 병이 났다는 느낌이 없는데도 병원에 입원해야 될 경우, 그것은 전혀 다른 문제이다. 나는 한 아이가 길가에서 놀고 있는데, 갑자기 구급차가 와서 아이를 병원으로 데려가 입원시킨 사례를 기억한다. 그녀는 아프지 않았지만, 그 전날 병원에서 디프테리아 보균자로 발견되었기 때문에 그런 일이 일어났다. 집에 가서 가족에게 인사도 하지 못한 채, 강제 입원되어야 했던 아이에게 그 사건이 얼마나 끔찍스러운 것이었을지 상상할 수 있다. 우리가 우리 자신에게 설명할 수 없을 때, 우리는 일정 양의 믿음의 상실을 예상해야만 한다; 실제로, 내가 말한 그 특정한 아이는 그 경험에서 결코 회복되지 않았다. 아마도 병원 방문이 허용되었더라면, 결과는 좀 더 행복한 것이었을 것이다. 행복까지는 아니더라도, 최소한 부모들은 아이의 분노가 아직 뜨거울 때 그 분노를 받아내기 위해 병원을 방문했어야 할 것이다.

나는 병원 돌봄을 받아야할 필요가 불행한 일이라고 말했지만, 그것은 반대 측면을 가지고 있다. 당신의 아이가 충분히 나이가 들면, 병원에 입원했던 경험이나 집을 떠나 이모네 집에 머물렀던 경험은, 그의 가정을 바깥에서 바라볼 수 있게 해줌으로써 매우 귀중한 것이 될 수 있다. 나는 열두 살 된 한 소년이 한 달 동안 요양원에 가 있다가 돌아온 후에 했던 말을 기억한다: '나는 나의 엄마가 정말로 나를 사랑한다고 생각하지 않아요. 그녀는 항상 내가 원하는 모든 것을 주지만, 나를 진정으로 사랑하지는 않아요.' 그것은 맞는 말이었다; 그의 엄마는 열심히 노력했지만, 그녀 자신이 커다란 문제들을 갖고 있었고, 그것들이 그녀의 아이들을 다루는 데 장애물로 작용했다. 그런 점에서, 이 소년이 거리를 두고 그의 엄마를 볼 수 있게 된 것은 아주 건강한 현상이다. 그는 가정 상황과 새로운 방식으로 씨름할 준비를 마친 상태로 집으로 돌아갔다.

일부 부모들은 그들 자신들이 갖고 있는 어려움들 때문에 이상적인 부모가 되지 못한다. 이것이 병원 방문에 어떤 영향을 미치는가? 만약 부모들이 방문했을 때 아이들 앞에서 말다툼을 한다면, 그것은 당연히 아이에게 고통스러운 일이고, 아이는 나중에 그것에 대해 걱정을 할 것이다. 그런 일은 아이의 신체 건강의 회복에 심각하게 영향을 줄 수 있다. 어떤 부모들은 그들의 약속을 전혀 지킬 수가 없다; 그들은 언제 다시 올 거라고 말하고, 어떤 특별한 장난감이나 책을 가져오겠다고 약속하지만, 약속을 지키지 않는다. 그런가 하면, 비록 선물과 옷을 사다주고 온갖 일들을 다 해주면서도, 적절한 순간에 아이를 안아줄 수 없는 부모들도 있다. 그런 부모들은 병동의 힘든 상황에 있는 그들의 아이를 사랑하는 것이 더 쉽다고 느낄 수 있다. 그들은 일찍 와서 가능한 한 오래 머물고, 점점 더 많은 선물들을 가져온다. 그들이 떠나고 난 후에, 아이는 거의 숨쉴 공간조차 없게 된다. 언젠가 한 소녀는 나에게 (크리스마스가 가까웠을 때) 애원을 했다: '내 침대에서 모든 선물들을 치워주세요.' 그녀는 그녀의 기분과는 아무런 상관이 없는 이러한 간접적인 형태의 사랑 표현에 짓눌린 상태에 있었다.

지배적이고, 신뢰할 수 없으며, 쉽게 흥분하는 부모들을 가진 아이들은 방문이 불허된 병원에 있는 동안에 커다란 쉼을 얻을 수 있다. 병동의 책임 간호사는 이런 아이들을 일부 돌보고 있는데, 그녀는 때로는 그런 기간을 갖는 것이 모든 아이들에게 더 낫다는 견해를 갖고 있다. 또한 그녀는 부모들이 너무 먼 곳에 살고 있어서 병원 방문이 힘든 아이들을 돌보고 있는데, 가장 힘든 아이들인, 아예 부모들이 없는 아이들도 돌보고 있다. 당연히, 이런 아이들을 돌보는 데는 방문 시간이 아무런 도움이 되지 않으며, 그들은 인간에 대한 믿음 부족 때문에 그녀와 다른 간호사들을 특별히 힘들게 만든다. 좋은 가정을 갖지 못한 아이들에게 병원에 머무는 동안의 삶은 첫 번째 좋은 경험일 수 있다. 그들 중 일부는 인간에 대한 믿음이 너무 부족한 나머지 슬퍼할 수조차 없다; 그들은 어떤 아이들을 만나든지 그들을 친구로 만들어야 하고, 혼자 있을 때에는 몸을 앞뒤로 흔들거나, 머리를 베개나 침대 모서리에 반복적으로 부딪치는 행동을 해야 한다. 당신은 당신의 아이를 병동에 있는 이런 박탈된 아이들로 인해 고통 받게 할 이유가 없겠지만, 동시에 이러한 불운한 아이들을 돌봐야 하는 책임 간호사는 자신들의 부모들에 의해 방문을 받는 다른 아이들이 있다는 사실로 인해 더 많이 힘들어질 수 있다는 것을 알아야만 한다.

모든 일이 순조로울 때, 병원에 머무는 것이 주는 주된 영향은 나중에 아이들이 새로운 놀이를 하게 되는 것이다; 그 놀이에는 '아빠들과 엄마들'이 나오고, 그 다음에는 물론 '학교들'이 나오는데, 이제는 '의사들과 간호사들'이 등장한다. 때로는 아기가 병원놀이의 희생자가 되고, 때로는 인형, 개, 또는 고양이가 환자가 된다.

내가 말하고자 하는 요지는, 병원에 있는 아이들에 대한 빈번한 방문을 허용한 것은 중요한 진보적 발걸음이며, 사실 너무 늦은 감이 있는 개혁이라는 것이다. 나는 이 새로운 경향성을 고통을 줄여주는 것이라는 점에서 환영하며, 특히 걸음마 나이의 아이들이 병원에 입원해야 할 경우에, 부모의 병원 방문은 전적으로 좋은 것이라고 결정할 수 있다. 나는 매우 실제적인 것일 수 있는, 그 개혁이 야기할 수 있는 어려움들에 대해 관심을 기울였는데, 그것은 내가 병원 방문을 그만큼 중요하게 생각하고 있기 때문이다.

오늘날 우리가 아동 병동에 들어갈 때면, 우리는 침대 위에 서서 말할 수 있는 누군가를 열심히 찾고 있는 어린 아이를 보게 되고, '우리 엄마가 나를 보러 온대요'라는 인사말을 듣는다. 이 자랑스러운 뽐내기는 새로운 현상이다. 세 살 된 어린 남자아이가 있었는데, 간호사들은 그의 울음을 달랠 수 있는 방법을 찾기 위해 애쓰고 있었다. 안아주는 것도 소용이 없었다; 그는 그것을 원치 않았다. 마침내 그들은 그의 침대 옆에 특정한 의자를 놓아주면, 그가 행복해한다는 것을 발견했다. 얼마 후에 그는 이렇게

설명할 수 있었다: '우리 아빠가 내일 나를 보러오면, 이 의자에 앉을 거예요.'

우리가 알 수 있듯이, 병원을 방문하는 문제 안에는 단순히 손상을 예방하는 것 그 이상의 것이 있다; 그러나 부모들이 그것에 따른 어려움들을 이해하려고 시도하는 것은 좋은 생각이다. 그럴 때, 의사들과 간호사들은 그들이 좋은 것으로 알고 있는 것을 지켜낼 수 있을 것이다. 그러나 그들은 또한 그것이 그들이 당신을 위해서 하고 있는 책임 있는 일의 질을 떨어뜨릴 수 있다는 것을 알고 있다.

제 34 장
청소년 비행의 측면들

　청소년기 비행은 방대하고 복잡한 주제이지만, 나는 반사회적인 아이들과 그들의 비행이 가정생활의 박탈과 어떤 관련성을 갖고 있는지에 대해 간단하게 말해보겠다.

　학교에서 행하는 정신건강 진단에서, 일부 학생들이 정상(또는 건강)에서 정신분열증에까지 분포되어 있다는 것을 당신은 알고 있을 것이다. 하지만 모든 비행들을 한데 묶어주는 것이 있다. 그것이 무엇인가?

　보통의 가정에서, 한 남자와 한 여자, 남편과 아내는 그들의 자녀들에 대해 공동으로 책임을 진다. 아기가 태어나면, 엄마는 (아빠의 도움을 받아) 아기를 양육하고, 아기 각자의 성격에 대해 배우고, 각자의 개인적 문제—그것이 사회의 가장 작은 단위인 가정에 영향을 미치기 때문에—에 대처한다.

　정상적인 아이는 어떤 아이인가? 그는 단지 먹고 성장하고 상냥하게 미소 짓는가? 전혀 그렇지 않다. 아빠와 엄마에 대한 신뢰가 있는 정상적인 아이는 온갖 말썽을 부린다. 시간이 지나면서 그는 무너뜨리고, 파괴하고, 위협하고, 지치게 하고, 낭비하고, 책략을 꾸미고, 착복하는 자신의 힘을 시험한다. 사람들을 법정(또는 정신병원)으로 데려가는 모든 일들은 유아기와 초기 아동기 동안에 아이가 자신의 가정에서 했던 것들의 정상적인 등가물이다. 만약 가정이 아이가 무너뜨리기 위해 할 수 있는 모든 것을 견뎌줄 수 있다면, 그는 놀이를 시작할 것이다; 그러나 먼저 시험을 해야 하는데, 만약 부모들 사이의 관계와 가정의 안정성이 의심스럽다면, 특히 그렇다. 처음에 아이가 자유롭다고 느끼기 위해서는, 놀이를 할 수 있기 위해서는, 자기 자신의 그림을 그릴 수 있기 위해서는, 당분간 무책임한 아이가 될 수 있기 위해서는, 안전한 틀에 대한 인식이 필요하다.

왜 그래야만 하는가? 정서적 발달의 초기 단계들은 잠재적인 갈등과 붕괴로 가득 차있는 것이 사실이다. 외부 현실과의 관계는 아직 확고하게 뿌리내리지 못했고, 인격은 아직 통합되지 않았으며, 원시적인 사랑은 아직 파괴적인 목적을 갖고 있고, 어린 아이는 본능을 견디고 대처하는 법을 아직 익히지 못했다. 그는 만약 주변 환경이 안정적이고 인간적이라면, 이러한 말썽들을 부릴 수 있고, 차츰 그것들 너머의 것들을 해낼 수 있다. 처음에 그가 정서적 발달에서의 진전을 이루기 위해서는 자신의 생각들과 상상들을 지나치게 두려운 것으로 느끼지 않아야 하는데, 그러기 위해서는 절대적으로 사랑과 힘이 있는(결과적으로 관용이 있는) 틀 안에서 살아야 할 필요가 있다.

그렇다면, 아이가 자신의 본성의 일부로서 틀이 필요하다는 아이디어를 갖기 전에 가정이 실패한다면, 무슨 일이 일어나는가? 일반적인 생각은 '틀이 없다면', 그는 마음껏 삶을 즐길 수 있을 거라는 생각이다. 그러나 이것은 사실이 아니다. 자신의 삶의 틀이 깨진 것을 발견할 때, 그는 더 이상 자유롭다고 느끼지 못한다. 그는 불안해지고, 만약 희망을 갖고 있다면, 가정이 아닌 다른 곳에서 틀을 찾고자 할 것이다. 안전감을 주는 데 실패한 가정의 아이는 가정 바깥의 누군가에게서 안전감을 찾으려고 한다; 그가 희망을 갖고 있다면, 그는 조부모들, 삼촌들이나 이모부들, 이웃과 학교의 친구들에게서 찾고자 한다. 그가 이처럼 외적 안정성을 찾는 이유는, 그것 없이는 미칠 수 있기 때문이다. 만약 이것이 제때에 제공된다면, 그 안정성은 아이 안에서 마치 신체의 뼈가 자라나듯이 자라날 수 있을 것이고, 그때 삶의 첫 몇 개월과 몇 년이 지나면서 차츰 그는 의존에서 독립으로 그리고 관리가 필요한 단계로 옮겨갈 수 있을 것이다. 종종 아이는 그의 실제 가정에서 잃었던 것을 학교에서 찾는다.

반사회적 아이는 단지 그가 초기의 그리고 그의 정서적 성장의 필수적 단계들을 통과하는 데 필요한 안정성을 자신의 가족과 학교 대신에 사회에서 찾고자 하는 아이, 즉 약간 빗나간 곳을 바라보고 있는 아이이다.

나는 이것을 이렇게 표현한다. 아이가 설탕을 훔칠 때, 그는 자신의 것인 그의 엄마, 그가 달콤한 것을 취할 수 있는 권리를 갖고 있는 누군가를 찾고 있는 것이다. 사실 이 달콤한 것은 그의 것이다. 왜냐하면 그의 엄마와 그녀의 달콤함은 그가 자신의 사랑의 능력으로부터, 그리고 자신의 일차적 창조성으로부터 만들어낸 것이기 때문이다. 우리는 또한 그가 엄마에 대한 자신의 공격성으로부터, 즉 원시적 사랑에서 오는 공격성으로부터 그녀를 보호해줄 아빠도 찾고 있다고 말할 수 있다. 아이가 가정 바깥에서 훔친다면, 그는 아직도 그의 엄마를 찾고 있지만, 더 많은 좌절의 느낌과 함께 그렇게 하고 있고, 동시에 그의 충동적 행동의 실제 효과에, 그리고 흥분 상태에서 그에게 떠오르는 아이디어들의 행동화에 한계를 그어줄 수 있는 부성적 권위를 발견해야 할 점증하는 필요성을 갖는다. 심각한 비행의 경우, 관찰자인 우리 자신들이 힘들게 되는데, 그 이유는 우리가 그에게서, 그가 엄마를 발견할 때 그녀를 보호해줄 엄격한 아버지에 대한 아이의 절실한 필요를 만나기 때문이다. 아이가 불러내는 엄격한 아버지는 역시 사랑이 많은 사람일 수 있지만, 그는 무엇보다도 먼저 엄격하고 강해야만 한다. 엄격하고 강한 아버지 인물이 존재할 때만, 아이는 그의 원시적 사랑 충동, 죄책감, 그리고 망가진 것을 고치고 싶은 소망을 되찾을 수 있다. 비행 청소년은 문제를 일으키지 않는 한, 점점 더 사랑이 억제될 수 있을 뿐이고, 따라서 점점 더 우울하고 비인격화 될 수 있으며, 마침내 폭력적인 현실 외에는 전혀 현실을 느낄 수 없게 된다.

비행은 어느 정도 희망이 남아있음을 가리킨다. 아이가 반사회적으로 행동할 때, 우리는 그것이 꼭 아이의 병이 아니며, 반사회적 행동이 때로는 강하고 사랑이 있는 신뢰할 만한 사람들이 자신을 통제해줄 것을 요청하는 구조신호에 지나지 않는다는 것을 알 수 있다. 하지만 대부분의 비행 청소년들은 어느 정도 병을 앓고 있는데, 이때 병이라는 단어는 많은 경우에 아이의 초기 삶에서 안전감이 그의 믿음으로 충분히 내재화되지 못했다는 의미에서 적절한 것이 된다. 강한 관리 하에서, 반사회적 아이는 잘 지내는 것처럼 보일 수 있다; 그러나 자유가 주어지면, 그는 곧 광증의 위협을 느낀다. 따라서 그는 외부로부터의 통제를 재확립하기 위해서 (자신이 무엇을 하고 있는지 알지 못한 채) 사회에 대해 무례를 범한다.

삶의 초기 단계 동안에 가정에서 도움을 받았던 정상적인 아이는 스스로 통제하는 능력을 발달시킨다. 그는 좋은 환경을 발견하는 경향성을 지닌, 때로는 '내적 환경'이라고 불리는 것을 발달시킨다. 좋은 내적 환경을 발달시킬 수 있는 기회를 갖지 못했던, 반사회적인 병든 아이는 행복하기 위해서 그리고 놀이하고 일할 수 있기 위해서, 외부에서 오는 통제를 절대적으로 필요로 한다. 이 정상적인 아이들과 반사회적인 병든 아이들의 양극단

사이에는, 몇 해 동안 사랑이 있는 사람들에 의한 통제가 일관되게 주어질 수 있다면, 아직도 안정성의 믿음을 성취할 수 있는 아이들이 있다. 그리고 예닐곱 살 된 아이는 열 살이나 열한 살 된 아이보다 이런 식으로 도움을 받을 수 있는 가능성이 더 높다.

전쟁기간 동안에 우리들 중의 많은 사람들은 도시의 폭격을 피해 시골로 보낸 아이들 중에 특히 위탁받은 가정에서 생활이 어려웠던 아이들을 위한 호스텔에서, 가정생활이 박탈된 아이들에게 바로 이러한 안정된 환경을 제공해주는 실험을 했다. 전쟁기간 동안 반사회적 경향성을 가진 아이들은 아픈 아이들로 취급되었다. 부적응 아이들을 위한 특수학교는 호스텔로 대체되었는데, 그것은 사회를 위한 예방적인 역할을 수행했다. 그것은 비행을 질병으로 취급했는데, 그 이유는 대부분의 아이들이 아직 소년원으로 보내지기 전이었기 때문이었다. 그곳은 확실히 개인의 질병으로서의 비행을 치료할 수 있는 장소였고, 확실히 연구와 경험을 얻을 수 있는 기회의 장소였다. 우리 모두는 몇몇 학교들에서 확인된 훌륭한 작업에 대해 알고 있지만, 그 아이들 중 대부분이 나중에 유죄판결을 받고 소년원으로 보내졌다는 사실은 상황을 어렵게 만든다.

때로는 비적응 아이들을 위한 기숙-가정(boarding-homes)이라고 불린 이 호스텔에서는 반사회적 행동을 병든 아이들의 S.O.S.로 보는 사람들이 자신들의 역할을 수행할 수 있었고, 그 실험에서 배울 수 있는 기회가 있었다. 전쟁기간 동안 보건부(Ministry of Health) 산하의 각 호스텔과 호스텔 집단에는 관리 위원회가 있었는데, 내가 참여했던 집단에서 일반 시민으로 구성된 위원회는 호스텔의 세부적인 일들에 진정으로 관심을 가졌고 책임을 졌다. 확실히 많은 치안판사들이 그 위원회 멤버로 선출되었고, 그래서 아직 소년원으로 보내지지 않은 아이들의 실제적인 관리 문제와 직접적으로 접촉할 수 있었다. 대안학교들과 호스텔들을 방문하거나 사람들이 하는 말을 듣는 것만으로는 충분하지 않았다. 유일하게 흥미로운 방식은, 비록 간접적이지만, 반사회적 행동을 하는 경향이 있는 소년들과 소녀들을 관리하는 사람들을 현명하게 지원해주는 것을 통해서, 일정 책임을 함께 지는 것이었다.

소위 비적응 아이를 위한 학교들에서 우리는 치료적 목적으로 자유롭게 작업할 수 있는데, 이것이 많은 차이를 만들어낸다. 실패한 사례들은 결국 법정으로 갈 것이지만, 성공한 사례들은 사회의 건전한 시민들이 될 것이다.

이제 가정생활이 박탈된 아이들의 주제로 돌아가 보자. 그들을 방치하는 것(비행소년으로서 소년원으로 보내는 경우)과는 별개의 문제로, 그들은 두 가지 방식으로 다루어질 수 있다. 하나는 개인적인 심리치료를 받는 것이고, 다른 하나는 개인적 돌봄과 사랑이 있는 강하고 안정된 환경을 제공한 다음에, 점진적으로 자유의 양을 늘려주는 것이다. 사실상, 이 후자가 없이는 전자(개인적 심리치료)도 성공하지 못하기 십상이다. 적절한 대체-가정을 제공해줄 때, 심리치료는 불필요한 것이 될 수 있는데, 이것은 심리치료를 받는다는 것이 실질적으로 거의 불가능한 것이라는 점에서 다행스러운 일이다. 많은 경우 긴급하게 필요한 개인적 치료를 제공하기 위해서는 적지 않은 수의 분석가들을 필요로 하지만, 제대로 훈련받은 정신분석가들이 나오기까지는 앞으로도 여러 해가 걸릴 것이다.

개인 심리치료는 아이가 정서적 발달을 완성하는 것을 가능케 하는 것을 목표로 한다. 이것은 외적 및 내적으로 실제로 있는 것에 대한 현실감을 느끼는 능력과, 개인의 인격의 통합을 확립하는 것을 포함해서, 많은 것들을 의미한다. 완전한 정서적 발달은 이것을 그리고 더 많은 것을 의미한다. 이러한 가장 근본적인 것들 다음에는 관심과 죄책감의 느낌이, 그리고 보상하고자 하는 초기 충동이 뒤따른다. 그리고 가족 안에는 최초의 삼각관계 상황들과, 가정에서의 삶에 속한 모든 복잡한 대인관계적 관계들이 생겨난다.

게다가, 이 모든 것이 순조롭고 아이가 자신과 성인들 및 다른 아이들과의 관계를 관리할 수 있게 된다고 해도, 그는 여전히 우울한 엄마, 가끔씩 미친 행동을 하는 아빠, 잔인한 성향을 가진 형제, 발작을 하는 자매 등과 같은 복잡한 문제들을 다루기 시작해야만 한다. 우리가 이런 것들을 더 많이 생각할수록, 우리는 유아들과 어린 아이들이 어째서 그들 자신들의 가족이라는 배경을 필요로 하는지, 그리고 가능하다면 물리적 환경의 안정성을 필요로 하는지를 이해하게 된다; 그리고 그러한 고려로부터 우리는 가정생활을 박탈당한 아이들에게 개인적이고 안정된 틀을 제공해 주어야만 한다는 것과, 아이가 그것을 어느 정도 사용할 수 있는 충분히 어린 시기에 제공해 주어야 한다는 것을 알게 된다. 만약 그렇지 못할 때, 그들은 나중에 우리로 하여금 대안학교의 형태, 또는 최종적으로는, 사방이 벽으로 둘러싸인 감방의 형태를 띤 틀을 제공하도록 강요할 것이다.

이런 식으로 나는 '안아주기', 그리고 의존을 받아주기라는 아이디어로 되돌아온다. 반사회적인 병든 아이나 성인을 안아주도록 강요받는 것보다는 애초에 유아를 '안아주는' 것이 얼마나 더 나은가.

제35장
공격성의 뿌리

독자는 이 책 전체에 실려 있는 다양한 내용으로부터 내가 아기들과 아이들이 비명을 지르고 깨물고 발로 차고 엄마의 머리카락을 잡아 뽑고, 공격적이거나 파괴적인 충동을 갖고 있으며, 이런저런 방식으로 유쾌하지 못한 존재임을 알고 있다는 것을 알고 있을 것이다.

아기들과 아이들을 돌보는 것은 관리를 필요로 할 수 있는, 그리고 분명히 이해를 필요로 하는 파괴적인 사건들에 의해 복잡해질 수 있다. 나는 지금 공격성의 뿌리에 대해 이론적으로 서술하고자 하는데, 그것은 공격성의 뿌리에 대한 이해가 이러한 일상적인 사건들에 대한 이해를 도울 것으로 기대되기 때문이다. 이 책의 독자들 중의 많은 사람들이 심리학을 공부하는 사람들이 아닌 실제로 아이나 유아를 돌보는 일에 참여하고 있는 사람들이라는 점을 고려할 때, 과연 내가 이 방대하고 어려운 주제를 공정하게 다룰 수 있을지 궁금하다.

한 마디로 말해서, 공격성은 두 가지 의미를 갖고 있다. 하나는 그것이 직접적으로든 간접적으로든, 좌절에 대한 반응이라는 것이다. 다른 하나는 그것이 개인의 에너지의 두 개의 주된 원천들 중의 하나라는 것이다. 이 단순한 진술에 대한 추가적인 고려는 무한히 복잡한 문제들을 발생시키는데, 여기에서 나는 주된 주제에 대한 설명으로부터 이야기를 시작해보겠다.

공격성이 아이의 삶 안에서 자체를 드러낼 때, 우리는 단순히 그것에 대해 말할 수만은 없다는 생각에 독자는 동의할 것이다. 그 주제는 그것보다 더 광범위한 것이다; 어쨌든 우리는 계속해서 발달하고 있는 아이를 다루고 있고, 우리가 가장 깊은 관심을 갖는 것은 한 가지 사실이 다른 한 가지 사실로부터 자라나는 현상이다.

때로 공격성은 자체를 분명하게 드러내고, 스스로를 표출하거나, 그것을 만나주고 손상을 막아주기 위해 무언가를 하는 누군가를 필요로 한다. 마찬가지로 종종 공격적 충동은 노골적으로 드러나지 않고, 그 반대 형태로 드러난다. 아마도 이러한 다양한 종류의 공격성의 반대 형태들을 살펴보는 것은 좋은 생각일 것이다.

먼저 나는 일반적인 관찰을 시도할 것이다. 현재의 우리를 만들어준 그리고 우리를 개별적으로 고유한 존재로 만들어준 유전적 요인들이 있음에도 불구하고, 모든 개인들은 본질적으로 같다고 가정하는 것이 현명하다. 이 말은, 인간 본성 안에는 모든 유아들과 아이들 그리고 연령에 상관없이 모든 사람들에게서 발견되는 얼마의 특징들이 있으며, 성, 인종, 피부 색깔, 신조, 또는 사회적 상황과 상관없이, 초기 유아기에서 성인의 독립에 이르기까지의 인간 인격의 발달을 포함하는, 모든 인간 존재에 적용할 수 있는 포괄적인 진술이 가능하다는 것을 의미한다. 겉으로 드러난 모습들은 다를 수 있지만, 인간의 문제들 안에는 공통분모가 있다. 한 유아는 처음부터 공격적인 경향성을 보일 수 있고, 다른 유아는 공격성을 거의 보이지 않을 수 있다; 하지만 그들 각자는 동일한 문제를 갖고 있다. 그 두 아이들은 단순히 그들의 공격적 충동이라는 문제를 각기 다른 방식으로 다루고 있을 뿐이다.

만약 우리가 개인 안에서 공격성이 시작되는 것을 살펴보고 이해하려고 시도한다면, 우리는 유아가 움직인다는 사실과 만난다. 이것은 심지어 탄생 이전부터 태아의 몸 비틀기뿐만 아니라, 임산부로 하여금 태동을 느낀다고 말하게 만드는 좀 더 갑작스러운 팔다리의 움직임에서 시작된다. 유아의 신체의 한 부분이 움직이고, 그 움직임에 의해 어떤 것을 만난다. 관찰자는 아마도 이것을 '때리기' 또는 '발차기'라고 부를 수 있겠지만, 유아(탄생 전이건 탄생 직후이건)가 아직 행동에 대한 분명한 이유를 가질 수 있는 사람이 되지 않았기 때문에, 거기에는 치거나 발로 차는 주체가 빠져있다.

따라서 모든 유아에게는 이러한 움직이는 경향성이 있고, 움직임에서 그리고 움직일 때 어떤 것을 만나는 경험에서 일종의 근육 쾌락을 얻는 경향성이 있다. 이러한 특징을 따라서, 우리는 단순한 움직임으로부터 분노를 표현하는 행동으로, 그리고 증오와 증오의 통제를 나타내는 상태로의 진전을 주목하는 방식으로, 유아의 발달을 서술할 수도 있을 것이다. 우리는 계속해서 우연한 때리기가 실제로 손상을 가져오는 방식을 서술할 수 있고, 이런 맥락에서 우리는 사랑과 증오 모두의 대상을 보호하고자 하는 모습을 볼 수 있다. 게다가 우리는 파괴적인 아이디어들과 충동들의 조직이 개인적인 아이 안에서 행동 패턴으로 자리 잡는 과정을 추적할 수 있다; 그리고 건강한 발달에서, 이 모든 것은 의식적 및 무의식적인 파괴적인 아이디어들과 그런 아이디어들에 대한 반응들이, 아이의 놀이와 꿈에서뿐만 아니라 아이의 직접적인 환경 안에서 파괴될 만한 것으로 여겨진 것에 대해 사용되는 공격성에서 모습을 드러낸다는 것을 보여줄 수 있다.

우리는 이러한 초기 유아기의 때리기가 유아의 자기(self)가 아닌 세계에 대한 발견으로 인도하는 것이 아니라, 외부 대상들과의 관계의 시작에 대한 발견으로 인도한다는 것을 알 수 있다. 그러므로 곧 공격적인 행동으로 드러날 그것은 처음에 움직임으로, 그리고 탐구의 시작으로 인도하는 단순한 충동이다. 공격성은 항상 이런 방식으로 자기와 자기가 아닌 것 사이의 분명한 구별의 확립과 연결되어 있다.

나는 모든 인간 존재들이, 그들 각자가 고유한 존재라는 사실에도 불구하고, 본질적으로 같다는 사실을 분명히 했다고 믿기 때문에, 이제는 공격성의 여러 가지 반대 형태들에 대해서 말해 보겠다.

한 예로, 과감한 아이와 소심한 아이 사이의 대비를 들 수 있다. 한 아이에게는 공격성과 적대감의 공개적인 표현에 속하는 해방감을 얻고자 하는 경향성이 있고, 다른 아이에게는 자기 안에서가 아니라 다른 곳에서 이 공격성을 발견하고, 그것을 두려워하거나 그것이 외부 세계로부터 자신에게 올 것을 기대하면서 걱정하는 경향성이 있다. 첫 번째 아이는 그가 표현된 적대감이 제한된 것이고 소진될 수 있는 것임을 발견하기 때문에 다행인 반면, 두 번째 아이는 결코 만족스러운 최종 지점에 도달하지 못하고, 계속해서 어려움을 기대하기 때문에 불행하다. 그리고 실제로 그것이 문제가 되는 사례들이 존재한다.

어떤 아이들은 확실하게 다른 아이들의 공격성 안에서 그들 자신의 통제된(억압된) 공격적 충동을 보는 경향이 있다. 이것은 박해가 더 이상 공급되지 않고, 그것이 망상에 의해 만들어져야 할 때, 불건강한 방식으로 발달할 수 있다. 따라서 우리는 아이가 항상 박해를 기대하고 있고, 아마도 상상 속의 공격에 대한 방어 차원에서 공격적이 되는 것을 발견한다. 이것은 병이지만, 거의 모든 아이가 발달의 어느 한 단계에서 겪는 패턴이기도 하다.

공격성이 반대 형태로 표현되는 또 다른 종류에서, 우리는 공격성을 '내면에' 간직하는, 그래서 경직되고 과잉 통제된 그리고 항상 진지한 아이를 만날 수 있다. 거기에는 자연스럽게 모든 충동들이 억제되고, 그래서 창조성이 억압되는 결과가 따라올 수 있다. 왜냐하면 창조성은 유아기와 아동기의 무책임성과 그리고 자유로운 삶과 뗄 수 없이 연결되어 있기 때문이다. 그럼에도 불구하고, 공격성이 억압되는 경우, 비록 아이가 내적 자유라는 측면에서 무언가를 상실하는 것은 사실이지만, 거기에는 다른 사람에 대한 얼마의 배려와 자신의 무자비성으로부터 세상을 보호하고자 하는 충동과 함께, 자기-통제가 발달하기 시작했음을 보여주는 신호가 있다. 왜냐하면, 건강할 경우 아이는 다른 사람의 입장에 서볼 수 있는 능력과, 외부 대상들 및 사람들과 동일시하는 능력을 발달시키기 때문이다.

과도한 자기-통제와 관련해서 한 가지 거북한 사실은, 파리 한 마리도 상처 입히지 못하는 착한 아이가 주기적으로 공격적인 감정과 행동을 보이고, 짜증 발작을 하거나, 아이 자신은 말할 것도 없이 그 누구에게도 도움이 되지 않는 악독한 행동을 하는 모습을 보이는 것이다. 아마도 그 아이는 그런 일이 있은 후에, 무슨 일이 있었는지 기억조차 못할 것이다. 여기에서 부모가 할 수 있는 것은 그러한 거북한 사건을 견뎌내는 방법을 발견하는 것이고, 아이가 성장하면서 보다 의미 있는 공격성의 표현을 발달시키는 것을 희망하는 것이다.

아이의 공격적인 행동에 대한 보다 성숙한 대안은 아이가 꿈을 꾸는 것이다. 꿈꾸기 안에서 파괴와 살인은 환상 속에서 경험되고, 꿈꾸기는 신체의 흥분의 정도와 관련되는데, 그것은 단순히 지적인 활동이 아니라 실제 경험이다. 꿈을 꿀 수 있는 아이는 혼자서 또는 다른 아이들과 함께 온갖 종류의 놀이를 할 수 있다. 만약 꿈이 너무 많은 파괴성을 담고 있거나, 신성한 대상들에 대한 너무 심한 위협을 포함하고 있다면, 또는 혼돈이 지배한다면, 그때 아이는 비명을 지르며 잠에서 깰 것이다. 여기에서 엄마는 함께 있어줌으로써 그리고 아이가 악몽에서 벗어나는 것을 도와줌으로써 자신의 역할을 할 것이고, 그 결과 외부 현실이 다시 한 번 안도감을 주는 역할을 하게 될 것이다. 이 깨어나는 과정은 반 시간은 족히 걸릴 수도 있다. 그리고 악몽 그 자체는 이상하게도 아이에게 만족스러운 경험일 수 있다.

여기에서 나는 꿈꾸기와 백일몽 사이를 분명히 구분해야 할 것 같다. 내가 말하고 있는 것은 깨어있는 삶 동안의 환상들을 꿈과 연결시키자는 것이 아니다. 백일몽과 반대되는 것으로서의 꿈꾸기의 본질은 꿈꾸는 자가 잠을 자고 있고, 잠에서 깰 수 있다는 것이다. 꿈은 잊혀질 수 있지만, 그것은 꿈꾸어진 것이고, 이 점이 중요하다. (거기에는 또한 아이의 깨어있는 삶 안으로 쏟아져 들어오는 진정한 꿈이 있지만, 그것은 또 다른 이야기이다.)

나는 환상에서 그리고 꿈꾸어질 수 있는 것의 전체 저장소에서, 그리고 심지어 가장 깊은 무의식의 층에서 꺼내온 놀이에 대해 말했다. 여기에서 우리는 아이가 상징을 수용하는 것이 건강한 발달에서 중요한 부분을 차지한다는 것을 어렵지 않게 알 수 있다. 하나의 사물이 다른 하나를 '나타내는데', 거기에는 벌거벗은 진실에 속한 거칠고 거북한 갈등들로부터 해방되는 일이 발생한다.

아이가 엄마를 애틋하게 사랑하는데 또한 그녀를 먹고 싶어하는 것; 또는 아이가 아빠를 사랑하는 동시에 증오하면서도 사랑이나 증오를 삼촌에게 전치시킬 수 없는 것; 또는 아이가 새로 태어난 아기를 없애버리기를 원하면서도 그 감정을 장난감을 잃어버리는 것을 통해서 만족스럽게 표현할 수 없는 것 등은 거북한 모습이다. 세상에는 그런 아이들이 있고, 그들은 그저 고통을 받는다.

하지만 보통 상징의 수용은 일찍 시작된다. 상징의 수용은 아이의 삶의 경험에 여유 공간을 준다. 예컨대, 유아가 매우 초기에 어떤 특별한 물건을 애지중지 껴안고 다니기 시작할 때, 그것은 그것 자체를 나타내는 동시에 엄마를 나타낸다. 그때 그것은 엄지손가락을 빠는 아이에게 엄지손가락이 그런 것처럼 연합의 상징이고, 이 상징은 나중에 획득되는 어떤 소유물보다 더 소중하게 취급되는 동시에 공격을 받는다.

상징의 수용에 기초해 있는 놀이는 무한한 가능성을 갖고 있다. 그것은 아이로 하여금 자라나는 정체성의 느낌을 위한 기초인, 그의 개인적인 심리적 현실 안에서 발견되는 모든 것을 경험할 수 있게 해준다. 거기에는 사랑과 마찬가지로 공격성이 있다.

성숙해가는 아이 안에는 파괴에 대한 또 다른 대안이 출현하는데, 건설하고자 하는 충동이다. 나는 호의적인 환경적 조건 하에서, 성장하는 아이가 자신의 본성의 파괴적인 측면을 책임지는 것과 관련된, 건설적인 충동이 작용하는 복잡한 방식에 대해서 서술하려고 시도해왔다. 건설적인 놀이가 나타나고 유지되는 것은 아이가 건강하다는 것을 말해주는 가장 중요한 신호이다. 이것은 신뢰가 그런 것처럼, 이식(移植)할 수 없는 것이다. 그것은 시간이 지나면서 부모들이나 부모역할을 하는 사람들의 환경 안에서 경험된 아이의 총체적인 삶의 결과로서 출현한다.

공격성과 건설적인 충동 사이의 이 관계는, 만약 우리가 아이에게서 그가 소중하게 여기는 사람들을 위해 무언가를 할 수 있는 기회를, 그들에게 기여할 수 있는 기회를, 가족의 필요를 만족시키는 일에 참여할 수 있는 기회를 박탈한다면, 시험에 처하게 될 것이다. '기여'라는 말에서 내가 의미하는 것은 즐거움을 위해 어떤 것을 하는 것, 또는 누군가처럼 되는 것이지만, 동시에 이것이 엄마의 행복이나 가정을 꾸려나가는 데 필요한 것임을 발견하는 것이다. 그것은 마치 세상 안에서 '자신에게 맞는 일'을 발견하는 것과도 같다. 아이는 아기를 돌보거나 잠자리를 마련하거나 청소기를 돌리거나 과자를 만드는 상상놀이에 참여하는데, 만족스러운 참여의 조건은 그러한 상상이 누군가에 의해 진지하게 받아들여지는 것이다. 만약 그 놀이가 조롱당한다면, 그것은 단순한 흉내가 될 것이고, 아이는 신체적인 무능감과 자신이 소용없는 존재라는 느낌을 경험할 것이다. 이 지점에서, 아이는 쉽게 노골적인 공격성이나 파괴성을 폭발시킬 수 있다.

실험들과는 별도로, 그런 상태는 보통의 상황에서도 일어날 수 있는데, 그런 일은 아이가 받는 것보다 더 많이 주어야 할 욕구를 갖는다는 사실을 이해해주는 사람이 아무도 없을 때 일어난다.

건강한 유아의 활동은 자연스러운 움직임과 사물들에 강하게 부딪치는 경향성에 의해 특징지어지고, 유아가 점차로 분노, 증오, 보복의 느낌을 표현하는 데 비명지르기와 침 뱉기 그리고 오줌과 똥 싸기를 사용한다는 것을 우리는 알고 있다. 아이는 동시에 사랑하고 증오할 수 있는 상태에 도달하고, 모순을 수용하게 된다. 공격성과 사랑의 융합을 보여주는 가장 중요한 활동은 생후 5개월 이후로 의미 있게 되는 깨무는 충동과 함께 온다. 마침내 이것은 온갖 종류의 음식을 먹는 것에 수반되는 쾌락 안으로 함입된다. 하지만, 깨무는 것을 흥분되게 만드는 것은, 즉 깨무는 아이디어를 산출하는 것은 본래 어머니의 신체, 즉 좋은 대상이다. 이처럼 음식은 엄마의 신체, 또는 아빠나 다른 사랑하는 사람의 신체에 대한 상징으로서 받아들여진다.

그것은 모두 매우 복잡한 것이고, 아기와 아이가 공격적인 아이디어들과 흥분을 숙달하고, 증오에서건 사랑에서건 적절한 순간에 공격적이 될 수 있는 능력을 상실하지 않고서 그것들을 통제할 수 있기 위해서는, 많은 시간이 필요하다.

오스카 와일드는 이렇게 말했다: '모든 사람은 그가 사랑하는 것을 죽인다.' 날마다 우리가 보는 것은 사랑의 행위를 할 때 상처가 발생한다는 것이다. 아이 돌봄에서 우리는 아이들이 자신들이 상처 입히는 것을 사랑하는 경향이 있다는 것을 본다. 상처 입히는 것은 아이의 삶의 일부이며, 문제는 당신의 아이가 살아가고, 사랑하고, 놀이하고, 그리고 마침내 일하는 과제를 위해 이 공격적인 힘을 조절하는 방식을 어떻게 발견할 것인가이다.

* * *

이것이 전부가 아니다. 여전히 다음과 같은 질문이 남아있다: 공격성이 발생하는 지점은 어디인가? 우리는 새로 태어난 유아의 발달과정 안에는 첫 번째 자연스러운 움직임이 있고, 비명지르기가 있으며, 이것들이 즐거운 것일 수 있지만, 유아가 아직 사람으로서 적절히 조직되지 않았기 때문에 분명한 공격적 의미를 갖고 있지는 않다는 것을 살펴보았다. 하지만 우리는 유아가 어떻게 그토록 일찍이 세상을 파괴하는 데 이르게 되는지 알 필요가 있다. 우리가 살고 있고 사랑하는 세상을 실제로 파괴시킬 수 있는 것은 이 '융합되지 않은' 유아기 파괴성의 잔여물이라는 점에서, 이것을 결정적인 중요성을 갖는다. 유아기 마법 안에서는 눈을 감는 것에 의해 세상이 멸절될 수 있고, 새로운 필요성의 단계에서 새롭게 바라보는 것에 의해 다시 창조될 수 있다. 독들과 폭발물들은 유아기 마법에 마법과는 정반대되는 현실을 가져다준다.

유아들의 대다수는 가장 초기 단계에서 충분히 좋은 돌봄을 받은 덕택에 상당한 정도의 통합이 인격 안에 이루어진 상태이고, 따라서 그들에게서 전적으로 무의미한 파괴성이 대대적으로 분출할 수 있는 위험은 거의 없다. 예방적 조치와 관련해서 우리에게 가장 중요한 것은, 가족생활을 하는 동안 각 유아의 성장과정을 촉진시키는 일에서 부모들이 수행하는 역할을 인식하는 것이다; 그리고 특히 우리는 아주 초기에, 즉 엄마에 대한 유아의 관계가 순수하게 신체적인 것에서 유아가 엄마의 태도를 만나는 심리적인 것으로 변할 때, 그리고 순수하게 물리적인 것이 정서적 요인들에 의해 풍부해지고 복잡해지기 시작할 때, 엄마가 하는 역할을 평가하는 법을 배울 수 있다.

그러나 거기에는 이런 질문이 남는다: 우리는 인간 존재 안에 내재되어 있는, 또는 자기-통제 하에 억눌려 있는 파괴적 활동과 그것의 등가물의 근저에 있는, 이 세력의 기원에 대해 알고 있는가? 그것의 배후에 있는 모든 것은 마술적인 파괴이다. 이것은 발달의 아주 초기 단계에 있는 유아에게 정상적인 것이고, 마술적인 창조와 나란히 가는 것이다. 모든 대상들의 원시적 또는 마술적 파괴는 대상들이 '나'의 일부로부터 '나 아닌 것'으로, 그리고 주관적인 현상으로부터 객관적으로 지각된 것으로 변화한다는 사실에 속해 있다. 보통 그런 변화는 발달하는 유아 안에서 일어나는 점진적인 변화들에 따라오는 미세한 점진적 이행을 통해 발생하지만, 모성적 제공에 결함이 있을 경우, 이 동일한 변화들은 갑자기 그리고 유아가 예측할 수 없는 방식으로 발생한다.

초기 발달의 이 결정적인 단계 동안에 민감한 방식으로 각각의 유아를 취급하는 것을 통해서, 엄마는 유아에게 그 자신의 마술적 통제 바깥에 있는 세상의 존재를 인식하는 데 따른 충격을 다루는 온갖 종류의 방식들을 획득하는 데 필요한 시간을 벌어준다. 만약 성숙과정을 위한 시간이 허용된다면, 그때 유아는 마술적으로 세상을 멸절시키는 대신에, 파괴적이 될 수 있고, 증오할 수 있으며, 발로 차고, 비명을 지를 수 있을 것이다. 이런 식으로 보면, 실제 공격성은 하나의 성취이다. 우리가 개인의 정서발달 전체 과정을 그리고 특히 가장 초기 단계들을 고려한다면, 마술적 파괴성에 비해 공격적 아이디어와 행동은 긍정적인 가치를 갖게 되고, 증오는 문명의 징표가 된다.

이 책에서 나는 충분히 좋은 엄마 역할과 부모 역할이 있는 곳에서 대다수의 유아들이 건강을 형성하는 단계들, 마술적 통제와 파괴를 옆으로 제쳐두고 모든 다정한 관계들과 나란히 그들 안에 있는 공격성을 즐기는 능력을 발달시키는 단계들, 그리고 아동기 삶을 구성하는 개인적인 내적 풍부함이 발달하는 미묘한 단계들에 대해 서술하려고 시도했다.

◇정기 간행물

· 정신분석 프리즘

◇대상관계이론과 기법 시리즈

멜라니 클라인
· 멜라니 클라인
· 임상적 클라인
· 무의식적 환상

도널드 위니캇
· 놀이와 현실
· 그림놀이를 통한 어린이 심리치료
· 성숙과정과 촉진적 환경
· 박탈과 비행
· 소아의학을 거쳐 정신분석학으로
· 가정, 우리 정신의 근원
· 아이, 가족, 그리고 외부세계
· 울타리와 공간
· 참자기
· 100% 위니캇
· 안아주기와 해석

로널드 페어베언
· 성격에 관한 정신분석학적 연구

크리스토퍼 볼라스
· 대상의 그림자
· 환기적 대상세계
· 끝없는 질문
· 그들을 잡아줘 떨어지기 전에

오토 컨버그
· 내면세계와 외부현실
· 대상관계이론과 임상적 정신분석
· 인격장애와 성도착에서의 공격성

◇대상관계이론과 기법 시리즈

그 외 이론 및 기법서
· 심각한 외상과 대상관계
· 정신분석학적 대상관계이론
· 대상관계 개인치료1: 이론
· 대상관계 개인치료2: 기법
· 대상관계 부부치료
· 대상관계 단기치료
· 대상관계 가족치료1
· 대상관계 집단치료
· 초보자를 위한 대상관계 심리치료
· 단기 대상관계 부부치료
· 대상관계이론과 정신병리

◇하인즈 코헛과 자기심리학 시리즈

· 자기의 분석
· 자기의 회복
· 정신분석은 어떻게 치료하는가?
· 하인즈 코헛과 자기심리학
· 하인즈 코헛의 자기심리학 이야기1
· 자기심리학 개론
· 코헛의 프로이트 강의

◇아스퍼거와 자폐증

· 자폐아동을 위한 심리치료
· 살아있는 동반자
· 아동 자폐증과 정신분석
· 아스퍼거 아동으로 산다는 것은?
· 자폐아동의 부모를 위한 101개의 도움말
· 자폐적 변형

◇비온학파와 현대정신분석

- 신데렐라와 그 자매들
- 애도
- 정신분열증 치료와 모던정신분석
- 정신분석과 이야기 하기
- 비온 정신분석사전
- 전이담기
- 상호주관적 과정과 무의식
- 숙고
- 윌프레드 비온의 임상 세미나
- 미래의 비망록
- 분석적 장: 임상적 개념
- 상상을 위한 틀
- 자폐적 변형

제임스 그롯슈타인
- 흑암의 빛줄기
- 그러나 동시에 또 다른 수준에서 I
- 그러나 동시에 또 다른 수준에서 II

마이클 아이건
- 독이든 양분
- 무의식으로부터의 불꽃
- 감정이 중요해
- 깊이와의 접촉
- 심연의 화염
- 정신증의 핵
- 신앙과 변형

도널드 멜처
- 멜처읽기
- 아름다움의 인식
- 폐소
- 꿈 생활
- 비온 이론의 임상적 적용
- 정신분석의 과정

◇정신분석 주요개념 및 사전

- 꿈 상징 사전
- 편집증과 심리치료
- 프로이트 이후
- 정신분석 용어사전
- 환자에게서 배우기
- 비교정신분석학
- 정신분석학 주요개념
- 정신분석학 주요개념2: 임상적 현상
- 오늘날 정신분석의 꿈 담론
- 비온 정신분석 사전

◇사회/문화/교육/종교 시리즈

- 인간의 욕망과 기독교 복음
- 살아있는 신의 탄생
- 현대 정신분석학과 종교
- 종교와 무의식
- 인간의 관계경험과 하나님 경험
- 살아있는 인간문서
- 신학과 목회상담
- 성서와 정신
- 목회와 성
- 교육, 허무주의, 생존
- 희망의 목회상담
- 전환기의 종교와 심리학
- 신경증의 치료와 기독교 신앙
- 치유의 상상력
- 영성과 심리치료
- 의례의 과정
- 외상, 심리치료 그리고 목회신학
- 모성의 재생산
- 상한 마음의 치유

◇사회/문화/교육/종교 시리즈

· 그리스도인의 원형
· 융의 심리학과 기독교 영성
· 살아계신하나님과 우리의살아있는정신
· 정신분석과 기독교 신앙
· 성서와 개성화
· 나의 이성 나의 감성

◇아동과 발달

· 유아의 심리적 탄생
· 내면의 삶
· 아기에게 말하기
· 난 멀쩡해. 도움 따윈 필요 없어!
· 놀이와 현실
· 그림놀이를 통한 어린이 심리치료
· 성숙과정과 촉진적 환경
· 박탈과 비행
· 소아의학을 거쳐 정신분석학으로
· 가정, 우리 정신의 근원
· 아이, 가족, 그리고 외부세계
· 울타리와 공간
· 참자기
· 100% 위니캇
· 자폐아동을 위한 심리치료
· 아스퍼거 아동으로 산다는 것은?
· 자폐 아동의 부모를 위한 101개의 도움말

◇자아심리학/분석심리학/기타 학파

· C.G. 융과 후기 융학파
· C. G, 융
· 하인즈 하트만의 자아심리학
· 자기와 대상세계
· 프로이트의 정신분석학

◇스토리텔링을 통한 어린이 심리치료 전집

· 스토리텔링을 통한…심리치료(가이드 북)
· 감정을 억누르는 아동을 도우려면
· 강박증에 시달리는 아동을 도우려면
· 마음이 굳어진 아동을 도우려면
· 꿈과 희망을 잃은 아동을 도우려면
· 두려움이 많은 아동을 도우려면
· 상실을 경험한 아동을 도우려면
· 자존감이 낮은 아동을 도우려면
· 그리움 속에 사는 아동을 도우려면
· 분노와 증오에 사로잡힌 아동을 도우려면

◇정신분석 아카데미 시리즈

· 성애적 사랑에서 나타나는 자기애와 대상애
· 싸이코패스는 누구인가?
· 영조, 사도세자, 정조 그들은 왜?
· 정신분석에서의 종결
· 자폐적 대상에 대한 정신분석학적 연구
· 정신분석과 은유
· 정신분열증, 그 환상의 세계로 가다
· 사라짐의 의미
· 제4차 산업혁명에 대한 정신분석적 고찰

◇초심자를 위한 추천도서

· 멜라니 클라인
· 놀이와 현실
· 100% 위니캇
· 초보자를 위한 대상관계 심리치료
· 하인즈 코헛과 자기심리학
· 프로이트 이후
· 왜 정신분석인가?

현대정신분석연구소 수련 과정 안내

이 책을 혼자 읽고 이해하기 어려우셨나요? 그렇다면 함께 공부합시다!
현대정신분석연구소에서 이 책의 내용에 대한 강의를 들으실 수 있습니다.

현대정신분석연구소는 1996년에 한국심리치료연구소라는 이름으로 창립되어, 국내에 정신분석 및 대상관계이론을 전파하는 선구자적 역할을 해왔습니다.

정신분석을 연구하고 교육하는 기관으로서 주요 정신분석 도서 130여 권을 출판 하였으며, 정신분석전문가 및 정신분석가를 양성하고 있습니다. 또한 부설기관인 광화문심리치료센터에서는 대중을 위한 정신분석 및 정신분석적 심리치료를 제공하고 있습니다.

현대정신분석연구소에서는 미국 뉴욕과 보스턴 등에서 정식 훈련을 받고 정신분석 면허를 취득한 교수진 및 수퍼바이저들로 구성되어 있으며, 뉴욕주 정신분석가 면허 기준에 의거한 분석가 및 정신분석전문가 프로그램을 운영하고 있습니다. 프로그램에서는 프로이트부터 출발하여 대상관계, 자기심리학, 상호주관성, 모던정신분석, 신경정신분석학, 애착 이론, 라깡 이론 등 최신 정신분석의 이론에 이르는 다양한 이론들을 연구하는 포용적 eclectic 관점을 채택하고 있습니다.

프로그램에서 요구하는 요건들을 모두 충족하고 프로그램을 졸업하게 되면, 사단법인 한국정신분석협회에서 공인하는 'Psychoanalyst'와 'Psychoanalytic Psychotherapist' 자격을 취득하게 됩니다. 국내에서 가장 정통있는 정신분석 기관 중 하나로서 **현대정신분석연구소**는 인간에 대한 보다 심층적인 이해를 통해 한국사회의 정신건강에 기여하고자 합니다.

■ 문의 및 오시는 길

서울시 종로구 새문안로 5가길 28(적선동, 광화문플래티넘) 918호

- Tel: 02) 730-2537~8 / Fax: 02) 730-2539

- E-mail: kicp21@naver.com

- 홈페이지: www. kicp.co.kr (홈페이지를 통해 인터넷 강의도 수강이 가능합니다)

* 정신분석에 관한 유용한 정보들을 한눈에 보실 수 있는 **정신분석플랫폼 몽상**의
  SNS 채널들과 **현대정신분석연구소** 유튜브 채널을 팔로우 해보세요!

blog 네이버 블로그: blog.naver.com/kicp21

⬛ 인스타그램: @psya_reverie

▶ 유튜브 채널: 현대정신분석연구소KICP

f 페이스북 페이지: 정신분석플랫폼 몽상

QR코드로 접속하기